DIE INSIDER

GARY ALLEN

BAUMEISTER DER „NEUEN WELT-ORDNUNG“

Band 2

VERLAG FÜR AUSSERGEWÖHNLICHE PERSPEKTIVEN

DIE INSIDER

GARY
ALLEN

BAUMEISTER DER „NEUEN WELT-ORDNUNG“

Band 2

VAP

Titel der amerikanischen Originalausgabe:
The Rockefeller File

3. unveränderte Auflage 1995
ISBN 3-922367-03-8, Verkehrs-Nummer 16645 (BAG)
Gesamtherstellung: Kölle-Druck GmbH, 32361 Preußisch Oldendorf
Verlagsauslieferung: VAP, Postfach 1180, 32352 Preußisch Oldendorf
Telefon (0 57 42) 93 04 44, Telefax (0 57 42) 93 04 55
Gedruckt in Deutschland

INHALTSVERZEICHNIS

Liebe Leser!

Die Superreichen in Amerika erfreuen sich einer Macht und solcher Vorrechte, wie sie den meisten von uns unvorstellbar erscheinen müssen. Wer kann sich ausmalen, wie es ist, wenn er über ein privates Reich gebietet, zu dem 100 Wohnhäuser, 2500 Bedienstete, tausende und abertausende von Annehmlichkeiten und ungezählte Dollarmillionen gehören?

Amerika hat eine Familie von Finanzzaren, die solchen Reichtum seit Generationen kennt. Das sind natürlich die Rockefellers. Wenn die Rockefellers aber mit ihrem Reichtum zufrieden gewesen wären, wenn sie mit ihrem Vermögen nur ihre Wünsche befriedigt hätten, dann wäre dieses Buch nicht geschrieben worden. Und ich würde nicht in Sie dringen, es zu lesen.

Geld reicht nicht aus, um den Durst und die Gier der Superreichen zu stillen. Viele von ihnen setzen deshalb ihren großen Reichtum ein und den Einfluß, den er ihnen sichert, um noch mehr Macht zu erwerben. Macht in einer Größenordnung, von der die Tyrannen und Despoten früherer Zeitalter nicht einmal träumen konnten. Macht im Weltmaßstab. Macht über Völker, nicht nur über Waren.

DIE ROCKEFELLER PAPIERE sind keine erdachte Geschichte. Es ist ein zusammenfassender, packender und erschreckender Bericht über den vielleicht wichtigsten Vorgang, der in unsere Lebenszeit fällt — das Streben der Rockefellers und ihrer Verbündeten, um eine Weltregierung einzusetzen, die Superkapitalismus und Kommunismus unter einem gemeinsamen Zeltdach vereint und ihrer Kontrolle untersteht.

Seit den Tagen vor mehr als hundert Jahren, als John D. Rockefeller Senior alle erdenklichen abgefeimten Mittel einsetzte, um ein gigantisches Ölmonopol aufzurichten, sind genug Bücher über die Rockefellers geschrieben worden, um damit eine Bibliothek zu füllen. Ich habe viele von ihnen gelesen. Und meines Wissens hat es noch niemand gewagt, das Wichtigste aus der Rockefeller-Story ans Licht zu bringen: daß die Rockefellers und ihre Verbündeten mindestens seit fünfzig Jahren mit Bedacht den Plan verfolgen, mit Hilfe ihrer wirtschaftlichen Macht zunächst die politische Kontrolle über Amerika und dann über die ganze übrige Welt zu erringen.

Soll das eine Verschwörung sein? Ja. Ich bin davon überzeugt, daß ein solches Komplott besteht, international in seinen Ausmaßen, seit Generationen geplant und unglaublich böse in seiner Zielsetzung. Die Wahrheit darüber — oft ist sie überraschend, manchmal unangenehm, aber immer ist sie wesentlich — finden Sie auf den folgenden Seiten. Gary Allen hat das Meisterwerk vollbracht, Hunderte von verstreuten Fakten zusammentragen und versteckte Schlüssel zum Enträtseln des Zusammensetzspiels aufzuspüren, bis das eine, nicht mehr zu übersehende Muster sich herausschälte.

Das Bild, das sich bietet, wenn DIE ROCKEFELLER PAPIERE einmal aufgeschlagen werden, wird Sie vielleicht entsetzen. Aus diesem Buch werden Sie erfahren, warum die Rockefellers ihre Politik machen, welche ihre Ziele sind, wohin sie Amerika führen wollen . . . und warum es lebenswichtig ist, daß sie aufgehalten werden.

Ich bitte Sie darum, DIE ROCKEFELLER PAPIERE zu lesen — und ihre Freunde dazu zu bringen, das Buch ebenfalls zu lesen.

November 1975

LAWRENCE P. McDONALD
Mitglied des US-Kongresses

Die Brüder Rockefeller, Erben eines immensen Vermögens, setzen ihren riesigen Reichtum, ihre Macht und ihr Prestige ein, um das zu schaffen, was sie die »NEUE WELTORDNUNG« nennen. Das Bild oben zeigt (von links nach rechts) David, Vorstandsvorsitzender sowohl im Rat für Auswärtige Beziehungen wie bei der Chase Manhattan Bank; Winthrop (inzwischen verstorben); John D. III; Nelson, den »politischen« Rockefeller, und Laurance. Nach Jahren der Planung und Vorbereitung kam Nelson (unten) in das Weiße Haus, ohne daß er sich vorher den Risiken und Gefahren einer Wahl ausgesetzt hatte.

ERSTES KAPITEL

DER MYTHOS VON DEN DOLLAR-MILLIARDEN

Wenn Sie an riesige wirtschaftliche Macht denken, die existiert nicht. Wir verfügen über Kapitalanlagen, aber nicht über Kontrolle.

Nelson Rockefeller

Bei seinen Anhörungen vor der Einsetzung als Vizepräsident trat Nelson A. Rockefeller feierlich und ernst auf. Er wirkte völlig echt, als er den versammelten Volksvertretern erklärte:

> Ich hoffe, daß der Mythos oder die falsche Vorstellung von dem Ausmaß, in dem meine Familie Kontrolle über die Wirtschaft dieses Landes ausübt, völlig ans Licht gebracht, offengelegt und zerstreut wird . . . Dieses Netz der Kontrolle, wie es sich die Öffentlichkeit vorstellt, gibt es nicht.

Die Senatoren hätten nicht höflicher sein können. Niemand lachte. Das Protokoll verzeichnete nicht einmal ein Schmunzeln. Schließlich werden heutzutage auch nur selten Dummköpfe in den Senat gewählt. Nelson und David, die Führer des Rockefeller-Clans, sind die unbestrittenen wirtschaftlichen Könige der Nation. Kein Politiker, der auch nur genug Grütze im Kopf hat, um zum Hundefänger gewählt werden zu können, wird einen König auslachen.

Rätselraten über den Umfang des finanziellen Reichtums der Rockefellers ist seit der Jahrhundertwende ein beliebtes Spiel. Am 29. September 1916 berichtete die »New York

Times« auf ihrer ersten Seite, daß allein die Ölanteile des Patriarchen John D. Rockefeller 500 Millionen Dollar wert seien und Rockefeller damit der erste Milliardär Amerikas sei. Acht Stunden nach dem Erscheinen des Berichtes hatte sich der Wert seiner Ölaktien um glatte acht Millionen Dollar erhöht. Kein schlechtes Ergebnis für einen Arbeitstag, nicht einmal für einen Rockefeller.

Um diese Zeit wurde allerdings die Übersicht über die zunehmende finanzielle Stärke der Familie schlechter. Die Rockefellers begannen damit, ihren Reichtum vor der Öffentlichkeit — und vor dem Finanzamt — in Treuhandgesellschaften und Stiftungen zu verstecken. So war in der »Washington Post« zu lesen:

> Zwei Generationen lang ist das große Vermögen, das John D. hinterlassen hat, in Bruchteile aufgespalten und durch immer dicker werdende Schichten von Treuhandgesellschaften und eng an die Familie gebundene Firmen, die nicht verpflichtet sind, Geschäftsberichte zu veröffentlichen und freiwillig keine herausgeben, undurchsichtiger gemacht worden. Alle Anfragen wurden höflich abgewiesen.

Die Rockefellers erfanden ein Verfahren, das von den Superreichen heute angewandt wird und das darauf hinausläuft, daß man desto reicher und mächtiger wird, je mehr man Geld wegzuschenken scheint. Mit der Hilfe ihnen verpflichteter Politiker und unter der Führung von einigen schlauen Füchsen in den Anwaltsbüros der Familie kam eine Gesetzgebung zustande, bei der die Rockefellers und die übrige Elite der Superreichen vor der repressiven Besteuerung bewahrt blieb, der alle anderen unterworfen wurden.

Der Schlüssel zu diesem System liegt darin, *den Besitz aufzugeben, die Kontrolle darüber aber zu behalten.* Viele Leute glauben ja nicht, daß ihnen etwas wirklich gehört, wenn sie darüber nicht einen Besitztitel haben, der auf ihren Namen lautet. Die Rockefellers wissen, daß das ein Irrtum ist. Oft ist es besser, die Besitzrechte einer Treuhandgesellschaft oder einer Stiftung zu übertragen — *die man selbst kontrolliert* — statt sie unter dem eigenen Namen laufen zu lassen.

Ein Beispiel: Als Richter Kenesaw Mountain Landis im Jahre 1911 die Entflechtung des Standard-Oil-Konzerns anordnete, setzte der alte, schlaue John D. einfach ein paar neue Stiftungen ein und übereignete ihnen seine Aktien. Der Nutzeffekt war der gleiche, als wenn man seine Brieftasche aus der rechten in die linke Jackentasche tut. Rockefeller schaffte es auf diese Weise, nicht nur von der Einkommensteuer verschont zu bleiben, sondern entging auch der Umschreibungs-, Grund- und Erbschaftsteuer, die das Vermögen von manchem, der nicht über dieses Wissen verfügt, nachhaltig in Mitleidenschaft gezogen haben.

So haben drei Generationen lang die Rockefellers Millionen von Dollar »weggeschenkt« — viele davon haben sie sich selbst geschenkt. Wenn z. B. ein Rockefeller Aktien der Titanic Oil Corporation im Wert von einer Million Dollar an die Dogood Foundation (das ist die »Stiftung tu Gutes«) gibt, die von der Familie kontrolliert wird, dann ist er nicht wirklich um eine Million Mäuse ärmer. Alles, was er getan hat, ist, daß er die Papiere auf ein *anderes Ich* übertragen hat. Natürlich darf die Stiftung dann einiges von dem Geld ausgeben oder, was sie wahrscheinlicher tun wird, einen Teil der künftigen Einnahmen aus den Aktien für einen als angemessen erachteten Zweck zur Verfügung stellen. Die wenigen Untersuchungen, die der Kongreß bisher in diesem Gestrüpp angestellt hat, erbrachten das Ergebnis, daß im Falle der Rockefellers solche Schenkungen immer darauf hinauslaufen, die finanzielle oder politische Macht der Rockefellers zu mehren.

Das Ergebnis ist, daß die Öffentlichkeit in den letzten sechs Jahrzehnten keine Möglichkeit mehr gehabt hat, das Vermögen der Rockefellers abzuschätzen, geschweige denn, die Macht und den Einfluß der Familie richtig zu beurteilen.

Aber wir können einige logische Schlüsse aus den wenigen verfügbaren Tatsachen ziehen. Wir wissen, daß sich als Folge der Zinseszinsrechnung ein Dollar, der zu dem bescheidenen Zinssatz von fünf Prozent angelegt wird, innerhalb von dreizehn Jahren verdoppelt. Das bedeutet, daß das bescheidene Vermögen von einer Milliarde Dollar aus dem Jahre 1916 mittlerweile auf über 22 Milliarden Dollar angewachsen sein müßte, wenn die Rockefellers nur fünf Prozent im Jahr damit verdienen würden — eine Rendite, die ihnen lächerlich erscheinen würde.

Der verstorbene Stewart Alsop, ein Reporter mit ausgezeichneten Informationsquellen im Liberalen Establishment des Ostens (das ist eine Umschreibung für die finanzielle, politische, akademische und medienpolitische Mafia, die von den Rockefellers beherrscht wird), pflegte über die allgemein anerkannte Schätzung des Magazins »Fortune« zu spotten, in der das Vermögen der Familie zwischen einer und zwei Milliarden Dollar angesetzt wurde.

»Es wäre keineswegs überraschend«, schlußfolgerte Alsop in seinem 1960 erschienenen Buch »Nixon und Rockefeller«, »wenn alle Vermögensanlagen der Rockefeller-Familie — das ganze von den Rockefellers kontrollierte Geld sowie das Geld, das ihnen gehört — zusammen so etwas wie 10 Milliarden Dollar ausmachen würden.«

Wenn Alsop Recht gehabt haben sollte, müßten sich die Kapitalanlagen der Rockefellers jetzt auf rund 25 Milliarden Dollar belaufen.

Angesichts der Tatsache, daß die letzten fünfzehn Jahre viel wirtschaftliches Wachstum (ebenso wie viel Inflation) gebracht haben, kann man 25 Milliarden Dollar als vernünftige, ja sogar als konservative Schätzung ansehen.

Natürlich hat die Familie niemals zugegeben, auch nur über einen Teil dieser Summe zu verfügen. Als er zum erstenmal vor dem Senatsausschuß stand, bezifferte der gute alte Nelson sein persönliches Vermögen mit winzigen 33 Millionen Dollar. Nachdem der Ausschuß sehr vorsichtig etwas nachgebohrt hatte, wurde diese Schätzung um 660% nach oben revidiert.

Der angehende Vizepräsident gab schließlich zu, daß er beachtliche 218 Millionen Dollar wert sei — übrigens eine Summe, die größer ist als das Vermögen aller bisherigen 37 Präsidenten in der Geschichte der Vereinigten Staaten zusammengenommen.

Das Mißtrauen der Öffentlichkeit gegenüber dem Reichtum der Rockefellers war so groß, daß der Finanzberater der Familie, J. Richardson Dilworth, vorgeladen wurde, um vor dem Rechtsausschuß des Repräsentantenhauses auszusagen. Dilworth war 1958 die Schlüsselfigur für die Geldgeschäfte der Familie Rockefeller geworden. Bevor er sich den Rockefellers angeschlossen hatte, war er Partner bei Kuhn, Loeb & Co. gewesen, dem wahrscheinlich auf dem Gebiet der Politik mächtigsten internationalen Bankhaus der Welt. Kuhn, Loeb & Co. war und ist vielleicht immer noch ein Trabant der immens reichen und mächtigen Familie Rothschild. In der Vergangenheit ist Kuhn, Loeb ein Synonym für finanziellen Erfolg und politische Intrige gewesen, und zwar seit den Tagen, als Teilhaber Jacob Schiff die bolschewistische Revolution in Rußland mitfinanzierte*).

In der Vergangenheit haben sich die Rockefellers mit den Rothschilds sowohl Wettbewerb geliefert als auch mit ihnen zusammengearbeitet. Als Dilworth Kuhn, Loeb & Co. verließ, um Schatzmeister der Familie Rockefeller zu werden, betrachteten das Beobachter der internationalen finanziellen und politischen Machenschaften der Superreichen als *sehr* bemerkenswerten Vorgang.

Dilworth unterhält ein Büro mit der Bezeichnung »Familie Rockefeller und Genossen«, das im Hause Rockefeller Plaza 30 in New York drei ganze Stockwerke einnimmt.

*) Dieser Vorgang wird in dem vom gleichen Autor verfaßten Buch »DIE INSIDER« ausführlich beschrieben (siehe Anhang).

»Familie Rockefeller und Genossen« ist keine juristische Person oder Gesellschaft; es ist einfach ein Name für die Organisation, die die Geldanlagen der 84 Nachkommen von John D. Rockefeller Junior miteinander koordiniert und verwaltet.

Mit der freundlich-öligen Art des erfolgreichen Bestattungsunternehmers gelang es dem gepflegten, wortreichen Dilworth, die Besorgnisse des Ausschusses hinsichtlich der finanziellen Möglichkeiten der Familie zur Ruhe zu betten. Mit fünf großen Schaubildern, die mit Statistiken überladen waren, zerstreute er die Annahme, daß die Familie unangemessen viel Macht über die Wirtschaft der Nation habe. Rocky's Gegner taten sich schwer damit, Dilworths verblüffende Zahlensammlung in Zweifel zu ziehen; zeitweise kamen sie kaum mit. Die ganze Vorstellung war ebenso verwirrend wie eine Pressekonferenz beim früheren Präsidenten Eisenhower, und das war vermutlich auch der Zweck. Ein Teilnehmer beschrieb das so:

> . . . das Gerede über Wandelanleihen, Zinskupons und mündelsichere Schuldverschreibungen wie auch die Tatsache, daß große Beteiligungen der Rockefeller-Stiftung und andere von der Familie angelegte Kapitalfonds in Dilworths Darstellungen nicht erschienen, bewirkte, daß die meisten Mitglieder des Ausschusses hinterher kaum klüger waren als vorher.

Nach den Worten von Dilworth sollen die 84 lebenden Rockefellers nur über 1 033 988 000 Dollar verfügen. Dabei hat er wahrscheinlich auf je tausend Dollar aufgerundet. Der größte Teil der von Dilworth ausgewiesenen Anlagen ist in zwei Treuhandgesellschaften zusammengefaßt, von denen eine 1934 von John D. Junior für seine Kinder und die andere 1952 für seine Enkel geschaffen wurde.

Nach Ansicht vieler Informanten verfügen die Rockefellers aber über bis zu 200 Treuhandgesellschaften und Stiftungen, und es ist möglich, daß ihre Zahl in die Hunderte oder sogar Tausende geht. Warum schlagen sie sich mit so vielen herum? Aus einem ganz einfachen Grunde: damit Anlagen hin- und hergeschoben, zusammengefaßt und manipuliert werden können und alles so glatt und so schnell abläuft, daß die Öffentlichkeit — und vor allem die Fachleute aus der Steuerabteilung des Finanzministeriums — keine Möglichkeit haben zu ergründen, wieviel Geld wo jeweils ist.

Angenommen, Sie haben drei Eimer vor sich stehen, einen leeren und zwei voll mit Wasser. Gibt es jetzt nicht schon eine Möglichkeit, das Wasser von dem einen Eimer in den anderen so schnell umzugießen, daß ein Beobachter nicht mehr mit Sicherheit sagen kann, wieviel Wasser Sie da haben?

Aber jetzt stellen Sie sich einmal vor, Sie hätten fünftausend Eimer. Und hundert Leute, die beim Umgießen helfen. Und sie dürften die meisten Eimer und die meisten Helfer beim Umgießen hinter einer hohen Wand verstecken. Würden dann Ihre Chancen nicht besser werden, den Umfang Ihrer »flüssigen Anlagen« geheim zu halten? Dieser Fall liegt bei den Rockefellers vor. Außerdem gibt es noch verschiedene Arten von Treuhandgesellschaften. Nur eine Handvoll von Anwälten in den Vereinigten Staaten kennt sich mit dem Typ aus, mit dem die Rockefellers arbeiten. Diese Spezial-Trusts haben nichts mit der Art Treuhandgesellschaft zu tun, die jeder Notar an der Ecke für seinen Mandanten einrichten kann. Sie können nicht nur von der Umschreibungsteuer frei werden, die Erbschaftsteuer drükken und die Einkommensteuerschuld vermindern; anders als Geschäftsfirmen, können sie fast völlig unter Ausschluß der Öffentlichkeit tätig sein. Theoretisch können Treuhänder in der Abgeschiedenheit ihrer Direktorensitzungen bis ins Unendliche hinein immer wieder neue Trusts gründen. Wenn man sich etwas anstrengt, entfallen die Steuerzahlungen. Wenn man sich noch etwas mehr darum bemüht, kann man den Wert der Beteiligungen völlig vor den Augen der Öffentlichkeit verbergen.

Das erklärt, warum die Rockefellers mit so vielen Treuhandgesellschaften arbeiten. Tatsache ist, daß wir nicht wissen, wie viele Trusts die Familie errichtet hat. Es können tausende oder zehntausende sein. Denken wir an Nelsons Erklärung für die überraschende Tatsache, daß er 1970 überhaupt keine Einkommensteuer gezahlt hat — die Manager seiner Treuhandgesellschaften hatten 1969 eine Menge von Kapitalanlagen getätigt. Man darf sicher sein, daß es sich um einfache Verschiebungen von Kapitalanteilen gehandelt hat.

Bei seiner Aussage vor dem Rechtsausschuß ging Dilworth nicht auf den persönlichen Besitz einzelner Familienmitglieder ein, sondern präsentierte das ganze als Paket. Dilworth erklärte, er habe die »einstimmige Ermächtigung« der Familie Rockefeller, den Gesamtbetrag ihrer Anteile zu nennen. »Das ist an sich ein einzigartiger Vorgang, weil es dem Wesen dessen völlig entgegengesetzt ist, was wir in unserem Büro als eine unserer höchsten Verpflichtungen empfinden — die eigene Identität und die rein persönliche Führung jedes Kontos zu bewahren«, sagte er dazu. »Wie andere Amerikaner auch, schätzen sie ihr Recht, selbst für ihre persönlichen Angelegenheiten sorgen zu können, sehr hoch ein.«

Wichtiger aber ist, daß in der Abgeschiedenheit der Treuhandgesellschaften alle Anlagen verborgen werden können, von denen die Rockefellers nicht wünschen, daß die Öffentlichkeit etwas über sie erfährt. Wenn sich die Familie entschlossen hätte, Einzelheiten aus den Sitzungen der Trust-Vorstände dem Untersuchungsausschuß des Kongresses preiszugeben, dann hätten wir vielleicht etwas Überblick über ihren wirklichen finanziellen Status erhalten. So etwas wurde aber nicht einmal hinter der vorgehaltenen Hand vorgeschlagen. So haben wir in der Tat nur die Auskunft der Rockefellers selbst über den Umfang des von ihnen kontrollierten Reichtums, und sie haben offensichtlich ein begründetes Interesse daran, ihn möglichst gering erscheinen zu lassen.

Und was ist mit den Anlagen, die im Ausland versteckt worden sind? Gibt es Bankkonten in der Schweiz? Rocky sagt nein, und das könnte dem Buchstaben nach wahr sein, und trotzdem könnte es Konten im Ausland geben, die von Treuhandgesellschaften oder unter anderen Bezeichnungen eingerichtet worden sind. Oder Werte könnten von Banken in Vormundschaftsverwaltung genommen worden sein, wie etwa von der Chase Manhattan.

Alles, was wir mit Sicherheit wissen, ist, daß Rocky bei der ersten Frage nach seinem Vermögen unter Eid angab, daß es sich auf winzige 33 Millionen Dollar belaufe; später gab er zu, daß es sechsmal so groß sei. Ein kleiner Rechenfehler, der jedem unterlaufen kann.

Von uns wird erwartet, daß wir das Propaganda-Märchen glauben, nach dem die Rockefellers nur mittelschwere Millionäre seien, überhaupt nicht zu vergleichen mit Howard Hughes etwa oder den Leuten, die in Texas die ganz großen Räder drehen. Aber Hughes und die Geldleute aus Dallas sind Nachzügler, verglichen mit der Hochfinanz im Weltmaßstab. Die Rockefellers verarbeiten seit mehr als hundert Jahren Öl und betreiben Banken seit 75 Jahren. Obwohl jeder Beweis dafür fehlt, denn die Beweisstücke sind den Blicken entzogen, sind nur wenige Informierte bereit, die von Dilworth genannte Milliarde zu schlucken — obwohl sie nicht einmal den Wert der selbst bewohnten Häuser, des Schmucks und anderer persönlicher Besitztümer einschließt; auch Nelsons Kunstsammlung ist darin nicht enthalten, die er selber (wir vermuten konservativ) auf 35 Millionen Dollar veranschlagt.

Die Rockefellers bewohnen auch nicht gerade Siedlungshäuser aus der Serienfertigung. Die Hauptwohnsitze des Clans liegen in Pocantico Hills in New York. Sie wurden vor 45 Jahren vom alten John D. angelegt, und allein das Land war damals — 1930 — schon 50 Millionen Dollar wert. Heute versagt vor den Grundstücken jede Schätzung. Als die Presse im Jahre 1959 bei der Hochzeit von Nelsons

Sohn Steven zum erstenmal hineindurfte, hieß es, das Gelände mit seinen 112 km Privatstraßen sei 1672 ha groß. In früheren Berichten war von 3000 ha die Rede gewesen. Im Jahre 1929 gab es dort 75 Gebäude, die von den Rockefellers und ihrem Personal bewohnt wurden; auf der Besitzung lebten mehr als 100 Familien. Hinzugekommen ist inzwischen unter anderem ein unterirdischer Archivraum für 4,5 Millionen Dollar, in dem die Dokumente der Familie aufbewahrt werden. Spaßmacher bezeichneten die Palastbauten auf Pocantico Hills als Beispiel dafür, was Gott hätte bauen können, wenn er Geld hätte.

Gespart wurde nicht, wenn es darum ging, kleine Flekken oder Mängel an diesem Paradies zu beseitigen. Der alte Rockefeller gab der Eisenbahngesellschaft New York Central Railroad 700 000 Dollar, damit sie eine Strecke verlegte, und 1,5 Millionen Dollar an ein kleines College, damit es umzog.

Unter den übrigen Besitztümern Nelsons sind die riesige Monte Sacro Ranch in Venezuela, seine Kaffeepflanzung in Ecuador, seine Farmen in Brasilien, seine über zwei Stockwerke reichende 32-Zimmer-Wohnung in New York City, der Wohnsitz in Washington, D. C., das kleine Landhaus in Seal Harbor, Maine, usw.*).

Außerdem gehörten den Rockefellers mindestens sieben riesige Ranches. Anfang des Jahres 1975 kaufte Nelson 7200 ha in Texas für »Erholungszwecke«.

Man darf daran zweifeln, daß jemals eine der Frauen aus der Rockefeller-Familie eine Nacht im Christlichen Verein Junger Mädchen verbringen wird. Die vier Damen können unter etwa 100 Wohnmöglichkeiten wählen, darunter das geräumige Apartment von John D. III. am Beekman Place in Manhattan, die luxuriösen Ferienwohnungen von

*) Beim Hearing im Kongreß stellte sich heraus, daß zwei Häuser in Washington — von denen man glaubte, daß sie einem der Rechtsanwälte Rockefellers gehörten — in Wirklichkeit im Besitz von Nelson waren.

Laurance auf Hawaii und Puerto Rico, die Finca Nelsons in Venezuela (die groß genug ist, um auf ihrer Fläche die ganze Stadt New York unterzubringen) und das Haus von David in der Karibik.

Es versteht sich von selbst, daß ein ganzes Heer von dienstbaren Geistern benötigt wird, um diese eleganten Unterkünfte in Schuß zu halten. Und so gibt es 500 hauptamtlich tätige Hausangestellte, Gärtner, Wachen und Fahrer in Pocantico Hills allein, 45 in dem Landhaus der Familie in Seal Harbor, Maine, und 15 in Nelsons Apartment in der Fifth Avenue. Alles in allem, so schätzt man, müssen etwa 2500 Bedienstete darauf hören, wenn die Rockefeller-Frauen nach ihnen rufen oder läuten.

Weil die Rockefellers immer unterwegs sind — mit ihren privaten Flotten von Düsenflugzeugen — wird jede Wohnung ständig benutzbar gehalten, und nachts werden die Betten aufgedeckt. Man weiß nie, wann der Boß hereinplatzen kann.

Vom Firmenbesitz, den Dilworth nannte, ist natürlich Exxon der größte. Exxon ist der neue Name von Standard Oil of New Jersey, einer der Firmen, die John D. Rockefeller gründete, als er aufgefordert wurde, die Standard Oil Company aufzulösen. Das Aktienkapital, das direkt von der Familie gehalten wird (ohne Berücksichtigung der Aktien im Besitz solcher von der Familie kontrollierter Körperschaften wie Banken oder Stiftungen) beläuft sich auf 156,7 Millionen Dollar. Nummer zwei auf Dilworths Liste war das Rockefeller Center, das der mit allen Wassern gewaschene Geldjongleur mit nur 98 Millionen Dollar bewertete. Jeder, der bereit ist, diese Schätzung hinzunehmen, glaubt wahrscheinlich auch, daß seine Lebensversicherungspolice ausreicht, um die Brooklyn-Brücke zu kaufen. Die »Los Angeles Times« bemerkte dazu am 30. September 1974:

> Niemand außer den Aktionären (das sind die vier noch lebenden Rockefeller-Brüder — Nelson, John D. III., David und Laurance — ihre Schwester

Abby und die Erben ihres 1973 verstorbenen Bruders Winthrop sowie eine Handvoll Wallstreet-Bankiers) kennen den wirklichen Wert, aber die begründete Vermutung in der Welt der New Yorker Immobilien-Makler läuft darauf hinaus, daß das Rockefeller Center mit seinem Land und seinen Gebäuden einen Wert von einer Milliarde Dollar darstellt.

Die nächsten Posten in der Aufstellung sind Aktien im Wert von 85 Millionen Dollar von Standard of California, gefolgt von 72,6 Millionen Dollar (Kurswert) bei IBM. Firmen, an deren Aktienkapital die Familie mit 10 Millionen Dollar oder mehr beteiligt ist, sind unter anderen die Chase Manhattan Bank, die Mobil Oil Corp., Eastman Kodak, General Electric, Texas Instruments und die Minnesota Mining and Manufacturing. Alles in allem verfügen die Rockefellers über einen beträchtlichen Anteil an mehr als 50 großen amerikanischen Gesellschaften.

Der Besitz der Familie an Wertpapieren ist so ausgedehnt, daß das Büro Dilworth sich über drei ganze Stockwerke des Rockefeller Centers erstreckt und 154 Angestellte benötigt werden, um den Wertpapier-Bestand zu verwalten. Unter der Aufsicht von Dilworth arbeiten 15 hervorragende Finanzfachleute, die außerdem noch jeder in zwei oder drei Vorständen sitzen, denen fast 100 Gesellschaften mit einem Kapital von mehr als 70 Milliarden Dollar unterstehen.

Bei seiner Ausage vor dem Rechtsausschuß war Dilworth hauptsächlich bemüht, Nelsons Erklärung zu untermauern, daß die angebliche finanzielle Macht der Familie auf einem »Mythos« beruhe, den böse Buben in die Welt gesetzt hätten. »Wenn Sie an riesige wirtschaftliche Macht denken, die existiert nicht. Wir verfügen über Kapitalanlagen, aber nicht über Kontrolle«, hatte Rocky gesagt.

»Es muß unterstrichen werden, daß weder die Mitglieder der Familie noch ihre Anlageberater irgendein Interesse daran haben, irgendetwas zu kontrollieren«, wiederholte Dilworth als Stimme seines Herrn. »Die Mitglieder der Familie sind einfach Investoren. Ziel und Streben ihrer Berater ist, mit der Zeit eine vernünftige Gesamtrendite für ihre Mandanten zu erzielen.«

Dilworth blieb dabei, daß die einzelnen Mitglieder der Familie untereinander ihre Anlagen nicht koordinieren. Ihre sich scharf voneinander unterscheidenden Ansichten über die Anlagepolitik, über ihre Haltung zu sozialen und Umweltfragen, so erklärte Dilworth, hinderten sie daran, jemals in den Aktionärsversammlungen einheitlich abzustimmen. »Es gibt keinen großen Plan und auch kein durchgehendes Muster«, versicherte der Rockefeller-Bedienstete dem Ausschuß.

Das letzte Mal, als die Familie in das Management einer Firma eingegriffen habe, sei 1928 gewesen, fuhr Dilworth fort. Damals hätten John D. Senior und John D. Junior die Standard Oil Company of Indiana gezwungen, einen Direktor von seinem Posten zu entfernen. Eine solche Intervention sei aber jetzt, so versicherte Dilworth, »der Familie völlig fremd«. In den 17 Jahren, die er in seiner Stellung sei, habe er niemals erlebt, daß die Rockefellers versucht hätten, jemanden herumzustoßen.

Das »Wall Street Journal« kam der Familie am 25. September 1974 zu Hilfe:

> . . . wenn auch Mr. Rockefeller ein wenig bescheiden hinsichtlich seiner wirtschaftlichen Kraft ist, so stimmt es doch, daß es in dieser Gesellschaft keine einzelnen Mitglieder mehr gibt, die wohlhabend genug sind, um allein wesentlichen Einfluß auf wirtschaftliche Ereignisse ausüben zu können. Der von John D. und den anderen Wirtschaftszaren unserer Ära aufgehäufte Reichtum wird durch die weitgespannte Wirtschaft undurchsichtig gemacht, die von Stiftungen, Treuhandgesellschaften und den Managern der großen und auf breiter Grundlage stehenden Gesellschaften

kontrolliert wird. Im Verein damit werden auch die Machtverhältnisse undurchsichtig.

Im April 1958, als über die Berufung von J. Richardson Dilworth in seine jetzige Position berichtet wurde, erläuterte die »New York Times«, daß die Organisation die Investitionen der Rockefeller-Familie »verwalte und überwache«. Die Phrase »verwaltet und überwacht« deutet auf ein zusammengefaßtes Bemühen hin, die Leitung der Finanzgeschäfte der Familie zu übernehmen. Wenn die Rockefellers nicht daran interessiert wären, den Hebel ihrer wirtschaftlichen Kraft mit höchstmöglichem Nutzen anzusetzen, würde es logisch erscheinen, daß jeder von ihnen seine eigenen Interessen vertritt und sein eigenes Bataillon Experten anstellt.

Dilworth läßt es so erscheinen, als ob es in der Familie weit auseinanderklaffende Ansichten über soziale, wirtschaftliche und politische Fragen gebe. Bisher ist es aber noch nicht gelungen, auch nur eine einzige wesentliche Frage aufzuspüren, in der die vier Söhne und die Tochter von John D. Rockefeller Junior unterschiedliche Meinungen geäußert hätten*).

Und ist es nicht eigenartig, daß kein Mitglied des Rechtsausschusses Mr. Dilworth über die angeblichen Meinungsverschiedenheiten befragte, die die Familie daran hindern, finanziell in Übereinstimmung aktiv zu werden? Der »New Yorker« vom 16. Januar 1965 berichtete uns, daß die Brüder und Schwester Abby »zwei- oder dreimal im Jahr zusammenkommen, um Fragen zu besprechen, die sie alle angehen«. Zweck der Konferenzen sei es, »sich auseinanderzusetzen und wieder zusammenzutun«, wie es einer der Berater formulierte.

*) Ein Thema, in dem die Familie in ihrer Meinung übereinstimmt, ist die Förderung der politischen Ambitionen von Nelson; die Rockefellers haben horrende 25 Millionen Dollar für die verschiedenen Kampagnen beigesteuert, mit denen Nelson für die Präsidentschaft aufgebaut werden sollte.

Charles B. Smith, einer der führenden Mitarbeiter von Dilworth, wurde etwas deutlicher über seinen Boß: »Unser Ziel ist das gleiche wie bei allen anderen, nämlich haufenweise Geld für die Familie Rockefeller zu machen.« Die Familie Rockefeller mag Geld. Aber wenn man einmal mit der Steigerung seines Lebensstandards oben angekommen ist (und die Rockefellers haben diese Plattform schon vor Jahrzehnten erreicht), wird das Geldverdienen um seiner selbst willen zu einem ziemlich akademischen Vergnügen.

Die meisten Leute treten dann kürzer, wenn sie den Punkt erreicht haben, an dem es ihnen wirtschaftlich gut geht und dieser Wohlstand gesichert ist. Aber für einige Zeitgenossen besteht die reine Selbstverwirklichung in dem Griff zur Macht. In vergangenen Zeitaltern bemächtigte sich der Einzelne, der von einem manischen Machthunger besessen war, eines Thrones oder stellte sich an die Spitze von Eroberungsarmeen. Das ist jetzt alles nicht mehr möglich. Heute wird die Welt mehr bei Vorstandssitzungen als auf dem Schlachtfeld erobert. Und, wie wir sehen werden, ist das, was dann später auf den Schlachtfeldern geschieht, oft das Ergebnis der Entscheidungen, die in den Vorstandssitzungen gefallen waren.

Jeder von uns kann Tyrannen und Despoten aus der Geschichte aufzählen. Dschingis Khan, Alexander der Große, Napoleon, Hitler, Stalin — jeder dieser Männer brachte Elend und Tod über Millionen von Menschen, indem sie versuchten, ihrem irregeleiteten Ehrgeiz freien Lauf zu lassen. Weil aber die weitaus meisten Menschen nicht von einem solchen psychotischen Machtrausch besessen sind, können sie auch kaum dessen Vorhandensein bei ihren Mitmenschen erkennen.

Die meisten Amerikaner wollen nur die Voraussetzungen schaffen, um mit ihren Familien anständig leben und ruhig der Zukunft entgegensehen zu können. Sie sind bereit, hart zu arbeiten, um das für das Leben Notwendige und auch vieles dem Luxus zugerechnete Überflüssige zu erwerben.

Aber sie können es sich ebensowenig vorstellen, sich durch Planung, Verschwörung und Geheimbündelei zu Wirtschaftskommissaren oder Finanzzaren aufzuwerfen, wie sie Lust dazu hätten, die Zivilisation aufzugeben und künftig als Kopfjäger am Amazonas zu leben.

Der Durchschnittsamerikaner und seine Familienangehörigen sind aber die Leute, die den Preis für den Größenwahnsinn der Weltreicherbauer zahlen müssen. Das ist insbesondere der Fall, seitdem unsere angehenden Inlandstyrannen schon vor langer Zeit gelernt haben, daß ein politisch-wirtschaftliches Komplott viel mächtiger werden kann als eine kriminelle Vereinigung — und für die Teilnehmer viel, viel mehr Sicherheit bietet.

Ob ein solcher Größenwahnsinn mit den Erbanlagen weitergegeben wird, wissen wir nicht. Bewiesen werden kann aber, daß er seit mindestens drei Generationen in der Familie Rockefeller vorhanden ist. Trotz der Beteuerungen der Rockefellers und ihrer Bediensteten, daß sie völlig uninteressiert daran seien, irgendetwas zu kontrollieren, enthüllt die Betrachtung der vorliegenden Tatsachen eine alles verzehrende Leidenschaft, alles und jeden beherrschen zu wollen.

Das Haus Rockefeller ist nicht einfach eine wohlhabende und erfolgreiche Familie. Es ist ein Imperium. Keine andere Familie hat jemals die Kontrolle über so viele Institutionen angestrebt — über Institutionen, die jeden Teil des amerikanischen Lebens berühren. Ob es sich um die Regierung, um das Geschäftsleben, die Energiewirtschaft, das Bankwesen, die publizistischen Medien, Religion oder Erziehung handelt, am wesentlichen Punkt der Machtstruktur wird man stets Rockefeller-Geld und Rockefeller-Beauftragten und -Agenten begegnen. Eine solche vollständige Durchdringung, die jeden wichtigen Aspekt des amerikanischen Lebens beeinflußt, kann nicht zufällig entstehen.

ZWEITES KAPITEL

DER HEILIGE SÜNDER

Konkurrenzkampf ist Sünde.
John D. Rockefeller

Genug Bücher für eine mittlere Bibliothek sind schon über die unglaubliche Story geschrieben worden, wie Daddy Oilbucks (Öldollar) Standard Oil gegründet und das Rockefeller-Vermögen aufgebaut hat. In einigen von ihnen steht sogar die Wahrheit! Wir werden uns damit nur so lange aufhalten, bis wir die Wesenszüge und Taktiken des Urvaters der Rockefellers verstanden haben, um sie in den heutigen Mitgliedern der Sippe wiedererkennen zu können.

Alles an den Rockefellers scheint widerspruchsvoll, selbst die Herkunft ihrer Familie. Nach einem Bericht soll die Familie von französischen Protestanten abstammen, die ihren Namen Roquefeuille zu Rockefeller abänderten, als sie von Frankreich aus nach Deutschland vertrieben wurden. Eine von Dr. Malcolm Stern zusammengestellte Genealogie unter dem Titel »Americans of Jewish Descent« (Amerikaner jüdischer Abstammung) weist dagegen überzeugend nach, daß die vielen amerikanischen Juden Recht haben, die den Rockefeller-Clan als ursprünglich zu ihren Leuten gehörig reklamieren.

Die Auseinandersetzung um die Vorfahren der Rockefellers ist wahrscheinlich nicht wichtig. Sie wirft aber ein Schlaglicht auf etwas, was sie erreicht haben, was schwieriger zu bewältigen ist, als nach sechs Martinis noch eine Nähnadel einzufädeln.

Die Familie kontrolliert Ölinvestitionen im Werte von Hunderten von Millionen Dollar in arabischen Ländern, und dennoch ist Nelson der Liebling des organisierten Judentums in New York City geblieben. Ohne diese Unterstützung hätte er unmöglich viermal zum Gouverneur des Staates New York gewählt werden können. Wie die Familie dieses Kunststück fertig bringt, das zu verstehen, fällt selbst mit klarem Kopf schwer.

William Rockefeller, der Vater von John D., kam zum erstenmal mit dem Petroleum-Geschäft in Berührung, als er das ölige Zeug für 25 Dollar pro Pint (ein Pint = 0,56 l) als Heilmittel gegen Warzen, Schlangenbisse, Krebs und Impotenz verkaufte. Der umherziehende Medizinmann nannte sich »Doktor«, obwohl er niemals eine Medizinschule hätte besuchen können, weil er steckbrieflich gesucht wurde. Denn »Doc« Bill war nicht nur Quacksalber, sondern auch Bigamist, Pferdedieb und Sittenstrolch. Nachdem er in New York ein 15jähriges Mädchen vergewaltigt hatte, entging er einer Verurteilung nur dadurch, daß er sich nach Cleveland absetzte. Dort angekommen, ließ er seine Frau mit sechs Kindern sitzen und heiratete eine Zwanzigjährige. (Als Nelson nach 31jähriger Ehe seine Frau verließ, um Happy Fitler Murphy zu heiraten, ließ er seine Kinder nicht im Stich. Sie war es, die ihre Kinder verließ.)

Obwohl ihn keiner dafür später als »Vater des Jahres« vorschlagen konnte, nahm sich der »Doc« die Zeit, seine Kinder in sein Geschäftsgebahren einzuweihen. Der Schriftsteller William Hoffman berichtet darüber: »An was die Kinder sich am meisten erinnerten, wenn sie von ihrem Vater sprachen, war die Begeisterung, die ihn ergriff, wenn er bei Geschäften als der bessere Teil abschnitt. Dann wandte er alle Schliche an, um sie von etwas wegzuholen, was sie gerade taten, um ihnen einen Vortrag darüber halten zu können, wie wichtig es sei, immer aufzupassen.«

Professor Allan Nevins, ein der Familie freundschaftlich gesonnener Biograph, zitiert »old Bill's« Angeberei gegenüber einem Kumpan:

> Ich bemogel meine Jungen, wo es nur geht. Ich will sie scharf machen. Ich handele mit meinen Jungen und ziehe ihnen das Fell über die Ohren und lege sie rein, wenn ich nur kann. Ich will sie scharf machen.

Das gelang ihm. Der schärfste von »Doc's« Abkömmlingen wurde John D. Jeder Psychiater, der eine Couch sein eigen nennt, würde wahrscheinlich gerne einige Neurosefälle unter seinen Patienten dafür eintauschen, wenn er eine Gelegenheit erhielte, einmal zu untersuchen, was mit ihm los war. Er steckte voller Widersprüche und Paradoxe. Einer der Hauptzüge seines Lebens, das an die Geschichte von Jekyll und Hyde mit ihrer gespaltenen Persönlichkeit erinnert, war, daß er im Privaten tief (und einige sagen sogar fanatisch) religiös war. Gleichzeitig war er offen und unverhüllt skrupellos, wenn es darum ging, nach Geld und Macht zu greifen. Viele seiner Opfer waren davon überzeugt, daß seine religiöse Haltung nur vorgetäuscht, geschauspielert war. Aber es gibt keine Beweise dafür, daß seine Frömmigkeit ein vorsätzliches Falschspiel gewesen wäre.

Anders als sein Vater, war John D. ein harter Arbeiter, der schon ein mit allen Wassern gewaschener und erfolgreicher Warenmakler in Cleveland war, bevor er das zweite Jahrzehnt seines Lebens hinter sich hatte. Im Jahre 1859 schickten ihn seine Geschäftspartner nach Titusville im Staat Pennsylvanien. Er sollte dort feststellen, wieviele finanzielle Möglichkeiten in der schwarzen Flüssigkeit steckten, die dort aus der Erde quoll. Dem jungen Rockefeller gefiel, was er dort sah. Er kam zu dem Schluß, daß von den drei Arbeitsstufen in der gerade aufblühenden Ölindustrie — Förderung, Transport und Verarbeitung — die letzte die größten Gewinnaussichten eröffnete.

John D. kehrte nach Cleveland zurück und gründete dort das, was später zur mächtigen Standard Oil Company wurde. Vom Beginn seiner Laufbahn an haßte Rockefeller eines mehr als die Sünde, und das war der Konkurrenzkampf. Nach seinem Dafürhalten war der einzige erfolgreiche Weg, um etwas zu bewerkstelligen, der über ein Monopol. Vorausgesetzt natürlich, daß die geeignetste, fähigste und am meisten darum verdiente Person — nämlich er selbst — dieses Monopol innehatte.

Als John D. die Standard Oil gründete, war sie nur eine von 27 Raffinerien in der Gegend von Cleveland und keineswegs die größte. Aber der ehrgeizige Geschäftsmann — der einst erklärt hatte, daß »der Konkurrenzkampf eine Sünde ist« — hatte bald einen Plan ersonnen, um die Betriebe seiner Konkurrenten entweder zu übernehmen oder sie auszuschalten. Die Einfachheit, Kühnheit und Rücksichtslosigkeit des Verfahrens ist atemberaubend.

Durch Abreden und Zwangsmaßnahmen brachte er die in dem Ölgebiet tätigen Eisenbahngesellschaften (Pennsylvania, Erie und New York Central) dazu, ihm Ermäßigungen und Rabatte zu gewähren, und zwar nicht nur auf die Sendungen, die er selbst aufgab, sondern auch auf jedes Faß Öl, das seine Mitbewerber mit der Bahn befördern ließen. Je mehr sie lieferten, desto mehr verdiente er!

Rockefellers Rabatt-Trick ermöglichte es ihm, seine eigenen Preise herabzusetzen und die anderen Ölraffinerien mit Hilfe ihres eigenen Geldes vom Markt zu vertreiben. Innerhalb eines Jahres gaben seine Konkurrenten auf.

In seinem Buch »The House of Morgan« berichtete Lewis Corey, wie Rockefellers Mitbewerbern die Gnadenschüsse verpaßt wurden:

> ... der Konkurrenzkampf ... wurde mit Intrigen, die Mitbewerber schädigenden Eisenbahntarifen, Erpressung und Wegnahme ihres Eigentums geführt ...

Trotz der Verurteilung durch die Öffentlichkeit fuhr die Standard Oil fort, die Eisenbahnen zu wettbewerbswidrigen Tarifen zu zwingen, die später noch dadurch abgesichert wurden, daß John D. Rockefeller selbst zu einer Machtfigur bei den Eisenbahnen wurde, insbesondere bei der New York Central, der Erie und der Pennsylvania. Wettbewerbsschädliche Tarife waren allgemein und erregten den Zorn der kleinen Geschäftsleute . . .

Der Inhalt der Trickkiste von John D. ließ sich jedenfalls nicht auf seine täglichen Lesungen der Evangelien von Matthäus, Markus, Lukas und Johannes zurückführen. Das Rabattspiel wirkte durchschlagend, aber es war nur eines aus einer ganzen Reihe. Zu Anfang hatten die »Glücklicheren« unter den Konkurrenten noch Bargeld oder Standard-Oil-Aktien angeboten bekommen, wenn sie ihre Betriebe an Rockefeller zu dem Niedrigpreis verkauften, den er ihnen bot. Die Klügeren unter ihnen nahmen die Aktien. Später wurden die Methoden dann rauher. Matthew Josephson beschreibt in seinem Buch »The Robber Barons«, was einer Firma passierte, die beharrlich ihre Unabhängigkeit zu bewahren versuchte:

. . . wo die Standard Oil ihre Expansion nicht mit friedlichen Mitteln betreiben konnte, da griff sie zur Gewalt; ihre treuen Diener wußten sogar, wie man mit der neuen Waffe Dynamit umzugehen hatte. In Buffalo wurde die Vacuum Oil Co., eine der Marionettenfirmen im Standard-Oil-Verbund, eines Tages durch das Erscheinen eines kräftigen Konkurrenten behelligt, der eine recht ansehnliche Raffinerie an einem günstigen Platz am Ufer baute. Die Firmenleitung von Vacuum ließ zuerst eine schmutzige Einschüchterungskampagne abrollen. Mutiger oder wütender geworden, wandte sie sich dann an den technischen Leiter der feindlichen Raffinerie und hielt mit ihm heimliche Konferenzen auf einem Ruderboot auf dem Eriesee ab. Er wurde aufgefordert, »etwas zu tun«. Er sollte »nach Buffalo zurückfahren und die Anlage so aufbauen, daß sie auseinanderfliegt . . . . . . oder zusammenfällt, die Röhren und Abscheider so einrichten, daß kein gutes Öl herauskommen kann . . . Und ihnen etwas Angst machen damit, daß sie noch nichts von dem Geschäft verstehen. Du weißt ja, wie . . .« Als Gegenleistung sollte der Mann eine lebenslange Rente erhalten, die er in einem anderen Teil des Landes verzehren könnte. Zur passenden Zeit ereignete sich also eine kleine Explosion in der unabhängigen Firma.

In seiner Untersuchung »The Rich and The Super-Rich« merkt Ferdinand Lundberg an: »Wie die Beschreibung der Geschichte der Standard Oil klar zeigt — gleichgültig ob der Autor positiv oder negativ eingestellt ist —, hatte Rockefeller ein auf Verschwörungen und Ränke angelegtes Wesen. Er plante immer Jahre voraus und verfügte dabei über eine Klarsicht, die die seiner Mitarbeiter weit übertraf.«

John D. spezialisierte sich darauf, andere für sich auftreten zu lassen, wie es die Familie auch heute noch macht. Überall heuerte er Beauftragte an: unter den Konkurrenten, den Politikern und bei den Medien. Er fand eine Menge Leute, die sich kaufen ließen. »Leute für sich arbeiten zu lassen, ist eine käufliche Handelsware, ebenso wie Zucker oder Kaffee . . . Dafür bezahle ich mehr als für alles andere unter der Sonne«, gab der Standard-Oil-Gründer einmal zu. Rockefellers System der Industriespionage war bei weitem das am besten ausgeklügelte, genaueste und erfolgreichste, das jemals aufgebaut worden ist. William Manchester berichtet uns darüber in »Rockefeller Familiy Portrait«:

> Das Schwierige bei der Auseinandersetzung mit John D. war, daß man nie wußte, wo er gerade

war. Er betrieb seine Gesellschaft so, als ob sie eine Abteilung der Bundeskriminalpolizei CIA wäre. Alle wichtigen Mitteilungen wurden verschlüsselt. . . . Gestalten aus dem Dunkel kamen und gingen durch die Vordertür, Schattenfirmen wurden über die Hintertür betrieben. Lange Zeit wußte die Öffentlichkeit nicht, wie mächtig er schon geworden war, weil er behauptete, mit Firmen im Konkurrenzkampf zu liegen, die ihm längst ganz gehörten. Seine wirklichen Mitbewerber mußten immer wieder entdecken, daß ihre mit dem größten Vertrauen bedachten Mitarbeiter von ihm längst vereinnahmt waren. Die Polypenarme reichten überall hin.

Ein Raffinerie-Unternehmer in Cleveland machte den letzten verzweifelten Versuch, seine Gesellschaft vor der Übernahme durch Rockefeller zu retten, indem er in Peru Öl suchen ging. Er mußte erfahren, daß dort schon alles von einer Gesellschaft aufgekauft worden war, die eine Tochter einer Firma war, die der Anglo-American Company of England gehörte — die zu Standard gehörte. Es dauerte nicht lange, und seine Firma war ein weiterer Trabant im Rockefeller-Öl-Imperium.

In späteren Jahren versuchte der große Hexenmeister des Ölgeschäfts, seine freibeuterischen Geschäftsmethoden hinter der schön gemalten Kulisse seiner religiösen Aktivitäten zu verbergen. »Gott hat mir mein Geld gegeben«, verkündete er fromm. Wenn das stimmte, meinten viele gebrannte Zeitgenossen, dann mußte Gott schon sehr komische Auffassungen über die Tätigkeit eines ehrbaren Kaufmanns haben. Schon 1890 verarbeitete Standard 90 Prozent allen Rohöls in den Vereinigten Staaten, und in der übrigen Welt breitete sich die Firma rasch aus. Viele wurden zu dem Glauben verführt, daß die amerikanische Bundesregierung schließlich das Fast-Monopol von Standard beseitigt habe. Die Wahrheit ist, daß Standard Oil trotz seiner Größe nicht das ganze, wie ein Pilz aufschießende Ölgeschäft allein in die Hand bekommen konnte, als Öl in Louisiana, Oklahoma und Kalifornien gefunden wurde. In dem folgenden großen Ölboom machten zu viele kleine Förderer und Verarbeiter ihr Geschäft, als daß John D. sie alle hätte kaufen, erpressen oder mit Bomben bearbeiten lassen können. So gesehen war es Gott, nicht Uncle Sam, der John D. den Weg zum Monopol verlegt hatte.

DRITTES KAPITEL

DIE RAUBFAMILIE

Wenn Nelson Rockefeller Vizepräsident wird oder die Ereignisse ihn eines Tages zum Präsidenten machen, dann wird er bei praktisch jeder größeren öffentlichen Angelegenheit auf den Reichtum seiner Familie stoßen . . .

Thomas O'Toole, Washington Post

Obwohl das internationale Bankwesen wahrscheinlich zum wichtigsten Bestandteil der Rockefeller-Geschäfte geworden ist, bleibt Standard Oil der Schlußstein des Gebäudes. In der Öffentlichkeit ist es immer noch bekannter, daß die Familie im Ölgeschäft tätig ist, als daß man um ihre Bankbeteiligungen weiß.

Erdöl ist zur Zeit die wichtigste Ware im Welthandel. Es liefert den Treibstoff für fast alle Motorfahrzeuge auf der Erde, mit ihm werden die meisten Kraftwerke betrieben, und es ist das wichtigste Rohmaterial für die Herstellung von Kunststoffen, chemischen Erzeugnissen und Pharmazeutika. Alles dies hat den Rockefellers großen Reichtum eingetragen. So berichtete das Nachrichtenmagazin »Time« in seiner Ausgabe vom 18. Februar 1974:

> In 111 Jahren hat das Unternehmen, das unter den verschiedenen Namen als Standard Oil Trust, Standard Oil Co. (New Jersey), Esso und jetzt als Exxon bekanntgeworden ist, Kriege, Enteignungen, brutal geführten Konkurrenzkampf, schmutzige Angriffe und selbst die Zergliederung

durch den Obersten Gerichtshof der USA (1911) überstanden. Es hat nicht nur überlebt, sondern ist auch gewachsen — von einer Raffinerie in Cleveland zu einem Riesenwesen, das in mehr als 100 Ländern über mehr als 300 Tochter- und Filialgesellschaften, eine Art »Vereinte Nationen des Öls«, Erdöl verkauft. Es ist nicht nur gewachsen, sondern hat auch noch Gewinn abgeworfen — so viel, daß es im letzten Monat den größten Jahresgewinn melden konnte, den je eine Industriefirma eingefahren hat: 2,4 Milliarden Dollar nach Abzug der Steuern.

Das explosionsartige Wachstum von Exxon, dem Tiger in der Ölindustrie, geht aus dem folgenden Bericht der Nachrichtenagentur UPI hervor, der fünfzehn Monate nach dem Beitrag in »Time« erschien:

> Das Wirtschaftsmagazin »Fortune« hat soeben seine Liste der 500 größten Unternehmen veröffentlicht, und niemals in den 20 Jahren, seitdem ihre Entwicklung verfolgt wird, hat sich die Reihenfolge darin so verändert. Der Grund dafür, so berichtet das Magazin in seiner Mai-Ausgabe, ist das Öl.
>
> In der »Fortune«-Liste der größten industriellen Publikumsgesellschaften erscheint 1974 eine neue Nummer eins: die Exxon Corporation. Sie tritt dort an die Stelle der General Motors Corporation, die 20 Jahre lang das größte Industrieunternehmen der Vereinigten Staaten gewesen ist. Exxon war 1973 Nummer zwei gewesen.
>
> Dank des Preisanstiegs beim Öl, hat Exxon sein Verkaufsergebnis — danach stellt »Fortune« seine Liste auf — von 25,7 Milliarden Dollar 1973 auf 35,8 Milliarden Dollar im vergangenen Jahr steigern können.

Um eine Vorstellung von der gigantischen Größe von Exxon zu bekommen, muß man folgende Überlegung anstellen: Wenn man Exxon seinen gesamten Geschäftsbereich im Ausland wegnehmen würde, wäre es immer noch das neunt- oder zehntgrößte Unternehmen in den Vereinigten Staaten. Obwohl die Firma nur 16% ihrer Ölförderung und 32% ihres Absatzes in den Vereinigten Staaten tätigt. Wenn Exxon sich darauf beschränken würde, Öl zu befördern, würde es das größte Schiffahrtsunternehmen der Welt sein. Exxon hat 155 eigene Tanker und eine wechselnde Zahl von Schiffen unter Charter. Und weiter ist Exxon ein bedeutendes Bankunternehmen und verfügt über große Vermögen in Mark, Yen, Franc, Pfund Sterling und Dollar auf der ganzen Welt. Und so geht es immer weiter.

Um beurteilen zu können, in welchem Maße die Familie Rockefeller Exxon und die anderen Nachfolgegesellschaften des ursprünglichen Standard Oil Trusts (Mobil, Standard of Indiana, Standard of California, Chevron, Sohio, Phillips 66, Marathon usw.) kontrolliert, müssen wir alle Teile des Puzzlespiels, die wir finden können, einsammeln und sorgfältig zusammenfügen. Bei seiner Aussage im Kongreß hat Dilworth offengelegt, daß die Familie Rockefeller Ölaktien im Wert von annähernd 324 600 000 Dollar in ihrem Besitz hat. Das entspricht einem Anteil von durchschnittlich zwei Prozent in jeder der vier großen Ölgesellschaften. Aber 1966 ließen die Aussagen vor dem Patman-Ausschuß erkennen, daß die neun Familienstiftungen der Rockefellers auch im Durchschnitt drei Prozent in den Nachfolgegesellschaften des Standard Oil Trusts kontrollierten. Dieser bekannte Anteil von fünf Prozent würde den Rockefellers eine wirkungsvolle Kontrolle über die vier Ölriesen sichern.

Außerdem gibt es Aktien, die bei den Rockefeller-Banken, ihren Versicherungsgesellschaften, Gesellschaften und anderen Körperschaften, deren Vorstände mit den Rockefellers verflochten sind, treuhänderisch verwaltet werden.

Und schließlich ist — obwohl das unglaublich klingt — Öl nicht das Hauptgeschäft der Rockefellers. Diese Ehre gebührt dem internationalen Bankgeschäft. Die Rockefeller-Familien-Banken sind die First National City Bank und die Chase Manhattan Bank. Die Chase Manhattan ist das drittgrößte Bankunternehmen der Welt, trotz der Nummer drei aber bei weitem das einflußreichste.

Die größte Bank der Welt ist die Bank of America in Kalifornien, Erfinderin der Kreditkarte, der Bank-Americard, die jetzt 39 Millionen Karteninhaber in aller Welt verzeichnet. Die Bank of America wurde durch ihre Filialnetz in Kalifornien, wo sie jetzt über mehr als 1000 Zweigstellen verfügt, zu einem Riesen. Bis vor kurzem, als sie ihre überseeische Tätigkeit mit den Rothschilds in Europa verknüpfte, hatte der Bank of America ihr Standbein im internationalen Geschäft gefehlt. Jetzt hat auch sie sich dem Kreuzzug der Internationalisten für die Einsetzung einer Weltregierung angeschlossen.

Chase Manhattan ist durch den Zusammenschluß der im Rockefeller-Besitz befindlichen Chase Bank mit der von Kuhn, Loeb kontrollierten Manhattan Bank entstanden. Die Ehe wurde zu einem großen Erfolg für beide Familien; 1971 berichtete Chase Manhattan über ein Vermögen in Höhe von 36 Milliarden Dollar. Das ist an sich schon eindrucksvoll genug, aber die »New York Times« hat aufgezeigt, daß das nicht alles ist: ». . . ein großer Teil ihres (der Chase Manhattan Bank) Geschäftes wird über die Tochtergesellschaften in Übersee abgewickelt und erscheint deshalb nicht im Geschäftsbericht.«

Auch »Time« hebt die riesige Macht der Chase Manhattan hervor und merkt an, daß »die Chase 28 eigene Zweigstellen im Ausland hat, aber auch, was noch wesentlicher ist, über ein weltumspannendes Netz von 50 000 Korrespondenzbanken verfügt«. Fünfzigtausend Korrespondenzbanken in aller Welt! Wenn jede von ihnen nur lächerliche 10 Millionen Dollar wert ist, dann würde das Chase ein

Weltpotential von fünfhundert Milliarden Dollar einräumen! Eine solche Summe ist einfach unvorstellbar. Unglücklicherweise handelt es sich dabei aber wahrscheinlich um eine eher konservative Einschätzung der Macht und des Einflusses von Chase.

Eine solche Anhäufung von Finanzmitteln würde den Rockefellers die Möglichkeit eröffnen, über Nacht eine internationale Finanzkrise vom Zaun zu brechen. Könnten sie es gewesen sein, die in den letzten Jahren mit dem Goldpreis und den Wechselkursen für den Dollar und andere Währungen Jo-jo gespielt haben, die damit Angst und Schrecken bei den meisten Investoren auslösten, selbst aber Gewinne machten?

Jedesmal, wenn einer dieser Stürme am internationalen Geldmarkt losgeht, fließen Hunderte von Dollarmillionen in die europäischen Banken. Wenn der Sturm sich legt, haben diejenigen, die »vorher schon alles gewußt hatten«, riesige Geldmengen eingesackt. Daß die Rockefellers über die Chase Manhattan Bank und ihre überseeischen Verbindungen gewinnreich daran beteiligt waren, scheint kaum zweifelhaft zu sein.

Nach fast allen Kriterien ist die Chase Manhattan praktisch ein souveräner Staat geworden. Sie unterscheidet sich von den meisten von ihnen nur dadurch, daß sie mehr Geld hat. Sie unterhält sogar einen hauptamtlichen Vertreter bei den Vereinten Nationen.

Dafür nur eine Zahl, die vieles erhellt: 1973 traf der Vorstandsvorsitzende von Chase, David Rockefeller, mit 27 Staatsoberhäuptern zusammen, darunter die Herrscher über Rußland und Rotchina, und dazu kamen noch Dutzende von weniger hochrangigen Würdenträgern. Nicht einmal Henry Kissinger, der Mann der »Weberschiffchen-Diplomatie« und der aufsehenerregenden Staatsdiners, kann sich mit Rockefeller messen, wenn es um den Einfluß auf die Männer an der Spitze geht.

Die Jahresberichte der Chase Manhattan enthalten viele Informationen, aus denen sich Einzelheiten über die weltweiten Aktivitäten der Bank ablesen lassen. Das internationale Geschäft läuft im großen Maßstab ab. Und Anzeichen für ein Abflauen sind nicht zu erkennen. Kein Zweifel, Chase Manhattan ist unbestrittener Weltmeister im Schwergewicht, was das internationale Bankgeschäft angeht.

Während der Anhörung im Senat, als es um seine Bestätigung im Amt des Vizepräsidenten ging, behauptete Nelson: »In meinem Besitz befinden sich keine Aktien der Chase Manhattan Bank.« Er unterließ es nur zu erwähnen, daß seine Familie 623 000 Aktien oder 2,54 Prozent des Aktienkapitals der Chase Manhattan ihr eigen nennt. Und er ging auch über die Tatsache hinweg, daß der Fond der Rockefeller-Brüder weitere 148 000 Chase-Aktien enthält und die Rockefeller-Universität auch 81 296 Stück in ihrem Portefeuille hat.

Myer Kutz berichtet uns darüber in der »New York Times« vom 28. April 1974: »Die Rockefellers und die Rockefeller-Organisationen haben einen großen, mit Kontrollmöglichkeiten verbundenen Anteil an der Chase Manhattan Bank, der auf mehr als vier Prozent geschätzt wird.«

Der Chase-Jahresbericht 1974 verzeichnete ein Gesamtvermögen der Chase Manhattan Corporation in Höhe von 42 532 003 302 Dollar. Das sind mehr als 42 Milliarden Dollar. Daraus, so berichtet Chase, wurde ein Reineinkommen von 180 801 382 Dollar im Jahre 1974 erzielt. Das sind über 180 Millionen Dollar Gewinn in einem Jahr — oder 3,5 Millionen Dollar in einer Woche — von dem die Familie Rockefeller mehr als vier Prozent oder rund 7,2 Millionen Dollar einsteckte. Das ist nicht schlecht, wenn man berücksichtigt, daß Chase nur ein Werkzeug ist, das zur Erhaltung und Förderung vieler anderer finanzieller Interessen der Familie dient.

Wiederum müssen wir darauf hinweisen, daß der tatsächliche Besitzanteil der Familie an Chase Manhattan vielleicht viel größer ist, als zugegeben wird. Professor James Knowles stellt in seiner in die Einzelheiten gehenden Untersuchung »The Rockefeller Financial Group« dazu fest:

> Es ist unmöglich, zuverlässig festzustellen, ob die wohlhabenden Familien, die in den Vorständen der Banken der Rockefeller-Gruppe vertreten werden, einen für die Kontrolle ausreichenden Anteil am Aktienkapital besitzen. Die Eigentumsverhältnisse bei den Großbanken sind ein sorgfältig gehütetes Geheimnis. Selbst wenn die Banken einmal gezwungen sind, wie etwa im Falle der Patman-Untersuchung über die gegenseitigen Abhängigkeitsverhältnisse im Jahre 1962, ihre größten Aktionäre zu nennen, haben sie — wie man sagt — »Straßennamen« angegeben. Diese »Straßennamen« sind völlig frei erfunden und bringen keinerlei Hinweise auf die wirklichen Nutznießer oder Treuhänder. Im Fall der Chase Manhattan Bank, z. B., waren unter den Namen der 20 größten Aktionäre fünfzehn »Straßennamen« (wie etwa Dudd & Co., Don & Co., Atwell & Co.) . . .

Wenn fünfzehn der zwanzig größten Aktienpakete unter falschen Namen gehalten werden, um die wirklichen Eigentümer nicht bekannt werden zu lassen, ist es unmöglich, daran zu zweifeln, daß einige von ihnen — wenn nicht sogar alle — dem Rockefeller-Imperium zuzurechnen sind.

Wenn man die wenigen Tatsachen, die der Öffentlichkeit bekanntgeworden sind, betrachtet — daß die Rockefellers bei weitem den größten Aktienanteil an Chase Manhattan haben, daß andere Familien, die mit dem Standard-Oil-Vermögen von Anfang an eng verbunden sind, ebenfalls über große Aktienpakete verfügen, daß sich die Liste der Vorstandsmitglieder bei Chase Manhattan wie ein Adressenverzeichnis führender Mitarbeiter Rockefellers liest, und daß

David Rockefeller Vorstandsvorsitzender der Bank ist —, kann kein Mensch mehr bestreiten, daß die Rockefellers die Chase Manhattan Bank kontrollieren.

Aber die Chase Manhattan ist nicht die einzige Riesenbank im Finanzimperium der Rockefellers. Die erste Bank, mit der es die Familie Rockefeller direkt zu tun bekam, war die National City Bank in New York, die zur Zeit in der internationalen Rangfolge den zweiten Platz einnimmt. Ihr früherer Präsident, James Stillman, wurde ein enger Mitarbeiter von John D.'s Bruder William, der damals den riesigen Standard Oil Trust leitete. William Rockefeller übertrug die Bankgeschäfte von Standard Oil der Leitung Stillmans, und so wurde die National City die größte Bank in New York. Die finanzielle Ehe wurde untermauert durch die Verehelichung von zwei Söhnen William Rockefellers mit zwei Töchtern von Stillman.

Bis er sich 1967 aus dem Geschäft zurückzog, war James Stillman Rockefeller, einer der Nachkommen der Fusion Stillman-Rockefeller, Vorstandsvorsitzer der First National City Bank. James hatte vorher schon die familiären und finanziellen Verbindungen der Familie Rockefeller verstärkt, indem er Nancy Carnegie aus der mit sagenhaftem Reichtum ausgestatteten Familie Carnegie geheiratet hatte.

Die City Bank erfreute sich eines so phänomenalen Wachstums, daß sie jetzt Chase in ihrem Gesamtvermögen übertrifft. Sie hat nicht das Prestige und den politischen Einfluß wie Chase, aber da beide Institute Banken der Rockefeller-Familie sind, macht das wirklich wenig aus.

Aber da gibt es noch eine dritte große New Yorker Bank aus dem Trabantenkreis der Rockefellers, nämlich die Chemical Bank, die von der Familie Harkness kontrolliert wird. Edward Harkness war einer der engsten Geschäftsfreunde von John D. im Standard Oil Trust, und noch 1939 war die Familie Harkness der größte Aktionär bei Standard Oil, der nicht zu den Rockefellers gehörte.

Eng mit den Rockefeller-Banken verbunden sind die riesigen Versicherungsgesellschaften, deren Anlagevermögen in die Hunderte von Dollarmillionen geht. Lebensversicherungen spielen eine wichtige Rolle im Finanzierungsgeschäft, weil sie vor allem langfristige Kredite bereitstellen können, während die Banken es vor allem mit dem kurz- und mittelfristigen Kredit zu tun haben. Dementsprechend hängt die Zahlungsfähigkeit (oder -unfähigkeit) anderer Gesellschaften oft davon ab, ob sie Darlehen von den von Rockefeller beherrschten Finanzgiganten erhalten können.

Die Rockefeller-Bankengruppe ist eng verfilzt mit den Vorständen von drei der vier größten Lebensversicherungsgesellschaften: Metropolitan Life, Equitable Life und New York Life. Das Gesamtvermögen dieser drei Versicherungsgiganten belief sich 1969 auf mehr als 113 Milliarden Dollar. Nach den Zahlen von Professor Knowles machen die von der Rockefeller-Gruppe kontrollierten Banken etwa 25 Prozent des Gesamtvermögens der fünfzig größten Geschäftsbanken der Vereinigten Staaten aus; etwa 30 Prozent der Vermögenswerte der fünfzig größten Lebensversicherungsgesellschaften kommen dazu.

Die Kontrolle über diese Banken und Versicherungsgesellschaften gibt der Familie Rockefeller einen Hebel in die Hand, mit dem sie weit mehr anfangen kann, als wenn ihr diese Firmen direkt gehören würden.

Es gibt verschiedene Wege, auf denen der Rockefeller-Clan große Teile der Wirtschaft kontrollieren kann. Der erste führt über die Aktien im Besitz der Familie. Fünf Prozent Besitzanteil an einer Gesellschaft mit weiter Streuung des Aktienkapitals wird nach einem Bericht des Bankenausschusses des amerikanischen Senates aus dem Jahre 1974 schon als einer Kontrolle gleichkommend angesehen, besonders wenn man Rockefeller heißt. Aber wenn wir nur die Firmen betrachten, in denen die Rockefellers zweimal so viele Aktien innehaben oder über fünf Prozent verfügen und zusätzlich zwei oder mehr Sitze in der obersten Führung innehaben, können wir die hier aufgeführten Gesellschaften als von den Rockefellers kontrolliert einordnen. (Die 1975 vom Magazin »Fortune« eingeschätzte Rangfolge wird in Klammern angegeben.)

> Exxon (1), Mobil Oil (5), Standard of California (6), Standard of Indiana (13), International Harvester (26), Inland Steel (78), Marathon Oil (60), Quaker Oats (163), Wheeling-Pittsburgh Steel (194), Freeport Sulphur und International Basic Economy Corporation.

Ein anderes Verfahren, durch das die Rockefeller-Gruppe beträchtlichen Einfluß oder beträchtliche Kontrolle über größere Teile der Wirtschaft ausübt, nutzt die Treuhand-Abteilungen der Rockefeller-Banken. Schon vor knapp zehn Jahren beliefen sich die Werte, die von den Treuhand-Abteilungen der Geschäftsbanken verwaltet wurden, auf 253 Milliarden Dollar, fast 100 Milliarden Dollar mehr als die Vermögenswerte aller Sparkassen und Spar- und Darlehensbanken zusammengenommen. Normalerweise übt eine Geschäftsbank, die treuhänderisch tätig ist, über die bei ihr hinterlegten Aktien allein das Stimmrecht aus. Wer aber glaubt, daß das auch bei den riesigen Depots der Fall sei, die die Familie Rockefeller eingerichtet hat, muß schon als schlimmer Träumer angesehen werden.

Während Dilworth Verrenkungen machte, um die versammelten Senatoren davon zu überzeugen, daß sich die Familie niemals, aber wirklich niemals, in das Management der Firmen einmische, berichtete das Magazin »Fortune«, daß die Rockefeller-Banken oft in den Nahkampf gehen, und der sehr angesehene Professor Knowles wußte hinzuzufügen: »Keine Gesellschaft ist davor sicher, möglicherweise von einer Treuhandabteilung einer Bank beherrscht zu werden.«

1967 hatten die Rockefeller-Banken insgesamt 35 Milliarden Dollar Treuhandvermögen zu verwalten — fast

14 Prozent aller Treuhandvermögen in den Vereinigten Staaten. Davon entfielen 22,5 Milliarden Dollar auf Aktienvermögen. Knowles merkte dazu an:

Es ist ganz offensichtlich, daß solche Aktienpakete, von denen die meisten unter der Kontrolle der Familien sind, deren Vertreter in den Vorständen dieser (der Rockefeller-) Banken sitzen oder indirekt durch das von den Depotbanken ausgeübte Stimmrecht unter ihrer Kontrolle stehen, eine Grundlage für eine wirkungsvolle Kontrolle eines großen Teils der amerikanischen Wirtschaft abgeben.

Die Treuhandabteilung von Chase, zusammen mit der zu der Bank gehörenden Anlageberatungsgesellschaft, kontrolliert in 21 großen amerikanischen Gesellschaften jeweils das größte einzelne Aktienpaket. Das bedeutet, daß auch United Air Lines, Northwest Airlines, Long Island Lighting, Atlantic Richfield Oil, National Airlines und 16 andere Firmen im Multi-Millionen-Dollar-Bereich unter der Knute der Rockefellers stehen. Die »Los Angeles Times« berichtet:

> Kontrolle der Bank und ihrer Treuhandabteilung hat zur Folge, daß sich die finanziellen Möglichkeiten der Familie vervielfachen. Jede größere Bank in New York hält Millionen von Aktien im Auftrag von anderen Eignern — die meisten von ihnen geben der Bank Vollmacht, auch das Stimmrecht auszuüben und damit Einfluß auf die Leitung der Gesellschaft auszuüben.

Gesellschaften, die vermutlich der Kontrolle der Rockefellers über Finanzinstitute, Treuhandabteilungen oder Aktienbesitz der Stiftungen unterstehen, umfassen folgende (mit der »Fortune«-Einschätzung von 1975 in Klammern):

> IBM (9), Mobil (5), Texaco (4), IT & T (10), Westinghouse (19), Boeing (39), International Paper (56), Minnesota Mining & Manufacturing (59), Sperry Rand (70), Xerox (41), National Cash Register (97), National Steel (64), Ameri-

can Home Products (92), Pfizer (130), Avon (159) und Merck (152).

Aber abwarten, es kommt noch mehr! Fragen Sie sich immer noch, ob das Ausmaß der Macht, das sich die Rockefellers aufgebaut haben, gefährlich ist? Dann machen Sie sich bitte einmal klar, daß allein die Verkehrsgesellschaften unter Rockefeller-Einfluß (mit der von »Fortune« 1975 eingeschätzten Reihenfolge für Verkehrsunternehmen in Klammern) folgendermaßen aussieht:

Penn Central (Stelle 3 bei den Verkehrsunternehmen), TWA (1), Eastern Airlines (8), United Airlines (2), National Airlines (26), Delta (13), Braniff (19), Northwest Airlines (18) und Consolidated Freightways (17).

Andere große Gesellschaften, in denen die Rockefellers einen bedeutenden Einfluß — direkt oder indirekt — haben, der aber nicht ausreicht, um eine Unternehmenskontrolle nachzuweisen, sind:

AT & T, Motorola, Safeway, Honeywell, General Foods, Hewlett-Packard und Burlington Industries.

Noch ein anderes Verfahren, mit dem die Rockefellers erhebliche Kontrolle über Gesellschaften ausüben können, ist die Gewährung von Krediten. Mehr und mehr haben in den letzten Jahren Firmen ihre Modernisierung und Erweiterung mit Geld finanzieren müssen, das sie bei der Bank aufgenommen hatten. Der alte John D., so berichtet uns sein Biograph Allan Nevins, hatte es niemals zugelassen, »daß irgendein Finanzkapitalist größere Teile« seines Vermögens in die Hand bekam. Big Daddy wollte sich nicht von den Kredithaien in der Wall Street auffressen lassen, machte sich aber nichts daraus, selbst einer von ihnen zu werden. Rund 80 Prozent der von Chase gegebenen Darlehen — der größten Kreditsumme von einem Institut in den Vereinigten Staaten — ist an große, nationale Unternehmen gegeben worden. Die Bank of America, die größte der Vereinigten

Staaten, hat sich auf Abzahlungsdarlehen an Millionen von Privatkunden spezialisiert. Die Rockefeller-Banken geben weniger Kredite, aber sie geben sie an die Großen der Industrie. Nach Professor Knowles ist die Position der Rockefeller-Gruppe auf dem Kapitalmarkt sogar stärker, als es ihrem Anteil am Bank- und Versicherungsgeschäft entsprechen würde. Wenn eine Bank einer Gesellschaft einen großen Kredit gewährt, dann ist sie in der Lage, eine Stimme bei den Entscheidungen in dieser Firma zu verlangen. Dem wird oft in der Weise entsprochen, daß jemand einen Sitz im Vorstand des Kreditnehmers erhält.

Das ist wieder verwandt mit einer anderen Methode der wirtschaftlichen Kontrolle, nämlich der Besetzung der Vorstände über Kreuz. Dann sitzt ein Vorstandsmitglied der einen Gesellschaft auch in dem Vorstand der anderen Firma. Theoretisch ist das in den Vereinigten Staaten durch Gesetz verboten, doch erwies sich die Bestimmung als ebenso wirkungslos wie das Verbot der Prostitution in New York. An der Aufgabe, alle Überkreuz-Besetzungen innerhalb der Rockefeller-Gruppe aufzuspüren, würde wahrscheinlich auch ein Einstein verzweifeln. Hier nur ein paar Firmen, die bisher noch nicht erwähnt worden sind und deren Vorstände auf diese Weise mit Firmen aus der Rockefeller-Gruppe verbunden sind:

> Allied (Chemical), Anaconda Copper, DuPont, Monsanto, Olin Mathison, Borden, National Distillers, Shell, Gulf, Union Oil, Dow, Celanese, Pittsburgh Plate Glass, Cities Service, Stauffer Chemical, Continental Oil, Union Carbide, American Cyanamid, American Motors, Bendix, Chrysler, C.I.T. Financial, S. S. Kresge und R. H. Macy.

Für den Fall, daß Sie nicht mehr mitzählen können, hier einmal eine Zwischenbilanz aller Firmen, von denen bekannt ist, daß sie in das Spinnennetz der Rockefellers gehören: 37 von den führenden 100 Industrieunternehmen der Vereinigten Staaten, neun der 20 führenden Verkehrsunternehmen, das größte Versorgungsunternehmen, drei der vier größten Versicherungsgesellschaften, dazu noch Dutzende kleinerer Unternehmen, die sich mit Fabrikation, Groß- und Kleinhandel, Krediten oder Anlagen befassen, werden von den Rockefellers beherrscht.

»Die Macht, die mit dem Familienvermögen ausgeübt wird, geht über das Meßbare hinaus«, erklärte die »Washington Post«. Und dieses Mal hatte die Zeitung Recht. »Es ist ein Netz von Eigentumstiteln und Möglichkeiten der Einflußnahme, das größer ist als die Summe seiner Teile.« Aber, so sagt Rockefeller, das ist alles ein Mythos!

Ein oder zwei ungläubige Thomasse haben sich Gedanken darüber gemacht, ob es nicht einen Interessenkonflikt geben könnte, wenn diese Finanzmacht mit der politischen Macht der Vizepräsidentschaft und schließlich vielleicht eines Tages der Präsidentschaft zusammengefaßt werden sollte.

Vermögen sollte kein Hindernis auf dem Weg in ein hohes Amt sein, das ist klar, vorausgesetzt aber, daß das Regieren vom Geschäft und das Geschäft vom Regieren getrennt bleibt. Es ist aber offensichtlich, daß Geschäft und Regieren seit vielen Jahrzehnten immer enger und gemütlicher zusammenrücken. Heute ist es praktisch unmöglich geworden, zu entscheiden, wer wen verführt. Diejenigen, die ideologisch links stehen, nennen das Faschismus und die auf der rechten Seite nennen es Staatssozialismus. Beide haben recht!

Der springende Punkt ist, daß die Familieninteressen der Rockefellers so eng mit den Fragen der Außen- und Innenpolitik verzwirnt sind, daß jede wichtigere Entscheidung der Regierung in irgendeiner Weise das Rockefeller-Imperium in Mitleidenschaft zieht. So beobachtete Thomas O'Toole in der »Washington Post« (einer Zeitung, die Rockefellers Ernennung kräftig unterstützte):

> Wenn Nelson Rockefeller Vizepräsident wird oder die Ereignisse ihn irgendwie eines Tages zum Präsidenten machen, wird er bei praktisch jeder

wichtigeren öffentlichen Angelegenheit auf das Vermögen seiner Familie stoßen...

Steuern, Umwelt, staatliche Vorschriften für Privatgeschäfte, Preise, Zinssätze, Diplomatie in Übersee, Krieg und Frieden — Interessen der Rockefellers werden von den politischen Entscheidungen der Regierung auf praktisch jedem wichtigeren Gebiet des amerikanischen Lebens gefördert oder geschädigt...

... Als Vizepräsident oder Präsident könnte er sich sicher nicht jedesmal zurückziehen, wenn eine politische Entscheidung zu treffen ist, die die Chase Manhattan Bank betreffen würde. Dann wäre er arbeitslos. Selbst wenn Rockefeller ein Armutsgelübde ablegen sollte, würde doch das Imperium intakt bleiben und weiter von seiner Familie beherrscht werden.

Aber der Reichtum der Rockefellers ist so groß, daß er selbst über diese Frage des Interessenkonfliktes hinausragt.

Was würde zum Beispiel ein Bürokrat der mittleren Ebene machen, wenn er wüßte, daß er in das Vermögen der Präsidentenfamilie eingreift? Würde ein Senator oder Kongreßmitglied in der Lage sein, der zusammengefaßten Macht des Weißen Hauses und der zweitgrößten Bank der Wall Street Widerstand entgegenzusetzen, um all die Gesellschaften, die hier im Geschäft sind, noch gar nicht zu erwähnen?

Rockefeller machte der ganzen Sache ein Ende, so weit es den Kongreß betraf, indem er fragte: »Bin ich der Mensch, der sein Vermögen in einem öffentlichen Amt für unlautere Zwecke einsetzen würde?« Er wußte, daß diese Frage die Politiker auf dem Capitol Hill zufriedenstellen würde, zumal viele von ihnen Zuschüsse zu ihren Wahlfeldzügen aus dem Rockefeller-Imperium bekommen hatten. Nicht ein Mitglied des Rechtsausschusses hatte die nötigen Nerven, um auf diese rhetorische Frage mit dem klaren und lauten »Ja!« zu antworten, das sie verdient hätte.

Wie wir sehen werden, will die Familie Rockefeller noch mehr Geld und noch mehr Macht erwerben. Sie wird dafür ihr privates Vermögen, ihre Stellung in der Öffentlichkeit und alles, was sie sonst noch kriegen kann, einsetzen. Der alte Rockefeller war ein hervorragender Machiavellist, der mit Ränken gegen örtliche Mitbewerber anfing und schließlich mit seinen Partnern Kartelle zur wirtschaftlichen Beherrschung der Welt auskungelte. Gegenüber dem, was seine Erben heute machen, erscheint das wie ein kleiner Tauschhandel am Samstag an der Garagentür.

VIERTES KAPITEL

GEWINN x PHILANTHROPIE = MACHT

Die Philanthropie ist das wesentliche Element beim Aufbau der Rockefeller-Macht. Sie gibt den Rockefellers einen guten Ruf von unschätzbarem Wert als öffentliche Wohltäter, der in der Öffentlichkeit so hoch eingeschätzt wird, daß auch die Verantwortung für öffentliche Angelegenheiten in die Hand der Rockefellers gelegt wird. Philanthropie bringt mehr Macht mit sich als Reichtum allein liefern kann.

Myer Kutz, »Rockefeller Power«

Der Trick mit der Stiftung war einer der geschicktesten Schachzüge, die der geriebene alte John D. jemals gemacht hat — und er ist immerhin für einige Dinger verantwortlich gewesen. Bis zur Jahrhundertwende hatte er mit solchen Taktiken beim Aufbau des Standard-Oil-Monopols gearbeitet, daß sein Name zu einem Synonym für skrupellose Ausbeutung geworden war. Er war um diese Zeit sicher der meistgehaßte Mann in Amerika.

Um sein Image wieder sauberzukriegen (und möglicherweise auch das Gewissen zu beruhigen, das er vorgeblich hatte), heuerte John D. Ivy Lee an, den angesehensten Werbefachmann seiner Tage. Lee schlug vor, daß der alternde Mann sein bisheriges Image als Halsabschneider Lügen strafe, indem er freiwillig Geld verschenkte. Zunächst einmal brachte Lee den Mr. Standard Oil dazu, stets eine ganze Tasche voll

Kupfermünzen mit sich herumzutragen, die er unter die strahlenden und dankbaren Kinderchen ausstreute, wenn er gelegentlich in der Öffentlichkeit auftauchte. Zyniker schrieben damals, St. Johannes schneide anderen das Geld nach Millionen aus den Rippen und verteile es dann groschenweise.

Ja, aber ganz so stimmte das nicht. Er hatte noch etwas im Hinterkopf, das dem alten Machiavelli mehr entsprach. Er wollte sein Geld an Stiftungen »verschenken«, die seiner Kontrolle unterstanden, und dann sollten diese Stiftungen das Geld wieder auf eine Art und Weise ausgeben, die dem Rockefeller-Imperium noch mehr Macht und Gewinn verschaffte. Das »verschenkte« Geld sollte sozusagen Brot sein, das als Köder in das Wasser geworfen wurde. Brot mit einem Haken darin. John D. Junior entwickelte dafür später den »Grundsatz des wissenschaftlichen Schenkens«.

Die ursprüngliche Rockefeller-Stiftung wurde 1901 errichtet und nannte sich »The Rockefeller Institute for Medical Research« (Rockefeller-Institut für medizinische Forschung). Sie gehörte zum PR-Programm des Herrn Lee, mit dem Rockefellers Image aufpoliert werden sollte. Es steht außer Zweifel, daß das Rockefeller-Geld viel Gutes auf dem Gebiet der öffentlichen Gesundheitsfürsorge und der wissenschaftlichen Forschung bewirkt hat — obwohl es einige Leute gibt, die sich selbst in diesem Punkt nicht vor einer Auseinandersetzung scheuen*).

*) Diejenigen, die behaupten, daß selbst die Menschenfreundlichkeit der Rockefellers nicht echt sei, weisen darauf hin, daß das Rockefeller-Geld dafür eingesetzt worden sei, die natürliche Widerstandskraft der Menschen gegen Krankheiten mit Vitaminen und Aufbaunahrung sowie durch gesteigerten Medikamentengebrauch zu vermindern. Pharmazeutika werden in erster Linie aus Kohlenstoffverbindungen aufgebaut, und seit Jahrzehnten hat die Familie, außer ihren Interessen im Ölgeschäft, auch große Summen in den Riesenkonzernen der pharmazeutischen Industrie investiert. Mehr Informationen über die Kontrolle der Rockefellers im Bereich der Medizin bringt G. Edward Griffen in seinem Buch »World Without Cancer« (siehe Anhang).

Der beste Weg für die Eingeweihten vom Schlage der Rockefeller und Morgan, die zunehmende Konkurrenz zu beseitigen, war die Einführung einer progressiven Einkommensteuer für ihre Mitbewerber, wobei sie gleichzeitig sicherstellten, daß in dem Gesetz ein Notausgang für sie selbst eingebaut wurde. Und wirklich erkannten nur wenige der Anhänger der progressiven Einkommensteuer, daß sie in Wirklichkeit denen in die Hände arbeiteten, die nach Kontrolle strebten. Wie Ferdinand Lundberg in seinem Buch »The Rich and The Super-Rich« bemerkt:

> Was sie (die Einkommensteuer) schließlich wurde, war ein Saugrohr, das langsam in die Brieftaschen der kleinen Steuerzahler eingeführt wurde. Unter dem Jubel des Volkes als Steuer für die Klasse der Großverdiener eingeführt, verwandelte sie sich schließlich durch einen geschickten Drehgriff in eine Steuer für die Masse ...

Der Hauptsprecher der Eingeweihten im Senat war damals Nelson Aldrich Rockefeller. Lundberg schreibt, die Journalisten hätten gewußt, daß Aldrich zwar mit eigenen Worten gesprochen habe, die Leitlinien dafür aber vorher mit John D. Rockefeller abgesprochen gewesen seien. Jahre zuvor hatte Aldrich die Einkommensteuer als »kommunistisch und sozialistisch« rundweg abgelehnt, aber 1909 kam die große, überraschende Wende. »The American Biographical Dictionary« schreibt dazu:

> Gerade als sich die Opposition kräftig formiert hatte, nahm er (Aldrich) ihr den Wind aus den Segeln, indem er mit Unterstützung des Präsidenten (Taft) eine Änderung der Verfassung beantragte, durch die der Kongreß instandgesetzt werden sollte, Einkommensteuern einzuführen.

Der Notausgang war nämlich inzwischen fertiggestellt. Bis die Verfassungsänderung von den einzelnen Staaten gebilligt worden war, arbeitete die Rockefeller-Stiftung schon mit Volldampf. Die sorgfältige Abstimmung beider Teile der

Kampagne stellt einen der erfolgreichsten Finanzcoups der Geschichte dar. Wieviel Geld die Rockefellers damit gemacht haben, läßt sich nicht errechnen. Indem sie sich selbst von der Last freihielten, die sie ihren Mitbewerbern aufluden, haben die Rockefellers seitdem in einer uneingeschränkt kapitalistischen Welt tätig sein können, während ihre Konkurrenten mehr und mehr unter dem Sozialismus zu leiden hatten. Es ist das gleiche, als ob ein Läufer alle anderen Teilnehmer an einem Rennen zwingen würde, ein schweres Gewicht mitzuschleppen.

Das Eintreten für die progressive Einkommensteuer hatte noch einen anderen willkommenen Vorteil für den alten John. Etwa um die gleiche Zeit hatte Richter Kenesaw Landis die Auflösung des Standard-Oil-Monopols angeordnet. John D. konnte mehrere Fliegen mit einer Klappe schlagen. Er entging jetzt nicht nur der Einkommensteuer, indem er vier große Stiftungen gründete; er konnte sie jetzt auch als Auffangbecken für seine »entflochtenen« Interessen an den verschiedenen Standard-Oil-Anlagen nutzen. Bei der Umstellung hatte Rockefeller seine Vermögenswerte der Besteuerung entzogen, so daß sie von Generation zu Generation weitergegeben werden konnten, ohne daß sie in ihrem Bestand durch die Körperschafts- und Schenkungsteuern beeinträchtigt wurden, die die Konkurrenten auf ihre Besitztümer zahlen mußten. Es war so, wie Lundberg angemerkt hat: Der alte John D. plante für die Zukunft.

Jedes Jahr können jetzt also die Rockefellers die Hälfte ihres Einkommens in ihre Stiftungen stopfen und diese »Schenkungen« von ihrer Einkommensteuer abziehen. Nelson gab vor dem Senat zu: ». . . die Stiftung zahlt keine Kapitalertragsteuer und keine Einkommensteuer, so daß sich als Folge der Bestand der Fonds weiter vermehren kann.« Er kann das nicht nur, er tut es auch.

Als steuerfreies Sparschwein dazustehen ist aber nicht die einzige Eigenschaft der Stiftungen. So beobachtete die Wirtschaftszeitung »Business Week«: »Das wirkliche Motiv hinter den meisten privaten Stiftungen ist, die Kontrolle über das Vermögen zu behalten.« In dieser Stiftungswelt, wo »gemeinnützig« für »nicht steuerpflichtig« steht, wird nur der Eigentumsbegriff gegen die Kontrollmöglichkeit eingetauscht.

Die Rockefellers ziehen aus ihren Stiftungen noch weitere Vorteile. Sie können Immobilien, Aktien und andere Werte kaufen, verkaufen oder ihrem Portefeuille einverleiben. Der Abgeordnete Wright Patman, Vorsitzender des Bankenausschusses des Repräsentantenhauses, hat den Vorwurf erhoben, daß die Rockefellers und andere Stiftungen gemeinsam vorgehen und ihre riesigen Vermögenswerte einsetzen, um Marktbeeinflussung zu treiben.

So mächtig sind mittlerweile die großen Stiftungen geworden, daß der Patman-Ausschuß feststellte: »Fraglos ist das wirtschaftliche Leben unserer Nation so eng verknüpft mit den Stiftungen, daß sie eine beherrschende Position in jedem Aspekt des amerikanischen Lebens erlangen werden, wenn nicht etwas dagegen getan wird.

Seit dieser Bericht des Patman-Ausschusses Anfang der fünfziger Jahre herausgegeben wurde, ist hinsichtlich der von Rockefeller kontrollierten Stiftungen absolut nichts geschehen — außer, daß man ihnen dabei geholfen hat, noch mächtiger zu werden. Und — so wie dieser kennenswerte Bericht vor über zwanzig Jahren gewarnt hatte — nehmen diese Stiftungen jetzt wirklich »eine beherrschende Position in jedem Aspekt des amerikanischen Lebens« ein, wie wir noch sehen werden.

Es ist die Familie Rockefeller, die rittlings und bequem auf diesem Stiftungskoloß Platz genommen hat. Zusammen verfügen die Rockefeller-Stiftungen über Vermögen von weit über 1,5 Milliarden Dollar, aber sie haben über Kreuz noch gleichzeitig die Kontrolle über die anderen größten Stiftungen, die Carnegie-Gruppe und die riesige Ford-Stiftung.

Wenn Sie »Carniegie-Stiftung« hören, denken Sie, bitte, an Rockefeller. Seit vielen Jahren sind die fünf Carnegie-

Stiftungen nur noch Anhängsel des Rockefeller-Polypen. Die Hauptfunktionäre der Carnegie-Stiftungen sind seit Jahrzehnten Mitglieder des Koordinierungskomitees der Rockefellers, des Rates für Auswärtige Beziehungen, jenem Klebstoff, der das Rockefeller-Establishment zusammenhält. (Mit dem Rat für Auswärtige Beziehungen beschäftigen wir uns im nächsten Kapitel.) Außerdem sind auch noch zwei der sechs Männer im Finanzausschuß der Carnegie Corporation gleichzeitig Direktoren in den Finanzinstituten der Rockefellers.

Das Riesenbaby in der Stiftungswelt ist die Ford-Stiftung mit ihren drei Milliarden Dollar Vermögen. Von 1953 bis 1965 war John D. McCloy Vorstandsvorsitzer der Ford-Stiftung, und während des größten Teils dieser Zeit hatte er den gleichen Posten auch bei der Chase Manhattan Bank inne. McCloy wurde von einem anderen Rockefeller-Lakaien abgelöst, von Eugene Black, einem Direktor bei Chase Manhattan und früheren Chef der Weltbank. Jetziger Obermacher bei der Ford-Stiftung ist McGeorge Bundy, der früher bei Rockefellers Rat für Auswärtige Beziehungen tätig war. Ebenso wie bei den Carnegie-Stiftungen, sind auch die meisten Kuratoriums-Mitglieder bei der Ford-Stiftung gleichzeitig Mitglieder in Rockefellers Rat für Auswärtige Beziehungen.

Es fällt nicht schwer einzusehen, daß diese Stiftungen sich zusammentun können, um als Einheit aufzutreten, wie es der Patman-Ausschuß vorausgesehen hat.

Das Schreckliche dabei ist, daß der wirtschaftliche Betrug, den die Stiftungen den Rockefellers ermöglichen — so ärgerlich er für den Steuerzahler der Mittelklasse, der ihn erkennt, auch sein mag — noch der am wenigsten bösartige Teil des Ganzen ist. Es sind die Auswirkungen im politischen und im sozialen Bereich, die den Schaden anrichten. Die Sache ist so ernst, daß selbst der leicht erregbare Abgeordnete Patman es nicht gewagt hat, sich in diese Dinge einzumischen, weil er wußte, daß am Wege schon die bleichen Knochen vieler anderer Mitglieder von Untersuchungsausschüssen des Kongresses liegen, die aufdecken wollten, wie die Rockefellers die Stiftungen dazu benutzen, um sich die völlige Herrschaft über die Vereinigten Staaten anzueignen.

Der erste der Kongreßausschüsse, die sich an eine solche Untersuchung heranmachten, war der 1952 eingesetzte Cox-Ausschuß unter dem Vorsitz des Abgeordneten Eugene E. Cox, einem Demokraten aus Georgia. Den Auftrag dieses Ausschusses finden wir in dem Buch »U. S. Philanthropic Foundations« von Warren Weaver verzeichnet. Er lautete, festzustellen, welche »Stiftungen und Organisationen ihre Mittel für Zwecke gebrauchen, die von den erklärten Zielen ihres Zusammenschlusses abweichen, und, insbesondere, festzustellen, welche dieser Stiftungen und Organisationen ihre Mittel für amerikafeindliche und umstürzlerische Umtriebe oder für Ziele einsetzen, die nicht den Interessen oder Traditionen der Vereinigten Staaten entsprechen«.

»Liberale« Demokraten, die den Kongreß beherrschten, verzögerten zunächst die Bereitstellung von Mitteln für den Cox-Ausschuß und dann gaben sie ihm nur eine Frist von sechs Monaten, um eine Untersuchung anzustellen, für die er normalerweise mehrere Jahre gebraucht hätte. Cox hoffte, die Betrügereien der Stiftungen und die umstürzlerischen Bestrebungen dahinter aufklären zu können; aber diese Strategie schlug fehl, wie Dwight MacDonald feststellte, weil die demokratischen Mehrheitsführer im Abgeordnetenhaus den Vorsitzenden — einen untadeligen Amerikaner — mit weniger entschlossenen Kollegen zusammenspannten. Es war ein totaler Krieg, bei dem es um Milliarden ging. Die erste Schlacht endete mit einem schweren Verlust. Der Abgeordnete Cox wurde im Verlaufe der Untersuchung schwer krank und starb. Ohne ihn geriet der Ausschußbericht zu einem Persilschein.

Ein Mitglied des Ausschusses lehnte es ab, dabei mitzuspielen. Es war der Abgeordnete Carroll Reece aus Tennessee, ein früherer Vorsitzender des Nationalkomitees der Republikaner und einer der Wahlmanager von Robert Taft. Reece verlangte unverzüglich eine neue Untersuchung.

Das Rockefeller-Establishment geriet in Panik bei dem Gedanken, daß seine heiligen Kühe geschlachtet werden könnten. Die »Washington Post«, den Rockefellers eng verbunden und niemals zuvor wegen ihres Eintretens für öffentliche Sparsamkeit hervorgetreten, meinte, die Reece-Untersuchung sei »völlig unnötig« und »eine dumme Verschwendung öffentlicher Mittel«. Damit war die nächste Runde eingeläutet. Vor dem Kongreß sprach Carroll Reece von einer »Verschwörung«, und das brachte ihm eine Lawine des Hohnes und des Zornes der Presse des Establishments auf den Hals. Gleichzeitig ließen die Stiftungen eine Beschimpfungskampagne gegen die Untersuchung los.

Und während die Presse an die Kommunisten-Untersuchungen des Senators McCarthy aus den fünfziger Jahren erinnerte, arbeiteten in der Republikanischen Partei die Rockefeller-Leute hinter den Kulissen, um das Unternehmen abzuwürgen. Rene Wormser, Berater des Reece-Ausschusses, notierte unter dem 5. Juli 1969 in »Human Events«:

> Ein republikanischer Präsident (Eisenhower, der die volle Unterstützung der Rockefellers in seinem Kampf gegen Robert Taft hatte) saß im Weißen Haus. Das Repräsentantenhaus und alle seine Ausschüsse wurden von den Republikanern kontrolliert. Mr. Reece war eine angesehene und wichtige Persönlichkeit bei den Republikanern . . . Als aber ein Ausschuß zusammengestellt wurde, der die Untersuchung über die Stiftungen durchführen sollte, mußte Reece entdecken, daß von den vier neben ihm ernannten Ausschußmitgliedern drei unter denjenigen Abgeordneten ausgesucht worden waren, die gegen die Untersuchung gestimmt hatten.

Der wichtigste Mann bei Rockefellers Bemühungen, die Untersuchung zu Fall zu bringen, war der Abgeordnete Wayne Hays aus Ohio, ein Mitglied des Ausschusses. Zwei Leute auf Gummisohlen hefteten sich an seine Fersen und fanden heraus, daß er an einem bestimmten Wochentag stets im gleichen Washingtoner Hotel frühstücken ging. Als Raumpflegerinnen verkleidet, kamen sie dahinter, daß Hays dort den Vertretern mehrerer großer Stiftungen über den Stand der Dinge berichtete. Rene Wormser weiter über Hays in »Human Events«:

> Mr. Hays zeigte sich außerordentlich geschickt, wenn es darum ging, die Diskussion zu unterbrechen. Zum Beispiel unterbrach er den Fortgang einer Sitzung von 185 Minuten Länge 246mal. Er weigerte sich, die Geschäftsordnung einzuhalten. Er beleidigte und schmähte Zeugen, den Berater des Ausschusses und auch die Ausschußmitglieder selbst. Sein Verhalten führte schließlich dazu, daß die Vernehmungen abgebrochen wurden.

Der Abgeordnete Hays erläuterte dem Berater Wormser sogar, warum er sich so benahm. Wormser notierte darüber in seinem Buch »Foundations: Their Power and Influence«: ». . . Mr. Hays erzählte uns eines Tages, daß das Weiße Haus Verbindung mit ihm aufgenommen und angefragt habe, ob er dabei mitwirken würde, den Ausschuß außer Gefecht zu setzen.«

Wegen der Begrenztheit der Zeit, des Personals und des Geldes mußte der Reece-Ausschuß seine Untersuchung auf die verschiedenen Rockefeller- und Carnegie-Stiftungen sowie auf die Ford-Stiftung beschränken.

Der Ausschuß fand heraus, daß eines der ersten Dinge, in die John D. sein Geld investiert hatte, das Erziehungswesen war. Er hatte seinen Mitarbeiter Fred Gates zum Leiter der Abteilung Allgemeine Ausbildung gemacht. Gates ließ die Rockefeller-Philosophie zu Erziehungsfragen in dem Bericht Nummer eins seiner Abteilung anklingen:

> Wir träumen davon, daß wir über grenzenlose Mittel verfügen und daß die Menschen von selbst in völliger Unterwerfung in unsere formenden Hände hineinwachsen. Die jetzigen Erziehungsmuster verschwinden aus unserem Gesichtskreis, und unbehindert von Traditionen können wir unseren guten Willen auf ein dankbares und freundlich gesonnenes Landvolk einwirken lassen.

Später erweiterte die Abteilung Allgemeine Ausbildung ihren Gesichtskreis, um auch die Stadtbewohner in ihre »formenden Hände« nehmen zu können. Dazu begannen die Rockefeller- und die Carnegie-Stiftung, die oft ihre Vorstände über Kreuz besetzten und häufig im Einklang miteinander wirkten, Anfang der dreißiger Jahre John Dewey und seine marxistischen Erzieher mit riesigen Geldsummen zu unterstützen. Rene Wormser beobachtete dazu:

> Forschungs- und Versuchsinstitute wurden an ausgesuchten Universitäten eingerichtet, vor allem bei der Columbia-, der Stanford- und der Chicagoer Universität. Hier wurde mit der größte Schaden in der modernen Erziehung gestiftet. In diesen von Rockefeller und Carnegie eingerichteten Pflanzstätten arbeiteten viele der Hauptakteure bei der Irreleitung der amerikanischen Erziehung. Hier päppelten die Stiftungen die meisten der akademischen Parteigänger für den Umsturz des amerikanischen Systems und seine Ersetzung durch einen sozialistischen Staat auf ...

Die Carnegie- und die Rockefeller-Stiftung waren beide mit den linken Füßen in die Finanzierung der Erziehung und der Sozialwissenschaften hineingesprungen. Beispielsweise gingen zwei Drittel der regelmäßigen Zuwendungen für alle Hochschulen in Amerika im ersten Drittel unseres Jahrhunderts auf die Stiftungen, und zwar hauptsächlich auf Carnegie und Rockefeller, zurück. In dieser Zeit zeichnete der Carnegie-Rockefeller-Komplex für zwanzig Prozent der

Gesamteinnahmen der Colleges und Universitäten verantwortlich und wurde faktisch, wenn auch nicht dem Namen nach, so etwas wie ein US-Erziehungsministerium. Das Ergebnis war eine scharfe Wendung hin zum Sozialismus und Faschismus. So berichtet Rene Wormser, Berater des Reece-Ausschusses:

> Ein sehr mächtiger Komplex von Stiftungen und verwandten Organisationen hat sich mit den Jahren entwickelt und übt ein hohes Maß an Kontrolle über das Erziehungswesen aus. Ein Teil dieses Komplexes, und letzten Endes für ihn verantwortlich, sind die Stiftungsgruppen Rockefeller und Carnegie.

Diese Stiftungen waren mit ihren Schenkungen in Höhe von Hunderten von Millionen Dollar verantwortlich dafür, daß die ganze Nation die Theorien des erklärten Sozialisten John Dewey über die progressive Erziehung und Freizügigkeit übernahm — deren Frucht in den letzten zwei Jahrzehnten in unseren Hochschulen Einzug gehalten hat.

Konservative Lehrer, die sich den Dewey-Theorien widersetzten, wurden von den Propagandisten mit der Flut von Rockefeller- und Carnegie-Dollars im Rücken weggeschwemmt. Gleichzeitig wurde die Nationale Gesellschaft für Erziehung, die wichtigste Organisation des Landes für Erziehungsfragen, ebenfalls zum großen Teil aus der Rockefeller- und der Carnegie-Stiftung finanziert. Auch sie stellte sich mit ihrer beträchtlichen Macht hinter das Gedankengebäude Deweys. In einem Bericht der Organisation aus dem Jahre 1934 heißt es:

> Die absterbende Freizügigkeit in der Wirtschaft muß völlig ausgemerzt werden und wir alle, einschließlich der »Eigentümer«, müssen einem hohen Maß an gesellschaftlicher Kontrolle unterworfen werden.

Weil Amerikas öffentliches Schulsystem dezentral organisiert ist, konzentrierten sich die Stiftungen darauf, die

Hochschulen für Lehrer (insbesondere Columbia) zu beeinflussen und die Herstellung von Lehrbüchern zu finanzieren, die dann im ganzen Lande eingeführt wurden. Diese von den Stiftungen geförderten Lehrbücher waren so kräftig sozialistisch gewürzt, daß Wormser den Schluß zog: »Es fällt schwer zu glauben, daß die Rockefeller-Stiftung und die Nationale Gesellschaft für Erziehung ihre Herstellung unterstützt haben könnten. Aber es ist Tatsache, daß Rockefeller sie finanzierte und die N. E. A. für ihre weite Verbreitung sorgte.«

Da wundert es einen nur noch wenig, wenn der Berater des Reece-Ausschusses, Wormser, erklärt, daß die während und nach der Untersuchung zusammengetragenen Beweise

> . . . zu dem Schluß führen, daß es tatsächlich so etwas wie eine echte Verschwörung unter den führenden Erziehern in den Vereinigten Staaten gegeben hat, den Sozialismus auf dem Weg über unser Schulsystem einzuführen . . .

Der Abgeordnete Cox hatte genau dies den Stiftungen zum Vorwurf gemacht. Er hatte besonders die Rockefeller-Stiftung erwähnt, »deren Mittel eingesetzt worden sind, um Einzelpersonen und Organisationen zu finanzieren, deren Ziel es ist, den Kommunismus im privaten und öffentlichen Schulsystem des Landes einzuführen, Amerika herabzusetzen und Rußland aufzuwerten . . .«

Es erübrigt sich beinahe noch hervorzuheben, daß die Progressivsten mit der Kontrolle über die Schulbücher ein Sesam-öffne-Dich für die Köpfe von Millionen Schülern in den staatlichen Schulen gefunden hatten. Man braucht eben nicht jedes Glas Wasser einzeln zu vergiften, das aus den Wasserhähnen kommt. Es genügt, wenn man eine Tasse Gift in den Wasserbehälter schüttet.

Diese Verschwörung war so erfolgreich, daß sich die Gesellschaft für Fortschrittliche Erziehung (PEA), die von John Dewey gegründet worden war, im Juni 1955 offiziell auflöste. Ihr Präsident, Dr. H. Gordon Hullfish, gab dazu folgende Erklärung ab:

> Die PEA ist 1919 als Protestbewegung gegen die traditionalistische Erziehung gegründet worden und basierte zum großen Teil auf den Gedanken von John Dewey. Einer der Gründe für die Beendigung ihrer Tätigkeit ist, daß viele der von ihr befürworteten Verfahren an den Schulen des Landes eingeführt worden sind.

Diese progressive Erziehung ist Rockefeller-Erziehung. Schließlich haben die Rockefellers sie geplant, gefördert und bezahlt!

Diejenigen, die das Erziehungswesen kontrollieren, werden für einen Zeitraum von mehreren Generationen auch die ganze Nation kontrollieren. Die Rockefellers haben jetzt seit fünf oder sechs Jahrzehnten einen beherrschenden Einfluß auf die Entwicklung des amerikanischen Erziehungswesens gehabt.

Das Erziehungswesen ist ein mächtiges Werkzeug, um das Denken und die Zukunft des Volkes bestimmen zu können; es ist aber nicht das einzige. Auch die Religion läßt sich als wichtiges Mittel zum Formen der öffentlichen Meinung benutzen.

Seit vielen Jahren finanziert die Rockefeller-Dynastie das Union Theological Seminary in New York, das schon viel dafür getan hat, die Geistlichkeit sozialistisch-faschistisch zu infizieren und die alten Inhalte des Christentums zu zerstören. Das sehr einflußreiche Seminar ist heute dafür bekannt, das auf ihm »Christ-Kommunisten« ausgebildet werden.

Die religiöse Menschenfreundlichkeit der Familie kam eine ganze Reihe von Jahren hauptsächlich dem Federal Council of Churches (Bundesrat der Kirchen) zugute, der vom Geheimdienst der amerikanischen Marine 1936 als eine der gefährlichsten umstürzlerischen Organisationen des Landes eingestuft wurde. Nach den Feststellungen des Marinegeheimdienstes handelte es sich dabei

> um eine großenteils radikale »pazifistische« Organisation, die wahrscheinlich 20 000 000 Protestanten in den Vereinigten Staaten vertritt. Ihre Führung besteht jedoch nur aus einer kleinen Gruppe, die die Politik der Vereinigung festlegt. Sie ist stets bei allen Zielsetzungen äußerst aktiv, die sich gegen die nationale Verteidigung richten.

In seinen vielen offiziellen Erklärungen griff der Bundesrat das freie Unternehmertum, den Kapitalismus und die amerikanische Lebensart an und machte sich zum nachhaltigen Fürsprecher des Sozialismus. In einem offiziellen Bericht aus dem Jahre 1932 erklärte der Bundesrat: »Das christliche Ideal erfordert ein Eintreten aus ganzem Herzen für das System der Planwirtschaft . . . Es verlangt, daß die Zusammenarbeit an die Stelle des Konkurrenzkampfes tritt.«

Bei einer Vollversammlung in Indianapolis im Dezember 1932 nahm der Bundesrat einstimmig das sozialistische Glaubensbekenntnis an: »Die Kirchen sollen eintreten für die Soziale Planwirtschaft und die Kontrolle des Kredit-, Geld- und Wirtschaftssystems.«

Im darauffolgenden Jahr, 1933, erklärte der Rat offiziell: »Das christliche Gewissen kann nur mit der völligen Ablösung des privaten Gewinnstrebens durch eine Motivierung zur gegenseitigen Hilfe und zum guten Willen zufriedengestellt werden.«

Der Bundesrat wurde in so flagranter Weise zu einem Verkünder des Evangeliums nach St. Stalin, daß er gezwungen war, seinen Namen zu ändern. Er wurde zum Nationalen Rat der Kirchen, der heute für sich in Anspruch nimmt, mehr als vierzig Millionen Protestanten zu vertreten. Der NCC ist zwar nicht so leicht bereit, die Sowjets so offen zu unterstützen wie sein Vorläufer, ist aber von fundamentalistischen christlichen Organisationen zu wiederholten Malen wegen der Förderung des radikalen Sozialismus und seiner

Nelson Rockefeller, der ungewählte Vizepräsident der Vereinigten Staaten, ist der Anführer in einem Feldzug zur Einschmelzung der Souveränität Amerikas in einen Welt-Superstaat. Auch der Internationalist Alan Cranston (rechts) ist ein eifriger Befürworter einer Weltregierung, obwohl sich das mit seinem Amtseid als US-Senator nicht vereinbaren läßt.

Im Zentrum der Macht der »INSIDER« in den Vereinigten Staaten steht der Rat für Auswärtige Beziehungen. Er hat seinen Sitz im Harold-Pratt-Haus in der 68. Straße in New York City, und seine Mitglieder haben in den letzten sieben amerikanischen Regierungen den Ton angegeben. Zur Zeit verfügen sie auch über die vollständige Herrschaft in der Ford-Stiftung. Der Rat für Auswärtige Beziehungen wurde von den Rockefellers und ihren Verbündeten gegründet und soll ihre Bemühungen um die Aufrichtung einer »Neuen Weltordnung« zusammenfassen.

Demutshaltung gegenüber Moskau gerügt worden. Heute, nach vierzig Jahren eifrigem Antiamerikanismus und ebenso langem Eintreten für die totalitäre Regierungsform im In- und Ausland, erfreut sich der NCC immer noch der Freigebigkeit der Familie Rockefeller. Sein ehemaliger Präsident J. Irwin Miller ist ein standfester Rockefeller-Mann der ersten Linie und Kuratoriums-Mitglied bei der Ford-Stiftung*).

Über ihre zahlreichen Stiftungen lenkte die Familie Rockefeller ihr Geld dorthin, wo es am meisten Einfluß brachte und ihr möglichst viel Nutzen eintrug. Und die Hauptnutznießer der »Schenkungen« waren bei weitem die Rockefellers selbst.

Die Frage, die den meisten Lesern an diesem Punkt unweigerlich durch den Kopf gehen wird, ist, warum die Rockefellers, die als die größten Kapitalisten der Welt angesehen werden, Hunderte von Dollarmillionen ausgegeben haben, um ihre angeblichen Feinde, die Sozialisten, zu finanzieren.

Man sollte meinen, daß die Rockefellers, die man für Kapitalisten hält, ihr Vermögen einsetzen müßten, um den Gedanken der Freiheit des Einzelnen zu unterstützen. Aber genau das Gegenteil ist der Fall. Es ist unmöglich, in der Geschichte der Rockefeller-Stiftungen ein einziges Projekt aufzutreiben, das dem freien Unternehmertum zugutegekommen wäre. Außer bei der Gesundheit und der Wissenschaft (wo außerdem einige dieser Schenkungen als höchst fragwürdig angesehen werden) sind stattdessen fast alle Rockefeller-Zuschüsse direkt oder indirekt dafür eingesetzt worden, den wirtschaftlichen und sozialen Kollektivismus zu fördern, also den Sozialismus oder Faschismus.

Vernünftige Menschen fragen sich, was der Anlaß für die Rockefellers sein könnte, kollektivistische Bestrebungen zu

*) Der NCC hat hunderttausende von Dollar dafür gegeben, daß kommunistische Bewegungen in Afrika Waffen kaufen konnten. Diese Waffen werden von den Kommunisten benutzt um Christen zu ermorden, während tausende von amerikanischen Geistlichen wegsehen.

finanzieren, die ihren eigenen Interessen so vollständig zuwiderlaufen zu scheinen. Sie vergessen, daß John D. Rockefeller Machiavellist war, der sich damit brüstete, daß er Konkurrenz hasse. Wo es nur möglich war, setzte Rockefeller die Regierung ein, um seine eigenen Interessen zu fördern und seine Konkurrenten zu behindern. Monopolkapitalismus läßt sich nicht verwirklichen, wenn man nicht eine Regierung zur Hand hat, die über die Macht verfügt, mögliche Konkurrenten auszuschalten.

Der leichteste Weg, um Konkurrenten zu überwachen oder auszuschalten ist nicht der, ihnen auf dem Markt den Rang abzulaufen, sondern die Macht der Regierung zu benutzen, um sie vom Markt fernzuhalten. Wenn man Handel, Banken, Verkehr und Rohstoffe im nationalen Maßstab kontrollieren will, muß man die Regierung kontrollieren. Und wenn man Weltmonopole errichten will, muß man eine Weltregierung beherrschen.

Die Rockefellers sind keine Menschenfreunde; sie sind machtgierige Machiavellisten. Sie setzen ihre falsche Philanthropie als Trick ein, mit dem sie die Macht in einem Ausmaß an sich reißen, das den alten John D. Senior mit Stolz erfüllen würde.

FÜNFTES KAPITEL

DAS ESTABLISHMENT

Die Rockefellers sind die Personifizierung des beharrenden Establishments der Nation: Regierungen wechseln, die Wirtschaft wandelt sich, die Allianzen mit anderen Ländern verändern sich — die Rockefellers bleiben.

Walter Cronkite, CBS-Bericht »Die Rockefellers«

In den voraufgegangenen Kapiteln haben wir gesehen, daß die Rockefellers einen ungeheuren Einfluß auf Handel, Banken und Wirtschaft ausüben. Im letzten Kapitel wurde aufgezeigt, wie die Familie dieses Geld genutzt hat, um sich im Geschäft mit der Nächstenliebe niederzulassen und dann den durch ihre Schenkungen gewonnenen Einfluß benutzt hat, um Erziehung, Religion und die Medien — und damit die öffentliche Meinung — in die richtigen Bahnen zu lenken. Richtig im Rockefellerschen Sinn, versteht sich.

Die besten Voraussetzungen aus Rockefellerscher Sicht ergeben sich, wenn es gelingt, ihre wirtschaftliche Kraft mit ihrer Begeisterung für die Politik zusammenzuspannen, so daß eine Hand die andere waschen kann. In einem erschrekkenden Maße haben sie es bereits verstanden, wirtschaftliche Macht zum Aufbau politischer Macht zu benutzen, womit sich ihre wirtschaftliche Macht weiter vermehrte und so weiter, bis ins Unendliche.

Wir haben gesehen, wie die Rockefellers über Generationen ein Wirtschaftskonsortium aufgebaut haben, gut geölt, glatt laufend und schlagkräftig wie kein zweites auf der Erde. Der unglaublich mächtige politische Apparat, den die

Rockefellers zusammengebaut haben, läßt aber ihre wirtschaftlichen Aktivitäten vergleichsweise naiv und simpel erscheinen. Er setzt sich aus Organisationen zusammen, die mit dem Haus Rockefeller eng verknüft sind und von ihm finanziert werden.

Wenn wir auch das fürchterlich abgedroschene Klischee von den vielen Armen des Polypen, die von einem Gehirn gelenkt werden, hassen, müssen wir es hier doch gebrauchen, einfach weil es den geeignetsten Vergleich liefert.

Einige dieser Organisationen sind zwar in der Regierung sehr einflußreich, in der breiten Öffentlichkeit aber praktisch unbekannt. Andere werden gelegentlich in der Zeitung oder im Rundfunk als Quelle für wichtige Meinungen oder Informationen (»von gut unterrichteter Seite«) zu innen- oder außenpolitischen Ereignissen zitiert. Was man dabei nicht erfährt, das ist die Tatsache, daß es sich immer wieder um die Meinung Rockefellers handelt, die mit verteilten Rollen von der ergebenen Schar der Nachbeter verkündet wird.

Zusammen ist diese Gruppe von Einzelpersonen und Organisationen unter der Bezeichnung Eastern Liberal Establishment (Liberales Establishment des Ostens) bekannt; die Schlüsselfiguren darin werden meist als die Insider bezeichnet.

Schlußstein des ganzen Establishment-Gebäudes ist der Council of Foreign Relations (CFR — Rat für Auswärtige Beziehungen). Die Führung des CFR ist sozusagen das Gehirn des Polypen. David Rockefeller ist Vorstandsvorsitzender im CFR. Die Verflechtung der Rockefeller-Macht ist kaum zu begreifen, wenn man nichts von dem alles durchdringenden Einfluß des Rates weiß. Diese Organisation ist so wichtig, daß wir ihr den Rest dieses Kapitels widmen. Und im weiteren Verlauf unserer Schilderungen in diesem Buch werden wir die Mitglieder des Rates dadurch kennzeichnen, daß wir ihrem Namen die Buchstaben CFR in Klammern nachsetzen.

Der Rat für Auswärtige Beziehungen hat seinen Sitz in New York und besteht aus einer Elite von knapp 1600 der Insider des Establishments aus der Hochfinanz, den Hochschulen, der Politik, des Handels, der Stiftungen und der Massenmedien. Viele seiner Mitglieder sind allgemein bekannte Persönlichkeiten; andere sind ebenso bedeutend, aber weniger bekannt.

Obwohl die Mitgliedschaft im CFR für die Großen in Wirtschaft, Rundfunk und Presse ebenso wichtig ist wie die Aufnahme in das Nachschlagwerk »Who's Who«, weiß kaum jemand etwas mit dem Ziel und dem Zweck der Organisation anzufangen.

In den ersten fünfzig Jahren seines Bestehens wurde der CFR fast niemals in den Massenmedien erwähnt. Und wenn man dazu weiß, daß unter den Mitgliedern des CFR die leitenden Direktoren der »New York Times«, der »Washington Post«, der »Los Angeles Times«, der Knight-Zeitungen, der Rundfunk-Gesellschaften NBC und CBS, der Magazine »Time«, »Life«, »Fortune«, »Business Week«, »U. S. News & World Report« und vieler anderer sind, dann kann man sicher sein, daß diese Anonymität nicht zufällig war; sie war gewollt.

Fünfzig Jahre lang war der CFR wie die Graue Eminenz im Hintergrund tätig. Die Auswirkungen seiner Tätigkeit waren aber überall zu erkennen. Die Organisation selbst wurde so sorgfältig vor der Öffentlichkeit abgeschirmt, daß sie beinahe nicht da zu sein schien.

Dann wurden 1972 gleich zwei Bücher über die Liberalen im CFR veröffentlicht: »Die Insider« vom Autor dieses Buches und »The Naked Capitalist« von Professor W. Cleon Skousen, einem früheren Mitarbeiter von J. Edgar Hoover. Obwohl die im Dienst des Establishments stehenden Organe beide Bücher völlig ignorierten, wurden sie Bestseller, weil das Interesse der Leserschaft an ihnen entsprechend groß war.

Die Tatsache, daß sich George Wallace als Präsidentschaftskandidat der dritten Partei im Wahljahr mit dem Rat und seiner Macht beschäftigen wollte, trug weiter dazu bei, daß der Mantel der Geheimnistuerei um den CFR etwas gelüftet wurde. Offenbar in Erwartung größeren Interesses der Öffentlichkeit erschienen in der »New York Times« und in der Zeitschrift »New Yorker« zwei einander sehr ähnliche Artikel über den CFR*). Ihre Autoren folgten der strategischen Linie, zwar zuzugeben, daß der Rat für Auswärtige Beziehungen schon seit langer Zeit als ungewählte Überregierung der Vereinigten Staaten aktiv ist, dabei aber zu betonen, daß er sich in seinem Wirken stets von den Motiven des Altruismus, des Idealismus und der selbstlosen Hingabe an das öffentliche Wohl habe leiten lassen. Außerdem, so hieß es in den Artikeln weiter, habe sich der CFR zur Zeit etwas in den Hintergrund zurückgezogen. John Franklin Campbell gab aber auch zu:

> Praktisch jeder Rechtsanwalt, Bankier, Professor, General, Journalist und Bürokrat, der irgendeinen Einfluß auf die Außenpolitik der letzten sechs Präsidenten — von Franklin Roosevelt bis zu Richard Nixon — gehabt hat, verbrachte einen Teil seiner Zeit im Harold-Pratt-Haus, einem vierstöckigen Gebäude an der Ecke Park Avenue und 68. Straße, das dem Rat für Auswärtige Beziehungen vor 26 Jahren von Pratts Witwe (einer Miterbin des Standard-Oil-Vermögens) gestiftet worden ist . . .

Wenn man in das Pratt-Haus hineingehen darf oder hineingeschoben wird, setzt das gewöhnlich voraus, daß man Partner in einer Investment-Bank oder Rechtsanwalts-Kanzlei ist und gelegentlich mit »Sonderaufgaben« in der Regie-

*) Vergleichen Sie mit den o. g. Ausführungen auch den SPIEGEL-Artikel (Nr. 50/1975) von Wilhelm Bittorf über den Concil on Foreign Relations »Ein Politbüro für den Kapitalismus?«

rung betraut wird. Man steht weiter zur Auslandshilfe, zur NATO und zu einer gemeinsamen Außenpolitik der beiden amerikanischen Parteien. Man muß sich in den letzten 25 Jahren recht kräftig daran beteiligt haben, die Dinge in den Vereinigten Staaten zu beeinflussen und sich auch dessen bewußt sein.

Anthony Lukas, der zu den Freunden des Establishments zählt, gab in der Magazin-Beilage der »New York Times« außerdem zu, daß die Insider aus dem Rat für die katastrophale Außenpolitik der Vereinigten Staaten in den letzten 25 Jahren verantwortlich gewesen sind:

> Von 1945 bis in die sechziger Jahre standen Ratsmitglieder in der ersten Reihe bei den weltpolitischen Unternehmungen der Vereinigten Staaten: bei der Gründungsversammlung der Vereinten Nationen in San Franzisko (John McCloy, Hamilton Fish Armstrong, Joseph Johnson, Thomas Finletter und viele andere)*), als Botschafter bei der Weltorganisation (Edward Stettinius, Henry Cabot Lodge, James Wadsworth und alle anderen bis auf drei); die amerikanische Besatzung in Deutschland (Lucius Clay als Militärgouverneur, noch einmal McCloy und James Conant als Hohe Kommissare); NATO (noch einmal Finletter, Harlan Cleveland, Charles Spofford als US-Beauftragte).
>
> In den letzten drei Jahrzehnten hat die amerikanische Außenpolitik vornehmlich in den Händen von Männern gelegen, die in ihrer großen Mehrzahl dem Rat angehörten und deren Sicht der

*) Eines der »vielen anderen« CFR-Mitglieder, die an der Gründung der UN mitwirkten und die Lukas nicht nannte, war der später wegen Verrats und Meineids abgeurteilte Sowjetagent Alger Hiss, der bei der Konferenz in San Franzisko als Generalsekretär tätig war.

> Weltpolitik im Zweiten Weltkrieg sowie durch die wirtschaftlichen Wiederaufbauprogramme und die Bemühungen um militärische Sicherheit in der Folgezeit geprägt worden ist . . . Der Rat lieferte ihnen die Möglichkeit, mit den verschiedenen Ebenen der Macht Tuchfühlung zu halten . . .

Vor dieser Zeit hatte man die Berichte, die über den CFR in den Massenmedien erschienen, an den Fingern einer Hand abzählen können. Einen dieser Artikel brachte im Juli 1958 »Harper's« Magazin, und er ist insofern enthüllend, als sein Autor, der zu den »Liberalen« gerechnete Kolumnist Joseph Kraft, selbst Mitglied des CFR war und seine Worte offensichtlich an künftige Mitglieder des exklusiven Kreises des Establishments richtete. Um den Einfluß des CFR zu beschreiben, berichtete Kraft:

> Es ist der Ort für . . . grundlegende Entscheidungen der Regierung, hat für viele andere Beschlüsse die Grundlagen geschaffen und hat zu wiederholten Malen die Ausgangsbasis für die Laufbahn hoher Beamter abgegeben.

Man sollte nicht übersehen, daß Kraft seinen Artikel »Schule für Staatsmänner« überschrieben hatte — ein Hinweis darauf, daß die Mitglieder des Rates eine strategische Handlungslinie kennenlernen, der man in Washington folgt.

Und der CFR hat wirklich, unter demokratischen wie unter republikanischen Regierungen, ein Arbeitsvermittlungsbüro für die Bundesregierung abgegeben. In seinem Artikel im Magazin der »New York Times« beobachtete Anthony Lukas: ». . . jedermann weiß, wie Brüder in einer Verbindung anderen Brüdern dabei helfen können, auf der Leiter des Lebens höher zu steigen. Wenn man in der Außenpolitik etwas werden will, dann gibt es keine bessere Verbindung als den Rat . . .« Diese Bruderschaft der Insider hat so erfolgreich operiert, daß ihre Mitglieder praktisch jede Regierung in Washington seit den Tagen Franklin Delano Roosevelts beherrscht haben. CFR-Mitglieder nahmen unter

Roosevelt, Truman, Eisenhower, Kennedy, Johnson und Nixon die wichtigeren Positionen ein, auf denen die politischen Entscheidungen getroffen wurden, besonders auf dem Felde der Außenpolitik; und heute, unter der Regierung von Gerald Ford, sind sie mindestens ebenso mächtig wie einst.

Wie Joseph Kraft es formulierte: »Der Rat spielt eine wichtige Rolle bei der Überbrückung der Kluft zwischen den beiden Parteien, er sorgt inoffiziell für ein gewisses Maß an Kontinuität für den Augenblick, in dem die Wache in Washington abgelöst wird.«

George Wallace hat das bekannte Schlagwort geprägt, daß es zwischen Demokraten und Republikanern nicht für einen roten Heller Unterschied gebe. Vielen Beobachtern ist es schon aufgefallen, daß die beiden Parteien zwar verschiedene Redeweisen gebrauchen und ihre Agitation auf verschiedene Teile der Bevölkerung ausrichten, daß es aber kaum einen Unterschied zu machen scheine, ob die eine oder andere Partei die Wahl gewinne. Der Grund ist der, daß die kleinen Mitglieder bei Demokraten und Republikanern im allgemeinen stark unterschiedliche Ansichten über die Wirtschaft, die Politik und das Vorgehen der Bundesregierung haben, die Anschauungen aber immer ähnlicher werden, je höher man auf der politischen Pyramide steigt. Der Grund dafür ist der, daß es keine deutlich voneinander getrennten Gruppen gibt, die Demokraten und Republikaner heißen, sondern in Wirklichkeit nur »Rockedems« und »Rockepubs«.

Alle vier Jahre erfreuen sich die Amerikaner des Rechtes, zwischen dem Kandidaten der Rockepubs und dem Standartenträger der Rockedems wählen zu können. 1952 und 1956 trat CFR-Mitglied Adlai Stevenson gegen CFR-Mitglied Eisenhower an. 1960 hieß die Begegnung CFR-Mitglied Nixon gegen CFR-Mitglied Kennedy. 1964 entsetzte der konservative Flügel der Republikaner das Establishment mit der Aufstellung eines Kandidaten gegen Nelson Rockefeller. Daraufhin machten sich Rockefeller und der CFR auf, Barry Goldwater als gefährlichen Radikalen hinzustellen, der die soziale Sicherheit abschaffen, Atombomben auf Hanoi werfen und auch im allgemeinen eine Reinkarnation des faschistischen Diktators Mussolini sein würde. Die CFR-Rockepubs schrieben die Anklageschrift, die Rockedems saßen zu Gericht, und Goldwater erlitt eine unrühmliche Niederlage — ohne jemals zu begreifen, daß die Führer seiner eigenen Partei die Sandsackbarrikaden errichtet hatten, vor denen er gescheitert war.

Nachdem die Herausforderung des Establishments von 1964 abgewehrt war, saß der CFR 1968 wieder fest im Sattel. CFR-Mitglied Nixon bestritt den »Wahlkampf« gegen CFR-Mitglied Humphrey. Die »Wahlschlacht« des Jahres 1972 sah CFR-Mitglied Nixon gegen CFR-Mitglied McGovern im Ring. Den Rockefellers war ihr Sieg sicher, gleichgültig, welcher Kandidat gewonnen hätte.

In den letzten Jahren wollten Anhänger des Establishments glauben machen, daß der CFR von Richard Nixon kaltgestellt worden sei. Die Wahrheit ist aber, daß Nixon völlig unter dem Geheiß des CFR stand und seinen Herren treu diente — bis sie ihn fallen ließen, weil sie Nelson Rockefeller den Weg ins Weiße Haus als ungewählter Präsident ebenen wollten. Zu Beginn seiner Regierungszeit hatte Nixon mindestens 115 CFR-Mitglieder in Schlüsselpositionen gebracht — das ist sogar eine Rekordzahl für einen einzelnen Präsidenten. Die große Mehrheit dieser Männer ist auch heute noch unter Ford auf ihren Posten.

Vielleicht der wichtigste und ganz gewiß der prominenteste unter all diesen Insidern des Establishments ist Henry Kissinger. Kein anderer Mann könnte wirkungsvoller den Rat für Auswärtige Beziehungen repräsentieren als Herr Kissinger, der inzwischen praktisch so etwas wie ein Stellvertretender Präsident der Vereinigten Staaten geworden ist. Kissinger war ein Rockefeller-Mann aus dem CFR-Mannschaftsbestand, als er in die Regierung Nixon berufen wurde.

Kissinger hat schon vor langem erkannt, wieviel er dem Rat für Auswärtige Beziehungen verdankt. Im Vorwort zu seinem Buch »The Necessity For Choice«, das 1961 herauskam, schrieb er:

> Vor fünf Jahren eröffnete mir der Rat für Auswärtige Beziehungen die erste Möglichkeit, systematisch an Problemen der auswärtigen Beziehungen zu arbeiten. Meine Verbindungen mit ihm sind eng geblieben und meine Bewunderung für ihn hat zugenommen.

Überlegen Sie bitte: 1956 war Kissinger ein unbekannter deutscher Einwanderer, nichts weiter als ein Professor an der Harvard-Universität. In weniger als zwanzig Jahren ist er so mächtig geworden, daß er die Entlassung seines Dienstvorgesetzten übersteht und ganz augenscheinlich Präsidenten, Ministerpräsidenten und anderen Potentaten sagt, was sie zu tun und zu lassen haben. Was ist der Grund für seine bemerkenswerte Autorität?

Professor Kissingers öffentliche Erklärungen standen in fast jedem Fall im Gegensatz zu denen, die Richard Nixon in seinem erfolgreichen Präsidentschaftswahlkampf verkündet hatte. Aber nachdem einmal der Klamauk des Wahlkampfes vorbei war, griffen die Jungen vom CFR ein und gaben den Ton an — und Henry Kissinger war unter ihnen die Nummer eins.

Richard Nixons Mitgliedschaft im Rat für Auswärtige Beziehungen wurde 1962 zu einem Streitobjekt, als er sich gegen Joe Shell in Kalifornien um den Posten des Gouverneurs bewarb. Später vereinbarte Nixon mit dem Rat, daß sein Name nicht mehr auf den öffentlichen Verlautbarungen in der Reihe der Mitglieder erscheinen sollte. Der CFR gibt zu, daß es für seine Mitglieder manchmal erforderlich wird, den Eindruck zu erwecken, als ob sie aus dem Rat ausgetreten seien. Auf Seite 42 des Jahresberichtes des Rates für 1952 ist zum Beispiel zu lesen:

> Mitglieder des Rates werden manchmal durch die Annahme von Regierungsämtern in Washington

oder anderen Orten gezwungen, ihre Mitwirkung an der Arbeit des Rates für einige Zeit einzuschränken oder zu unterbrechen.

War Richard Nixon also während der ganzen Dauer seiner Amtszeit als Präsident ein Geheimmitglied des CFR? Der Reece-Ausschuß zur Untersuchung der Stiftungen stellte fest, daß der Rat eine ganze Reihe von geheimen Mitgliedern habe, darunter den Industriellen Cyrus Eaton und den Senator William Fulbright. Wir vermuten, daß auch Richard Nixon zu ihnen gehörte.

Betrachten wir einmal Nixons CFR-treue Außenpolitik — darin hat er bestimmt eine Eins verdient. Abrüstung ohne Kontrollen, mehr Handel auf Kredit mit den Kommunisten, Preisgabe unserer anti-kommunistischen Verbündeten, Entspannung mit der Sowjetunion und Rotchina — alles das sind Programmpunkte des CFR. Jede dieser politischen Bestrebungen steht im Widerspruch zum Wahlprogramm der Republikanischen Partei von 1968. Sobald er aber im Weißen Haus war, scherte sich Nixon nicht mehr um das Wahlprogramm, mit dem er gewählt worden war, sondern schickte sich in das Diktat des Rates für Auswärtige Beziehungen.

Was wollen die Rockefellers mit ihrem CFR erreichen? Zum erstenmal haben wir ein Mitglied des CFR vor uns, das bereit ist, gegen diese Organisation aufzutreten. Es ist Admiral a. D. Chester Ward, der als junger Admiral Generalanwalt der amerikanischen Marine geworden war. Als »Mann auf dem Weg nach oben« hatte man ihn seinerzeit eingeladen, Mitglied des »angesehenen« CFR zu werden. Das Establishment nahm offensichtlich an, daß Admiral Ward ebenso wie Hunderte vor ihm von der Auszeichnung überwältigt sein würde, daß man ihn in das Allerheiligste des Establishments geladen hatte und daß er durch vorsichtige Appelle an seinen persönlichen Ehrgeiz bald dazu gebracht werden würde, auf die allgemeine Linie einzuschwenken. Die Insider unterschätzten aber die Zähigkeit und den festen

Charakter Admiral Wards gründlich. Er trat bald als lautstarker Gegner der Vereinigung auf. Die Rockefellers waren zwar nicht so ungeschickt, ihn aus der Mitgliedsliste der Organisation zu streichen, aber er wird nicht mehr zu den Frühstücksempfängen und Informationstreffen eingeladen. Der Admiral berichtet darüber:

> Das Ziel der einflußreichen Mehrheit der Mitglieder des CFR hat sich seit seiner Gründung im Jahre 1922, vor mehr als 50 Jahren, nicht geändert. In der Jubiläumsgabe zum fünfzigjährigen Bestehen von »Foreign Affairs« (der offiziellen Vierteljahresschrift des CFR) war der erste und Hauptartikel des Heftes aus der Feder des CFR-Mitgliedes Kingman Brewster, Jr., überschrieben: »Gedanken über unsere nationalen Ziele«. Und er unterließ es auch nicht, sie zu beschreiben: Unser nationales Ziel sollte sein, unsere Nationalität abzuschaffen. Alle gefühlsmäßigen Vorbehalte dagegen wurden weggewischt.

CFR-Mitglieder sind keine Roboter und sind in vielen unwichtigen Fragen durchaus verschiedener Auffassung, aber diese »Lust am Untergang«, zur Aufgabe der Unabhängigkeit, ist nach dem Bericht des Admirals vielen von ihnen gemein:

> Obwohl der CFR im Innern gewiß nicht der Monolith ist, als den ihn einige Mitglieder und die meisten Nichtmitglieder ansehen, durchsetzt diese Lust an der Aufgabe der Souveränität und Unabhängigkeit der Vereinigten Staaten den größten Teil der Mitgliedschaft und besonders die Führerschaft der diversen Cliquen . . .

Wenn der CFR der Familie Rockefeller eine solche Leidenschaft zur Aufgabe der Souveränität der Vereinigten Staaten entwickelt, an wen sollen wir sie dann hergeben? Admiral Ward weiß darauf zu erwidern, daß das Ziel das

»Aufgehen der Souveränität der USA und ihrer nationalen Unabhängigkeit in einer allmächtigen Regierung für die ganze Welt« sei. Und nach den Worten des Admirals wissen rund 95 Prozent der 1600 Mitglieder des CFR, daß dies das wahre Ziel des Rates sei — und sie treten dafür ein!

Seit Jahrhunderten haben naive Idealisten von einem »Menschenparlament« geträumt, das Armut, Unwissenheit und Krankheit ein Ende machen würde. Die Anhänger des Gedankens der »einen Welt« haben neuerdings noch die Umweltverschmutzung und die Übervölkerung auf die Liste derjenigen Übel gesetzt, denen die Weltregierung den Garaus machen soll. Die Anziehungskraft, die der Gedanke des Weltsuperstaates auf Träumer ausüben muß, ist offensichtlich.

Was macht aber den Reiz einer Weltregierung für solche geriebenen Rationalisten wie die Rockefellers und die anderen internationalen Superreichen aus? Man möchte denken, daß eine solche Weltregierung ihre finanzielle Macht bedrohen und deshalb das Letzte sein könnte, was sie sich auf Erden wünschen. Die Antwort ist klar — sie rechnen damit, daß die künftige Weltregierung von ihnen kontrolliert werden würde.

Sie werden sich entsinnen, daß John D. Rockefeller Senior, der einst verkündete, daß Konkurrenzkampf eine Sünde sei, jeden denkbaren Trick einsetzte, um ein nationales Ölmonopol aufzubauen. Seine Strategie war ebenso skrupellos wie wirkungsvoll: Verschaff dir die Kontrolle über deine Konkurrenten, und dann halte sie unter Kontrolle.

Der alte John D. hatte schnell begriffen, daß die politische Macht wesentlich war, um seinen wirtschaftlichen Besitz zu schützen und zu mehren, und so ging er eben auch in das politische Geschäft hinein. Als er dann einmal eine ausreichend große Zahl von käuflichen Kongreßmitgliedern an seinem Geldhahn sitzen hatte, konnte er erreichen, daß sie die richtigen Hebel bedienten, um der Standard Oil und den anderen geschäftlichen Interessen der Familie zu nutzen. Mit anderen Worten, er bemühte sich um die nationale Kontrolle, um sein nationales Monopol zu schützen.

Heute aber sind die Interessen der Rockefellers nicht auf die Nation beschränkt, sondern erstrecken sich über die ganze Welt. Exxon und die Chase Manhattan Bank sind in mehr als hundert Ländern tätig. Die Mehrheit dieser Länder gehört zu dem, was man freundlicherweise »die Dritte Welt« nennt. Viele von ihnen sind frühere Kolonien westlicher Nationen und verdanken ihre sogenannte Unabhängigkeit den Rockefellers und dem CFR. Jetzt werden die meisten von ihnen von Westentaschendiktatoren beherrscht, die vor den Realitäten des Wirtschaftslebens stehen wie die Kuh vor dem neuen Scheunentor. Und dabei ergibt sich immer wieder die Gefahr, daß eine dieser neuen »Volksrepubliken« vergißt, wem sie eigentlich gehört.

Eine noch größere Gefahr für die Internationalisten des CFR besteht allerdings darin, daß schließlich einmal genug Amerikaner begriffen haben könnten, was diese Leute wirklich tun, und sie nach alter Väter Sitte an die Luft setzen. Angesichts der Möglichkeit, daß irgendeine von hundert Mininationen ihnen eine Nase drehen kann, und angesichts der noch schlimmeren Aussicht, daß vielleicht die Bürger des eigenen Landes den Plan durchschauen und dazwischenschlagen könnten, was macht man da?

Die Lösung dieses Problems liegt für die Rockefellers seit mehr als fünfzig Jahren klar auf der Hand: Man gründe eine Weltregierung, die man kontrolliert, und sorge dafür, daß diese Regierung über alle anderen herrscht.

Das ist der Zweck des Spiels, das seit mindestens 54 Jahren gespielt wird — wenigstens seit dem Tage, an dem Daddy Oilbucks selbst Geld für den Bau des Völkerbundpalastes in Genf stiftete. Es war ein Pech für ihn und seine Pläne, daß es noch genug nicht-käufliche Senatoren und nicht-kontrollierte Zeitungen in den Vereinigten Staaten gab, um seine Absichten zunichte zu machen. Seine Landsleute entgingen der Schlinge, die er und seine Kumpane zurechtgelegt hatten, indem sie es ablehnten, dieser Keimzelle einer Weltregierung beizutreten.

Die Verschwörer lernten aber daraus und machten den gleichen Fehler nicht noch einmal. Sie gingen sogleich an die Arbeit und gründeten zunächst einmal den Rat für Auswärtige Beziehungen und setzten ihn dann ein, um die USA für die nächste Weltregierung reif zu machen, die sie vorschlagen wollten*).

Die Insiders tarnen ihren Griff nach der politischen Macht über die ganze Welt mit vielen idealistischen Klischees und verstecken ihre wahren Absichten hinter einer Anzahl von Code-Phrasen. Gegenwärtig ist das Schlagwort von der »Neuen Welt-Ordnung« im Schwange.

Der Ausdruck ist ebenso alt wie der teuflische Plan einer Geheimgesellschaft aus dem siebzehnten Jahrhundert mit dem Namen Illuminatenorden. Die »Neue Weltordnung« ist nur eine Übersetzung des novus ordo seclorum der Illuminaten.

1945 hatten die Rockefellers es geschafft. Enkel Nelson war eines der 74 CFR-Mitglieder bei der Gründungsversammlung der Vereinten Nationen in San Franzisko. Später stifteten Nelson und seine Brüder das Grundstück für das UNO-Gebäude am New Yorker East River — vielleicht wollten sie damit erreichen, daß der Sitz ihrer Weltregierung nicht weiter als eine kurze Taxifahrt von ihren Appartements entfernt ist.

So eine »Neue Weltordnung« bedeutet für den CFR nicht die Gründung eines zahnlosen Debattierklubs. Es soll vielmehr eine internationale Herrschaft über die Streitkräfte, die Waffen, die Gerichte, die Steuerbehörden, die Schulen, die Regierungen und alles andere auf dieser Erde werden. In den folgenden Kapiteln werden wir sehen, wie die Rockefel-

*) Mehr Einzelheiten über diesen Vorgang bringt das Buch »DIE INSIDER« vom gleichen Autor (siehe Anhang).

lers ihr Baby hochpäppeln wollen, bis es über alle diese Machtbefugnisse und noch mehr verfügt. So viel steht bereits fest, daß die »Neue Welt-Ordnung«, die diese Leute anstreben, keine mit den Ketten einer Verfassung gebundene Republik sein soll, die dafür eintritt, daß wir alle mehr Freiheit haben, und wo die Rechte des Bürgers vor einem tyrannischen »Großen Bruder« geschützt werden.

Die »Neue Welt-Ordnung«, an die die Rockefellers denken, ist eine Weltdiktatur. Die Konservativen bezeichnen so etwas als Sozialismus oder Kommunismus, die Liberalen als Faschismus. Der Name macht aber wenig Unterschied; es wird der Archipel GULAG im Weltmaßstab sein.

Die Propagandisten einer solchen Weltregierung verstekken ihre Absichten natürlich hinter allem möglichen Darumherumgerede. Zum Beispiel verteidigte Senator Alan Cranston, der seit vielen Jahren Präsident der mit den Rockefellers verbundenen Weltföderalisten ist, seinen Vorschlag zur Errichtung eines Welt-Superstaates mit den Worten:

> Vorschlag 64 (für eine Weltregierung) bedeutet nicht, daß wir auch nur das kleinste Stück unserer Souveränität aufzugeben hätten. Er eröffnet stattdessen einen Weg, auf dem wir die Fähigkeit erlangen können, unsere gegenwärtig wirkungslose Souveränität auf das lebenswichtige Gebiet der Kriegsverhütung auszudehnen. Er bedeutet, daß wir eine begrenzte Weltregierung einsetzen und ihr unsere Souveränität übertragen . . .

Wiederholen wir: Senator Cranston sagt, daß wir nicht das kleinste Stück unserer Souveränität aufzugeben hätten, wenn wir eine begrenzte Weltregierung einsetzen und ihr unsere Souveränität übertragen. George Orwell nannte so etwas »newspeak« (Neusprech).

Während Senator Cranston und viele seiner Kollegen in dem Orchester die Parts der Streicher übernommen haben, stellen andere CFR-Mitglieder die Bläser für die Weltregierung. Nelson Rockefeller zum Beispiel, der menschenfreundliche Millionär, spielt die Melodie von der internationalen Steuergesetzgebung. In seinem Buch »Future of Federalism«, erschienen 1962 und neu aufgelegt bei seiner Ernennung zum Vizepräsidenten, schrieb er: ». . . Ich glaube, die Antwort ist eine supranationale politische Körperschaft mit der Vollmacht, Steuern zu erheben . . .« Man frage sich: Will Nelson Rockefeller die Steuer haben, damit er von seinem eigenen Reichtum etwas für die Armen der Welt abgeben kann? Wenn das so ist, warum schafft er dann nicht seine teure Bürokratie ab und gibt sein Geld den armen, elenden Massen jetzt gleich? Ist es möglich, daß er reicher zu werden versucht, indem er sich auch noch an den Vermögen anderer Leute beteiligt?

Bei den Anhörungen nach seiner Nominierung zum ungewählten Vizepräsidenten fragten ihn einige unerschrokkene Kongreßmitglieder, so der Abgeordnete John Ashbrook und Senator Jesse Helms, wie er es fertigbringe, seine durch Eid übernommene Verpflichtung zum Schutz und zur Verteidigung der Verfassung der Vereinigten Staaten damit in Einklang zu bringen, daß er bereits als Anhänger einer Weltregierung bekannt sei, die die Charta der amerikanischen Nation beseitigen würde. Solche Fragen wurden aber von Rockefeller und der Presse sowie dem Rundfunk ignoriert. Man sollte meinen, daß die Frage des Bestandes der Vereinigten Staaten ein paar Zeilen in der Lokalzeitung verdient hätte. Stattdessen wurde der ganze verfügbare Platz für eine gestellte Farce verbraucht, bei der es darum ging, ob Rocky ein Buch, das für einen politischen Gegner abträglich war, finanziert hatte oder nicht.

In »Future of Federalism« verkündete Nelson:

> Keine Nation kann heute ihre Freiheit allein verteidigen oder die Ansprüche und Wünsche ihres Volkes innerhalb ihrer eigenen Grenzen oder mit ihren eigenen Mitteln erfüllen . . . Und so droht der Nationalstaat, der allein dasteht, in mancher Beziehung ebenso anachronistisch zu erscheinen

> wie es die griechischen Stadtstaaten eines Tages wurden.

Verstanden? Der Mann, der es nicht schaffte, in das Weiße Haus gewählt zu werden, es aber fertigbrachte, doch hineinzukommen, erklärt, daß die freien und unabhängigen Vereinigten Staaten »anachronistisch« seien. Nach dem Wörterbuch bedeutet Anachronismus »etwas aus einem früheren Zeitalter, das der Jetztzeit nicht mehr entspricht«.

Jeder wirkungsvoll auftretende Anwalt für eine Weltregierung lernt schon früh in seiner Laufbahn einige rhetorische Tricks, wie man z. B. schwarz als weiß hinstellt. Nelson Rockefeller macht da keine Ausnahme. In seinem Buch schlägt er vor:

> Die Idee des Bundesstaates, die unsere Gründerväter bei ihrem historischen Schöpfungsakt im 18. Jahrhundert hatten, kann jetzt im 20. Jahrhundert bei dem größeren Zusammenschluß einer Welt der freien Nationen wieder angewandt werden — wenn wir unseren Vorvätern an Mut und Voraussicht ebenbürtig sind.

Selbst Nelson Rockefeller weiß, daß die amerikanische Revolution ein Protest gegen genau die Art zentralisierter Macht war, für die er sich jetzt stark macht. Das britische Empire war die Weltregierung jener Tage. Unsere Vorväter wünschten keine gegenseitige Abhängigkeit; sie wollten unabhängig sein. Und sie waren bereit, für ihre Unabhängigkeit den Preis in der gleichen Währung zu bezahlen, den freie Menschen dafür immer zu zahlen bereit sein müssen — Blut und Gold.

Anfang der fünfziger Jahre sorgte Nelson Rockefeller für die Verbreitung eines Bildes von ihm. Es zeigte ihn mit einem Globus in der Hand und gedankenverloren in die Zukunft schauend. Viele Leute glauben, daß der Symbolgehalt dieses Bildes nicht zufällig war.

SECHSTES KAPITEL

IM MEDIENREICH

Ebenso bedeutend ist der Einfluß des CFR auf die Massenmedien . . . sie kontrollieren unsere großen Zeitungen, Zeitschriften, den Rundfunk und das Fernsehen . . .

Admiral a. D. Chester Ward, Mitglied des CFR

Die Rockefellers haben, wie wir sahen, auch in der öffentlichen Meinung nie etwas dem Zufall überlassen. Deshalb haben sie ihr für Zwecke der Nächstenliebe dahingegebenes Geld so weitsichtig für die Erziehung und die Religion angelegt. Es würde naiv sein zu glauben, daß die Familie nicht auch jeden sanften und auch unsanften Einfluß auf die Massenmedien der Vereinigten Staaten ausübt.

Im ersten Kapitel wurde beschrieben, wie die Rockefellers arbeiten, um die Wirkung ihrer Investitionen in Industrie und Finanzwesen zu maximieren. Nach dem gleichen Verfahren kaufen sie auch Einfluß im Erziehungswesen ein. Sie werfen ihr Geld nicht für Wahlkämpfe um die Elternvertretungen hinaus; sie legen ihre Dollars in den Schulen an, auf denen die Lehrer ausgebildet werden und finanzieren die Abfassung von Lehrbüchern. Nun, nachdem alle öffentlichen Schulen der Gnade des Ministeriums für Gesundheit, Erziehung und Soziales ausgeliefert sind, das von Nelson Rockefeller begründet und von ihm unter Eisenhower geleitet wurde, könnte der Familie nichts gleichgültiger sein, als wer in den örtlichen Schulausschüssen sitzt. Bei der Religion geht das Geld in die Seminare, auf denen die

Prediger ausgebildet werden, und an den Nationalen Rat der Kirchen, der angeblich 40 Millionen Protestanten vertritt.

Die Rockefellers greifen immer nach oben, wenn sie etwas kontrollieren wollen. Der Einfluß des Rates für Auswärtige Beziehungen auf die Bundesregierung konzentriert sich auf die Exekutive. Dort — ganz oben — geschieht etwas. Und ebenso verhält es sich auch mit der Kontrolle der Medien durch die Rockefellers. Sie haben kein Interesse daran, den Hintertupfinger Kirchboten zu kontrollieren; sie kümmern sich um die führenden Blätter. In den alten Zeiten schickte John D. noch seine Agenten herum, die Redakteure bestechen und kleine Blätter aufkaufen sollten. Im Zeitalter der Elektronik wäre das sehr mühselig und überholt. Denn die Lokalzeitungen werden jetzt von den Nachrichtenagenturen und den Kolumnisten mit Material bedient.

Die Rockefellers haben auch sichergestellt, daß die wichtigen Persönlichkeiten aus dem Reich der Massenkommunikationsmittel in ihre CFR-Loge aufgenommen wurden. Admiral Ward berichtet darüber:

> Ebenso bedeutend ist der Einfluß des CFR auf die Massenmedien. Von den 1551 Mitgliedern sind 60 in den offiziellen Berichten des CFR als im »Journalismus« tätig verzeichnet. Weitere 61 erscheinen unter dem Rubrum »Nachrichten-Management« — einer recht verräterischen Bezeichnung, weil die CFR-Mitglieder in der Tat die Massenkommunikationsmittel »managen«, besonders die einflußreicheren unter ihnen. Sie kontrollieren unsere großen Zeitungen, Zeitschriften, den Rundfunk und das Fernsehen, und sie kontrollieren auch die mächtigsten Buchverlage.

Es läßt sich kaum bestreiten, daß die »New York Times« die einflußreichste Zeitung in den USA ist. »Bezeichnend für die 'Times'«, so hat der »Times«-Mann James Reston geschrieben, »ist ihr Multiplikator-Effekt. Was in der 'Times' erscheint, taucht automatisch später auch andernorts auf.«

Über diesen Multiplikator-Effekt vermerkt Alice Widener, eine Kolumnistin bei »Barron's«:

> Es ist eine Tatsache, daß die meisten Redakteure und Nachrichtenleute von »Life«, »Look«, »Time«, »Newsweek« usw. und die meisten Redakteure, Reporter und Kommentatoren von NBC, CBS und ABC ihre Nachrichten und redaktionellen Hinweise aus der »New York Times« beziehen. In technischer Hinsicht ist sie eine großartige Zeitung; aber ihre Nachrichtenauswahl trifft sie in Übereinstimmung mit ihrer Redaktionspolitik.

Der inzwischen verstorbene Vorstandsvorsitzer bei der »New York Times«, Arthur Hays Sulzberger, war CFR-Mitglied, und heute sind mindestens elf Leute in hohen Stellungen bei der »Times« Mitglieder im CFR. Sulzbergers Schwiegersohn Orvil E. Dryfoos (CFR) wurde sein Nachfolger als Herausgeber. Der gegenwärtige Herausgeber ist Arthur Ochs Sulzberger (CFR).

Die »Times« ist berüchtigt wegen ihrer Stellungnahme gegen den Antikommunismus und der Unterstützung, die sie sozialistisch-faschistischer Gesetzgebung angedeihen läßt. Damit, daß sie Stalin als freundlichen Liberalen hinstellte, hätte sie sich eigentlich lächerlich machen müssen, aber das passierte ihr nicht. Auch, daß Herbert L. Matthews (CFR) den »Dr. Castro« als den George Washington Kubas verkaufte, schadete ihr nicht. Matthews beschwor zu wiederholten Malen, daß Castro alles andere als ein Kommunist sei. Spaßmacher bemerkten später, daß Castro eigentlich völlig zutreffend erklären könnte: »Ich bekam meinen Posten durch die 'New York Times'.«

Es erübrigt sich, noch hinzuzufügen, daß der Republikaner Nelson Rockefeller bei seiner politischen Karriere von der normalerweise demokratischen »Times« fast stets unterstützt worden ist.

Dichtauf an zweiter Stelle hinter der »New York Times« folgt unter den großen amerikanischen Blättern mit Prestige die »Washington Post«. Jeder Senator und Abgeordnete, gleich von welcher Partei er kommt oder welcher politischer Überzeugung er ist, hat die »Post« morgens auf seinem Schreibtisch. Ebenso wie die »Times« wird auch die »Post« von den Leuten gelesen, auf die es ankommt, wenn es darum geht, das Land zu führen. Die Besitzerin und Herausgeberin der »Post«, Katharine Graham, ist ebenso Mitglied des CFR wie viele ihrer führenden Mitarbeiter in der Redaktion und in der Geschäftsführung des Blattes. Die einzige Gelegenheit, bei der die »Post« gegen die Regierung opponiert, ist, wenn es um die Untersuchung kommunistischer Umtriebe geht. Wenn das passiert, dann schwenken die Leute von der »Post« die Verfassung und reklamieren die »Freiheit des Wortes« — etwas, was sie stets unterdrücken, wenn es sich um Gegnerschaft zum Faschismus-Sozialismus oder die Rockefellers handelt.

Eines der einflußreichsten Mitglieder der »Post«-Redaktion ist der unglaublich talentierte Wahrheitsverdreher und Cartoonist Herbert L. Block. Herblocks Cartoons erscheinen täglich in Hunderten von Zeitungen. Und auf jeden, der die Seite mit den Leitartikeln und Kommentaren liest, kommen wahrscheinlich hundert, die sich die Karikatur ansehen.

Die »Los Angeles Times« ist die bedeutendste Zeitung an der amerikanischen Westküste. Früher war sie überzeugt konservativ, aber vor fünfzehn Jahren drehte sie scharf nach links ab und ist seitdem, obwohl sie sich nach außen hin weiter als republikanisches Blatt gibt, ein Organ des sozialistischen Establishments geworden. Mit Rockefellers CFR ist die »Times« durch ihren Vorstandsvorsitzer Franklin Murphy und die Tatsache verbunden, daß sie mit der ultraliberalen »Washington Post« einen gemeinsamen Nachrichtendienst betreibt. Außerdem gehört der »Los Angeles Times« die wichtigste Zeitung »Newsday« auf Long Island bei New York.

Andere große Zeitungen mit Querverbindungen zum CFR sind: die »Arkansas Gazette«, »Des Moines Register & Tribune«, die Gannett Co. mit 40 Zeitungen zwischen New York und Hawaii, »The Houston Post«, »Minneapolis Star & Tribune«, »The Denver Post« und der »Louisville Courier«*).

Ähnlich bedeutend ist der Einfluß des CFR auf die Nachrichtenagenturen. Arthur Sulzberger war viele Jahre lang einer der Direktoren der Associated Press, während Katharine Graham und John Cowles dem Vorstand angehörten. Außerdem hat die »New York Times« ihren eigenen Nachrichtendienst, ebenso wie die »Washington Post«, mit der »Los Angeles Times«. Jede Tageszeitung im Lande benutzt einen oder mehrere dieser Dienste, um sich mit Nachrichten und Kommentaren zu versorgen.

Man kann heute einwenden, daß das Fernsehen die Zeitung als wesentlichstes Element zur Beeinflussung der öffentlichen Meinung abgelöst habe. Natürlich haben die Rockefellers aber auch nach der Kontrolle über den Bildschirm gegriffen. William S. Paley, Vorstandsvorsitzer bei CBS, ist ebenso Mitglied des CFR wie des Beirates der Ford-Stiftung. An CBS sind mehr als 200 Fernseh- und 255 Rundfunkstationen angeschlossen. CBS-Präsident Arthur Taylor ist ebenso CFR-Mitglied wie der frühere Präsident Dr. Frank Stanton, der außerdem noch den Beiräten der Rockefeller-Stiftung und des Carnegie-Institutes angehört. Zu den CBS-Direktoren, die CFR-Mitglieder sind, gehören Roswell Gilpatrick, Courtney Brown, Henry Schacht und William Burden. Unter den Journalisten sind Charles C. Collingwood,

*) Es gibt mehr als dreißig Komitees für Auswärtige Beziehungen in größeren Städten der USA, die nach den Angaben des CFR mit dem Rat »verbunden« sind. Mitglieder dieser örtlichen CFR-Komitees besetzen die Redaktionen bei einer Unzahl anderer Zeitungen und Rundfunk- sowie Fernseh-Stationen.

Richard C. Hottelet, Marvin Kalb, Larry LeSueur und Daniel Schorr als CFR-Mitglieder zu nennen*).

Die National Broadcasting Company ist eine Tochtergesellschaft der Radio Corporation of America. Bis er sich vor kurzem auf das Altenteil zurückzog, stand der RCA-NBC David Sarnoff vor, der seit langer Zeit Mitglied des CFR ist. Ebenso wie Paley bei der CBS ist Sarnoff noch in Rußland geboren. Unter ihm steuerte RCA beträchtliche finanzielle Mittel für den CFR bei. Sarnoff verbrachte einen beträchtlichen Teil seiner Zeit damit, für den CFR Spenden zu sammeln. Nachfolger von David Sarnoff bei RCA ist sein Sohn Robert, ein Direktor im Werberat, einem Ableger des CFR.

Die NBC-Journalisten John Chancellor und Irving R. Levine sind ebenso CFR-Mitglieder wie die Direktoren Thornton Bradshaw und John Petty.

Die American Broadcasting Company ist der Amüsierladen unter den drei großen Sendegesellschaften. Sie hat 153 Fernsehsender und spezialisiert sich auf leichte Unterhaltung. Die Dokumentarsendungen werden gewöhnlich den beiden größeren Gesellschaften überlassen. Die Nachrichtensendungen von ABC haben nur sieben Millionen Zuschauer, während die beiden anderen Netze 35 Millionen Teilnehmer unter sich aufteilen können. Hier gibt es nicht die Verbindungen zum CFR wie bei CBS und NBS, aber die Chase Manhattan Bank kontrolliert 6,7 Prozent des Aktienkapitals

*) Sicher wurde niemand davon überrascht, als CBS am 28. Dezember 1973 während der besten Sendezeit eine zweistündige Propagandaschau über »Die Rockefellers« brachte, für die es kein Vorbild oder Beispiel gab. Moderator des Schauspiels war der Star des CBS, Walter Cronkite. Er schloß mit der Bemerkung, wenn überhaupt eine Familie so viel Geld und Macht haben müsse, dann sei es gut, daß es die Rockefellers seien. Wenn ein Kandidat für ein politisches Amt in dieser Art und Weise Fernseh-Sendezeit hätte kaufen wollen, dann hätte ihn das eine astronomische Summe gekostet. Aber Rocky hat Freunde. Er brauche keinen Pfennig zu zahlen.

— und das reicht als Sperrminorität. Über ihr Depot kontrolliert Chase 14 Prozent bei CBS und 4,5 Prozent bei RCA. Statt der drei miteinander konkurrierenden Sendegesellschaften NBC, CBS und ABC haben wir also in Wirklichkeit die Rockefeller Broadcasting Company, das Rockefeller Broadcasting System und das Rockefeller Broadcasting Consortium.

Obwohl das Aufkommen des Fernsehens den Einfluß der Zeitschriften auf die Bildung der Meinung der Massen etwas vermindert hat, ist deren Bedeutung noch ungebrochen. Bis zu ihrem Hinscheiden (weil die Inserenten zum Fernsehen übergingen), war »Look« mit einer Auflage von 7 750 000 Stück das zweitgrößte Magazin in den Vereinigten Staaten gewesen. »Look« gehörte der Firma Cowles Communications unter der Leitung von Gardner und John Cowles. Die beiden Brüder sind Mitglieder des Rates für Auswärtige Beziehungen.

Zum Cowles-Imperium gehören die Kulturzeitschrift »Harper's Magazine«, eine ganze Reihe von Handelszeitschriften, eine Zeitungskette, Fernsehsender und die Verlagsbuchhandlung Harper & Row. Der Manager des Ganzen ist Cass Canfiel vom CFR und den Weltföderalisten. John Cowles ist mit Canfields Tochter verheiratet.

John Cowles betreibt die »Minneapolis Tribune« und das »Des Moines Register«. Er ist Mitglied des Beirates bei dem mit Rockefeller verbundenen Carnegie-Vermächtnis für den internationalen Frieden und bei der Ford-Stiftung, und er ist außerdem Mitglied beim National Policy Board of American Assembly — einer von Averell Harriman, der Ford- und der Rockefeller-Stiftung sowie dem CFR geschaffenen Front, die Propaganda-Seminare für führende Persönlichkeiten aus Wirtschaft, Gewerkschaften, Presse und Rundfunk sowie dem akademischen Leben der Vereinigten Staaten veranstalten soll. Er gehört außerdem zum beratenden Ausschuß der amerikanischen Gesellschaft für die Vereinten Nationen und dem linksaußen stehenden Komitee für einen effektiven

Kongreß, einer Organisation, die in Washington eine Kampagne unter dem Motto »Seid freundlich zu den Kommunisten« betreibt.

Am 15. August 1954 meldete die »Firing Line«, das Blatt der Frontkämpferorganisation American Legion, daß John Cowles einer der 24 Unterzeichner eines Telegramms sei, in dem die Senatoren aufgefordert wurden, »alle Maßnahmen zu unterstützen, die Untersuchungen des Kommunismus durch den Kongreß lähmen würden«. Da verwundert es nicht, wenn sein Bruder John es ernst meint mit seiner Zielsetzung, Amerika zusammen mit den Kommunisten unter einer Weltregierung zusammenzuschließen. In einer UPI-Meldung vom 7. Juni 1959 hieß es:

> John Cowles, der Herausgeber der Zeitung »The Minneapolis Star and Tribune«, erklärte heute, daß das überkommene amerikanische Konzept der nationalen Souveränität überholt sei . . .

Gardner Cowles, Vorstandsvorsitzer bei Cowles Communications, bemüht sich eifrig, mit den linken Aktivitäten seines Bruders Schritt zu halten. Außer dem CFR gehört er auch dem Komitee für die Atlantische Union an.

»Look« wurde für die Cowles-Brüder von William Atwood (CFR) betrieben, der einst die Worte schrieb: »Danken wir unserem guten Stern, daß Castro kein Kommunist ist.«

Wofür die Amerikaner ihrem guten Stern wirklich danken können, ist die Tatsache, daß »Look«, das mit mehr Dreck nach Antikommunisten geworfen hat als je eine andere Publikation mit Ausnahme der offiziellen kommunistischen Presse, pleite gegangen ist.

Nach fast vier Jahrzehnten als führendes Meinungsblatt in Amerika hat auch »Life«, trotz seiner Riesenauflage von 8,5 Millionen, ebenso wie »Look« und aus dem gleichen Grunde ins Gras gebissen. Das mit »Life« im gleichen Verlag erscheinende führende Nachrichtenmagazin »Time« mit seiner Auflage von 4,2 Millionen (zum Vergleich: »Newsweek«

2,5 Millionen und »U. S. News & World Report« 1,8 Millionen) ist ebenso gesund wie die ebenfalls bei Time Inc. erscheinenden Blätter »Sports Illustrated« und »Fortune«.

Die Firma Time kaufte kürzlich als erste Zeitung für 34 Millionen Dollar die »Newark Evening News« und erwarb später 32 Vorortzeitungen in der Umgebung von Chicago. Ihr gehören weiter Little, Brown & Company, ein Buchverlag des Establishments, ein Anteil von 300 000 Aktien bei Metro-Goldwyn-Mayer, 240 000 ha Waldland und Anteile an Nachrichtenmedien in Südamerika, der Bundesrepublik Deutschland, Honkong und Australien. Zusätzlich gehören Time Inc. auch noch etwa 30 Fernsehsender in Amerika, so daß dieses Mammutunternehmen in allen Massenmedien mitreden kann — Zeitungen, Magazinen, Filmen, Fernsehen, Büchern und selbst Lehrmitteln.

Baumeister dieses Imperiums war der inzwischen verstorbene Henry Luce (CFR), dessen Einfluß auf das amerikanische Denken enorm gewesen ist. Theodore White (CFR) merkte dazu an: »Er . . . revolutionierte das Denken des amerikanischen Lesers.« Luce hatte seinen Aufstieg in die höchste Klasse der Publizisten mit Darlehen der CFR-Establishment-Mitglieder Thomas Lamont und Dwight Morrow (beide Partner bei J. P. Morgan), Harvey Firestone, E. Roland Harriman und mehrerer Mitglieder der Familie Harkness (dem Standard-Oil-Vermögen verbunden) begonnen. Ihr Einfluß auf ihn wurde besonders deutlich, als Luce mitten in der Depression sein Wirtschaftsblatt »Fortune« vom Stapel ließ. In seinem Buch »The First Tycoon« schreibt John Kobler darüber:

> . . . es amüsiert als Paradoxon, daß »Fortune«, das Wirtschaftsmagazin, die Wirkungskraft des Systems des freien Unternehmertums in Frage stellte und sogar etwas sozialistische Färbung annahm. Einige seiner Redakteure und Mitarbeiter standen weit links . . .

Offenbar war es das, was die mit Rockefeller verquickten finanziellen Schutzengel von Henry Luce wünschten. Und obwohl er später mehr ein Gegner von Franklin Delano Roosevelt zu sein schien, pries Luce dessen Errungenschaften: »Ich habe nicht für F. D. R. gestimmt, war aber doch ganz froh, daß er gewonnen hat. Er schaffte eine Menge notwendiger sozialer Reformen.«

Jeanne Harmon, eine frühere Autorin bei »Life«, berichtet in »Such Is Life«, wie tolerant sich Luce gegenüber der kommunistischen Zelle gab, die offen im Unternehmen Time-Life arbeitete. Frau Harmon beschreibt, wie plötzlich Überschriften verändert wurden, um damit ganz andere als die ursprünglichen Meinungen wiederzugeben, wie sie und ihre Kollegen unter Druck gesetzt wurden, damit sie gewisse Themen nicht anfaßten, andere dagegen hochspielten.

Eine Zeitlang wurde Henry Luce tatsächlich als Antikommunist betrachtet. Aber er stand stets in heftiger Opposition gegen jeden, von dem er glaubte, daß er wirklich etwas gegen die kommunistische Wühlarbeit in den Vereinigten Staaten tun würde, wie etwa Robert Taft, General Douglas MacArthur oder Barry Goldwater. Luces vorgeblicher Antikommunismus mußte herhalten, um seine Kreuzzüge für eine Weltregierung zu unterstützen. Er war Mitglied des CFR und der Atlantic Union. Henry Luce war außerdem ein aktiver Anhänger der Vereinten Nationen, selbst nachdem die Rolle von Alger Hiss bei ihrer Gründung offenbar geworden war.

In den späten fünfziger Jahren schaltete Henry Luce von der Linie »Weltregierung gegen den Kommunismus« auf die andere Linie »Friedliche Koexistenz und Weltregierung mit dem Kommunismus« um, und »Life« kehrte zur Glorifizierung der Sowjetunion zurück, die schon einmal während des Zweiten Weltkrieges praktiziert worden war. Im Jahre 1966 reiste Luce mit einer Gruppe von 43 amerikanischen Geschäftsleuten hinter den Eisernen Vorhang, um dort Hilfeleistung und Handel zu fördern.

Vorstandsvorsitzer bei Time Inc. ist übrigens Andrew Heiskell (CFR), verehelicht mit einer Erbin der »New York Times«.

Chefredakteur aller Publikationen bei Time Inc. ist Hedley Donovan, ein Rhodes-Schüler, früherer Reporter bei der linksgeschrägten »Washington Post« und Mitglied des CFR. Andere CFR-Leute in der Hierarchie der Time Inc. sind der stellvertretende Vorstandsvorsitzer Roy Larsen und die Direktoren John Gardner und Sol Linowitz.

Zu den CFR-Mitgliedern bei Time Inc. gehören außerdem James Linen, Vorsitzender des Direktoriums bei »Time« sowie die Vizepräsidenten Otto Fuerbringer und Barry Zorthian und die Direktoren Frank Pace und Rawleigh Warner. Time Inc. ist so eng mit den Rockefellers verbunden, daß sie sich einen gemeinsamen Hubschrauber zugelegt haben.

Den Auflagenvorsprung der »Time« holt »Newsweek« schnell auf. »Newsweek« gehört der »Washington Post«. Vorstandsvorsitzer Frederick Beebe ist Mitglied des CFR ebenso wie der inzwischen verstorbene Besitzer, Katharine Grahams Sohn Phillip. Der im Ruhestand lebende Redakteur Malcolm Muir ist CFR-Mitglied, genauso wie die derzeitigen Redakteure Osborn Elliot und Robert Christopher und Vizepräsident Nicholas Katzenbach. Andere CFR-Leute bei »Newsweek« sind der Redakteur der Kommentarseite, Philip Geyelin, der Kolumnist Stewart Alsop, der Redakteur Carl Spaatz, der Chef des Büros in Atlanta, William Anderson, und die Direktoren Katharine Graham und Kermit Lansner.

Andere Zeitschriften aus dem Einflußbereich des CFR sind die »Business Week«, »Atlantic Monthly«, »McCalls«, »World Review« (früher »Saturday Review of Literature«) und der »Scientific American«*).

Buchverlage, die Vertreter im CFR haben, sind unter anderen MacMillan, Random House, Simon & Schuster, McGraw-Hill, Harper Brothers, IBM Publishing and Printing, Xerox Corp., Yale University Press und Harper & Row. Viele von ihnen spezialisieren sich auf die Herausgabe von Schulbüchern. Der Vorsitzende des Book of the Month Club ist Axel Rosin, Mitglied des CFR.

Angesichts dieser Macht über die Medien ist es kaum verwunderlich, daß die Familie Rockefeller von ihnen höchst zuvorkommend behandelt wird. Das dicht geknüpfte CFR-Netz erklärt auch, warum Rundfunk und Presse so einstimmig in Hoch-Rufe für Nelson Rockefeller ausbrachen, als er im Zusammenhang mit seiner Ernennung zum Vizepräsidenten vor dem Kongreß-Ausschuß stand. Obwohl einige Einzelgänger unter den Korrespondenten milde Kritik an einigen Dingen in der Karriere des Bewerbers äußerten, waren die Manager der großen Zeitungen und Zeitschriften außer sich vor Begeisterung angesichts der Aussicht, daß Nelson Rockefeller jetzt unmittelbar vor dem letzten Schritt zum Präsidentenamt stand. Das war nicht der Ton, den man 1964 bei der Kandidatur von Barry Goldwater gehört hatte. Die einäugige Presse ist ein von Rockefeller kontrollierter Zyklop.

*) Eine der eigenartigsten Publikationen auf der Liste der mit dem CFR verquickten Journale ist das vorgeblich konservative Magazin »National Review«. Obwohl die »National Review« für sich beansprucht, gegen das liberale Establishment des Ostens zu sein, hat sie niemals auf die konspirativen Machenschaften der Rockefeller-Dynastie hingewiesen — stattdessen hat sie sich stets nachhaltig über jeden lustig gemacht, der den Gedanken äußerte, daß sich unter die liberalen Schafe auch Wölfe mit bestimmten Absichten gemischt haben könnten. Viele gut unterrichtete Konservative wurden dadurch irre gemacht, daß es die »National Review« ablehnte, auch nur die Möglichkeit zu erwägen, daß die meisten »Irrtümer«, die das Magazin den Liberalen ankreidete, in Wirklichkeit sorgfältig geplante und gewollte Vorgänge waren; ihre Verwirrung wird wahrscheinlich noch zunehmen, wenn sie erfahren, daß Chefredakteur William F. Buckley, der sich mit seiner persönlichen Freundschaft mit solchen Insidern wie Henry Kissinger gebrüstet und seine große Bewunderung für sie geäußert hat und der begeistert für die Ernennung von Nelson Rockefeller zum Verteidigungsminister eintrat, selbst Mitglied des Rates für Auswärtige Beziehungen ist.

Es gibt aber noch eine andere Art von Macht, die die Dynastie über die Massenmedien hat. Die normale Zeitung ist darauf angewiesen, zwei Drittel bis drei Viertel ihrer Einnahmen aus Anzeigen zu decken. Ike McAnally, der vier Jahrzehnte lang Reporter bei den »New York Daily News« war, schreibt darüber in »Counterattack«:

> Den nachhaltigsten Einfluß auf die Redaktionspolitik der Zeitungen in den großen Städten übt der Großinserent aus. In vielen Fällen sind diese Inserenten Warenhäuser. Einige von ihnen verlangen offen und schamlos, daß die Zeitungen die Linke unterstützen. Andere machen nur »Vorschläge« ...
>
> ... Es gibt Zeitungen, die diesem vorhandenen oder befürchteten Druck gegenüber bedingungslos kapituliert haben ...

Und so geht das vor sich: Jede der großen Warenhausketten — R. H. Macy & Company; Federated Department Stores; Gimbel Brothers; Sears, Roebuck & Company; J. C. Penney Company; The May Department Stores Company; Interstate Department Stores und Allied Stores Corporation — hat in ihrem Direktorium mindestens eine Persönlichkeit sitzen, die Mitglied des Rates für Auswärtige Beziehungen und/oder Partner in einem der mit dem CFR verquickten internationalen Bankhäuser wie Kuhn, Loeb; Lazard Freres; Lehman Brothers; Dillon, Read & Company oder Goldman Sachs ist.

Warenhäuser sind natürlich nicht die einzigen Inserenten. Auch die Ölfirmen treten mit großen Aufträgen auf. Ebenso die Banken. Und auch die Unzahl von Gesellschaften, die weiter vorn in diesem Buch als unter dem Einfluß der Familie Rockefeller stehend aufgeführt worden sind.

Wagemutige Angehörige des Establishments werden natürlich einer Zeitung gestatten, mäßig konservativ aufzutreten. Ein Tabu aber ist das Rockefeller-Establishment und seine Verbindungen zur internationalen kommunistischen Verschwörung.

Bei dieser großen Zahl von Mitgliedern in den führenden Massenmedien Amerikas kann es kaum ein Zufall sein, daß nur wenige Leute etwas über den Rat für Auswärtige Beziehungen wissen. Wenn die Rockefellers öffentliches Interesse für den CFR zu erregen wünschten, kann man Wetten darauf abschließen, daß »Time« und »Newsweek« darüber Artikel bringen würden und über die Sender des CBS eine 60-Minuten-Sendung von Walter Cronkite laufen würde. Die Probe aufs Exempel kann man im Zeitschriftenverzeichnis einer Bibliothek machen, wo man in mehr als 50 Jahren nur eine einzige Eintragung über den CFR finden wird. Sie stammt aus dem relativ unbekannten »Atlantic Monthly«. Eine Durchsicht der Zeitungen bringt nur zwei Artikel über diese unglaublich mächtige Organisation zutage, einen aus dem »Christian Science Monitor« und einen aus der »New York Times«. Wie gesagt, eine solche Anonymität kann kaum zufällig sein.

Das Engagement der Rockefellers bei den Medien hat viele, viele Auswirkungen. Eine ist, daß die Pläne der Rockefellers für die Errichtung einer monopolistischen Weltregierung niemals, aber auch wirklich niemals, in den Instrumenten zur Massen-Desinformation behandelt werden. Die Medien sind es, die entscheiden, über welche Themen die Auseinandersetzungen im Lande geführt werden sollen. Sie können zum Beispiel das Thema Armut aufbringen oder abwürgen. Das gleiche gilt für die Erörterungen über die Bevölkerungsexplosion, die Umweltverschmutzung, den Frieden, die Entspannung oder was auch immer. Wir haben in den Vereinigten Staaten das, was der Kolumnist Kevin Phillips als Medienreich bezeichnet hat.

Das Medienreich kann einen Mann wie Ralph Nader nehmen und ihn augenblicklich zu einem Volkshelden machen. Oder es kann sich einen Feind der Rockefellers herausgreifen und ihm das Image eines Kretins, eines Narren, eines Heuchlers oder eines gefährlichen Verrückten anhängen.

Der Einsatz der Psychologie und der Propaganda oder, wenn man es so sagen will, der Gehirnwäsche, ist keine kommunistische Erfindung. Er wurde im Westen in solchen Häusern wie dem von Rockefeller finanzierten Tavistock Institute in England entwickelt. Ebenso wie die Kommunisten haben die Rockefellers diese Werkzeuge benutzt, um sich Menschen geistig gefügig zu machen. Die heimlichen Verführer von der Madison Avenue, die Leute aus dem Denktank der Rand Corp. oder dem Hudson-Institut können die öffentliche Meinung manipulieren, und sie tun es auch. Die Elite aus dem Establishment spricht von der Herstellung einer Übereinkunft. Das soll heißen, daß wir denken sollen, die Handschellen, die sie uns anlegen, seien Schmuckarmbänder. Die Techniken, die von den Denkern in der Rockefeller-Stiftung entwickelt worden sind, wurden nur von den Kommunisten übernommen und brutaler angewendet.

Mit Geld erlangten die Rockefellers die Kontrolle über die Medien. Mit den Medien erlangte die Familie die Kontrolle über die öffentliche Meinung. Mit der Kontrolle über die öffentliche Meinung erlangte sie die Kontrolle über die Politik. Und mit der Kontrolle über die Politik greifen sie nach der Kontrolle über die Nation.

SIEBENTES KAPITEL

SELBSTAUFGABE DURCH ÜBEREINKUNFT

Wir werden zu einer Weltregierung kommen, ob Sie es wollen oder nicht — durch Unterwerfung oder Übereinkunft.

CFR-Mitglied James Warburg
vor dem Senatsausschuß für Auswärtige Angelegenheiten am 17. Februar 1950.

Wie wir im voraufgegangenen Kapitel gesehen haben, kann es absolut keinen Zweifel daran geben, daß das Hauptziel der Rockefellers heute die Schaffung einer »Neuen Welt-Ordnung« ist — einer Weltregierung mit Herrschaft über die ganze Menschheit. Solch einen globalen Superstaat zu wollen und ihn zu verwirklichen sind aber zwei verschiedene Dinge. Wie wollen es nun die Rockefellers zuwege bringen, uns Schäflein alle zusammenzutreiben und in ihrem Weltregierungspferch einzusperren?

Die Rockefellers wissen, daß die Wege zur Weltregierung ebenso unterschiedlich sein können wie die Hoffnungen, Befürchtungen, Erwartungen, Dummheiten und Bosheiten der Menschen. Und da die Rockefellers niemals alle ihre finanziellen oder politischen Eisen nur in ein Feuer legen, wird es niemanden überraschen zu erfahren, daß sie dabei sind, jeden denkbaren Weg zu einem Weltsuperstaat zu unterstützen. Daß sie eine der Bestrebungen übersehen haben könnten, ist unwahrscheinlich. Wenn Ihnen eine einfällt, dann behalten Sie es bitte für sich — sonst steht vielleicht morgen in der »New York Times«, daß der Rat für Auswärtige Beziehungen oder die Rockefeller-Stiftung dafür Förderungsmittel gewährt haben.

Eine vollständige Liste aller Organisationen, Bewegungen, Publikationen und Programme für eine Weltregierung, die hinter den Kulissen von der Rockefeller-CFR-Achse aus gelenkt werden, würde einen Umfang wie das Telefonbuch einer Millionenstadt haben. Deshalb können wir hier nur auf einige wenige der bedeutenderen Bestrebungen eingehen, mit denen die Rockefellers auf eine Weltregierung hinarbeiten wollen.

Den offensichtlichsten Weg zu einer Weltregierung eröffnet die Organisation, die 1945 von den Rockefellers für genau diesen Zweck geschaffen wurde — die Vereinten Nationen. Wie wir im nächsten Kapitel sehen werden, haben die kontrollierten Medien vorsätzlich den Glauben erweckt, daß die UNO eine bedeutungslose Debattiergesellschaft sei. Wir sollen glauben, daß die Rockefellers Millionen für eine Organisation ausgegeben haben, die im besten Falle eine teure, aber verhältnismäßig harmlose Ablenkung darstellt. Dieses Bild der UNO in der Öffentlichkeit ist für die großen Meisterplaner unbezahlbar geworden, aber es stimmt ebenso wenig wie die Erzählungen der Zeitschriftenwerber an der Haustür.

Wenn es den Rockefellers gelingt, eine genügend große Zahl von Amerikanern dahin zu bringen, daß sie die Souveränität der Vereinigten Staaten freiwillig den Vereinten Nationen überantworten, ist ihre lange Kampagne für die Weltregierung erfolgreich beendet. Die »Neue Welt-Ordnung« wird dann da sein — begrüßt mit dem ganzen Klamauk einer Ticker-Tape-Parade auf der Wall Street.

Für einen solchen unblutigen Staatsstreich würden die Rockefellers jeden Preis zu zahlen bereit sein. Und tatsächlich geben sie auch jetzt schon jedes Jahr Millionen von Dollar aus, um eine solche Möglichkeit zu finanzieren. Hier sind nur einige der Organisationen in den Vereinigten Staaten verzeichnet, die von dem Rockefeller-CFR-Kombinat finanziert und/oder gelenkt werden und aktiv für eine freiwillige Aufgabe der amerikanischen Unabhängigkeit arbeiten:

American Assembly,
American Association for the United Nations,
American Friends Service Committee,
Arden House Group,
Atlantic Union,
Business Council,
Center for Advanced Study in Behavioral Sciences,
Center of Diplomacy and Foreign Policy,
Chatham House,
Citizens Committee for International Development,
Committees on Foreign Relations,
Committee for Economic Development,
Council on Foreign Relations,
Federation of World Governments,
Foreign Policy Association,
Institute of International Education,
Institute for World Order,
National Planning Association,
The Trilateral Commission,
United World Federalists,
U. S. National Commission,
World Affairs Council.

Jemand, der auch nur die Hälfte der Organisationen in dieser Liste kennt, verdient einen Glückwunsch. Er ist dann schon gut informiert über Rockefellers Weg in die Sklaverei. Beachten aber muß man auf jeden Fall, daß einige der am unschuldigsten benamten Gruppen oder scheinbar untätigen Körperschaften, deren Zielsetzung angeblich ganz unpolitisch ist, gerade einer der gefährlichsten Fangarme des Weltregierungs-Polypen sein kann.

Das ist zum Beispiel der Fall bei einer der ältesten der oben genannten Organisationen, der Atlantic Union. Sie ist die Ur-Oma aller Vereinigungen für regionale Regierungen, und ihre Mitglieder sind diejenigen, die meinen, wenn man ein halbes Brot in der Hand hat, sei man auf dem Wege, das ganze Brot zu bekommen. Die Leute von der Atlantic Union sind der Ansicht, daß regionale Regierungen ein notwendiger Zwischenhaltepunkt auf dem Wege zur endgültigen Weltregierung sind. Bis ihnen Rockefellers Helfer Henry beisprang und ihnen die Entspannung verordnete, war die Atlantic Union auch die Organisation der Einweltler, die sich als antikommunistisch bezeichneten. Und in der Tat gehörten ihr auch einige richtige Antikommunisten an.

Die Mitglieder der Atlantic Union glauben, daß der Unabhängigkeitskrieg der Vereinigten Staaten nur ein schlimmer Irrtum gewesen sei. Das klingt zwar mitten in den Vorbereitungen zum 200. Jahrestag der Vereinigten Staaten etwas komisch, aber es gibt tatsächlich in der Wall Street immer noch mindestens ebenso viele Leute, die vom alten England träumen, wie es noch überzeugte Südstaatler in Alabama gibt.

Der Gedanke der Atlantischen Union entsprang dem Gehirn eines Engländers namens Cecil Rhodes, dessen Traum es war, die Vereinigten Staaten wieder dem Britischen Empire einzuverleiben. Mit dieser Absicht errichtete er die Rhodes-Stiftung, die dafür sorgen sollte, daß intelligente junge Amerikaner ihre Ausbildung in England erhalten konnten.

Im Jahre 1939 schrieb der Rhodes-Schüler Clarence Streit ein Buch mit dem Titel »Union Now«, in dem ein schrittweises Vorgehen zur Herstellung einer Weltunion auf dem Weg über regionale Zusammenschlüsse empfohlen wurde, wobei mit der Union zwischen den Vereinigten Staaten und Großbritannien der Anfang gemacht werden sollte. In ganz Amerika wurden Ausschüsse gegründet, und Streit berichtete, daß mehr als zwei Millionen Amerikaner Petitionen unterzeichnet hätten, in denen der Zusammenschluß mit Großbritannien gefordert wurde.

Nach Streits eigenen Worten sollte die Atlantische Union, die jetzt ganz Westeuropa einschließen soll, der erste Schritt zu einer Weltregierung sein: »Darin (in 'Union Now') wird die Notwendigkeit einer Weltregierung proklamiert und hervorgehoben, daß kein Land diese so nötig braucht wie die Vereinigten Staaten.«

Streit ist sein ganzes Leben lang ein enger Weggefährte der Kommunisten und Sozialisten gewesen und empfindet auch keine Abneigung gegenüber dem Kollektivismus. In »Union Now« schreibt er: »Die Demokratie erlaubt es der Menschheit nicht nur, frei zwischen Kapitalismus und Kollektivismus zu wählen, sondern schließt auch die marxistische Regierungsform ein.«

In seinen Streitschriften stellt Streit die Frage: »Verhindert das Aufkommen des Sozialismus in einigen westeuropäischen Demokratien unsere Föderation mit ihnen?« Er antwortet selbst darauf mit einem deutlichen »Nein«.

Im März 1949 stellte die Federal Union eine politische Aktionsgruppe auf, die sich Atlantic Union Committee nannte. Der erste Präsident dieses Komitees war der frühere Richter am Obersten Gerichtshof, Owen J. Roberts, der erklärte, daß er nationale Souveränität für ein »dummes Schlagwort« halte.

Schon vor über 20 Jahren beschrieb der »Los Angeles Examiner«, was eine Atlantische Union für Amerika bedeuten würde:

> Sie (die Nationen Westeuropas) würden uns ihren Sozialismus anstelle unserer republikanischen Selbstregierung aufzwingen, nach Belieben Steuern aus uns herauspressen, unsere Männer für ihre Armeen und unsere Frauen für ihre Fabriken verpflichten, unsere Produktionskraft im wesentlichen zu ihrer eigenen Bereicherung nutzen.
>
> Wie kann ein Senator oder Abgeordneter, der gewählt worden ist, um das Volk der Vereinigten Staaten zu vertreten, sich selbst so vergessen, daß er für eine Politik eintritt, die so klar auf die nationale Selbstzerstörung hinausläuft?

Die Ziele der Atlantic Union haben sich nicht geändert. Aber nur noch wenige Zeitungen sind so mutig und offen. Den Rockefellers die Hörner zeigen — das ist nicht der richtige Weg, um das Anzeigenaufkommen zu verbessern.

Kaum 12 Jahre nach seiner Gründung war das Atlantic Union Committee auf 871 wohlhabende und einflußreiche Mitglieder angewachsen, von denen 107 Mitglieder des CFR sind. Heute hat es etwa 2000 Mitglieder.

Ein Entschließungsantrag der Atlantic Union, der darauf hinauslaufen würde, die Unabhängigkeitserklärung zu widerrufen, wurde zum erstenmal 1949 im Kongreß eingebracht. Er kam jedes Jahr wieder, fand aber bis vor kurzem kaum Aufmerksamkeit — obwohl hinter ihm solche Rockefeller-CFR-Epigonen standen wie Richard Nixon, Hubert Humphrey, George McGovern, Dwight Eisenhower, Adlai Stevenson, John Forster Dulles, Jacob Javits, William Fulbright, Eugene McCarthy und Henry Kissinger.

Auch 1975 wurde der Antrag der Atlantic Union wieder im Repräsentantenhaus eingebracht. Unglaublicherweise stimmten 111 Abgeordnete, 38 mehr als jemals zuvor und alles Leute, die geschworen haben, die Verfassung der Vereinigten Staaten zu bewahren, für diese Maßnahme, die unsere Verfassung außer Kraft setzen würde. Dazu der Antragsteller, der Republikaner Paul Findley aus Illinois:

> Dieser Vorschlag hatte niemals so viel frisches junges Blut zugeführt bekommen wie heute. Fast die Hälfte seiner Befürworter sind neu hinzugekommen — genau 59. Von ihnen sind 26 neue Abgeordnete, die im letzten November gewählt wurden . . . Am bedeutsamsten aber ist, daß 10 von denen, die vor zwei Jahren dagegen gestimmt hatten und noch dem Haus angehören, jetzt dafür sind; 56 von den 210 Abgeordneten, die 1973 dagegen waren, sind nicht mehr Mitglieder des Hauses.

Im Jahre 1973 fehlten zur Annahme der Resolution der Atlantic Union nur ganze 13 Stimmen. Wie Findley stolz hervorhob, sind viele von denen, die damals dagegen stimmten, nicht mehr da, und einige andere, die einst dagegen waren, haben inzwischen das Rockefeller-Menetekel an der Wand gesehen und haben beigedreht.

Wie Sie wahrscheinlich schon erkannt haben, ist die Atlantic Union eine Rockefeller-Vereinigung.

Der Öl-Clan hat seine Verbindungen zur atlantischen Föderation schon rund 35 Jahre. Als Nelson Rockefeller 1964 mit dem höchsten Ehrenpreis ausgezeichnet wurde, den die Atlantic Union zu vergeben hat, dem Pioneer Award, wußte Clarence Streit den Versammelten zu berichten, daß der so Ausgezeichnete die Organisation schon 1939 vor einer gefährlichen Spaltung bewahrt habe. Damals war offenbar ein Streit zwischen den beiden stärksten Ortsverbänden in New York City und in Washington über die Frage entstanden, wo der Sitz der Organisation sein sollte. Beide wünschten ihn für sich in ihrer Stadt.

Streit war damals schon der Politiker, der beide Seiten zufriedenstellen wollte, aber nicht das nötige Kleingeld hatte, um etwas zuwege zu bringen. In diesem Augenblick kam die Rockefeller-Reiterei zur Rettung aufgaloppiert. Nelson sagte zu, ein ganzes Stockwerk im Hause 10 East 40th Street in New York City mietfrei zur Verfügung zu stellen.

Fünfundzwanzig Jahre später gab Rockefeller durch sein offenes Eintreten für die Beendigung der amerikanischen Unabhängigkeit in seinem Buch »Future of Federalism« vielen heimlichen Anhängern des Gedankens der Weltregierung aus dem Kongreß den Mut, sich offen auszusprechen. So heißt es bei Streit:

> »The Future of Federalism« erschien zu einer Zeit, als andere Persönlichkeiten des politischen Lebens und viele unserer besten Freunde im Kongreß davor zuürckschreckten, solche Worte wie »föderalistisch« oder »Union« in Verbindung mit Atlan-

tica überhaupt nur auszusprechen, um damit nicht Kontroversen und Opposition von irregeleiteten »Vaterländischen« wachzurufen.

Die Familie Rockefeller hat der Zentrale der Atlantic Union freie Unterkunft geboten, und Streit berichtet uns, daß diese Tatsache 25 Jahre lang geheimgehalten worden ist. Selbst dieses Eingeständnis erfolgte bei einem Diner in einem kleinen Kreis von Insidern. In den Zeitungen war am nächsten Tag nichts über diesen unglaublichen Tatbestand zu finden. Streits Enthüllung erschien nur in der Verbandszeitschrift und wurde später von einem »irregeleiteten Vaterländischen« in den Kongreß-Bericht gesetzt, damit es alle erführen. Eigentlich sollte niemand sonst davon in Kenntnis gesetzt werden, daß die reichste Familie im Lande die Unabhängigkeit der Vereinigten Staaten abschaffen will.

Für jene Amerikaner, die bereit sind, direkt die große Fusion mit den Kommunisten einzugehen, ohne erst lange mit regionalen Zwischenstadien herumzumachen, hat das Rockefeller-CFR-Kombinat mehrere Organisationen anzubieten. Die lauteste und auch erfolgreichste unter ihnen ist wahrscheinlich die Vereinigung der United World Federalists. Sie wurde 1947 von zwei CFR-Knappen, Norman Cousins und James P. Warburg, begründet. Warburgs Erklärung, daß die Weltregierung durch Unterwerfung oder Übereinkunft auf jeden Fall kommen werde, steht als Motto über diesem Kapitel. Eines der berühmt gewordenen Schlagworte der Rockefeller-Front war »Eine Welt oder keine Welt«.

Die UWF sind durch ihre Appelle an den Idealismus junger Amerikaner besonders erfolgreich geworden. Sie haben Vereinigungen an vielen höheren Schulen und Colleges und versprechen »Weltfrieden durch Weltrecht«. Die meisten dieser jungen Mitglieder glauben offenbar, daß eine Weltregierung, die von den Insidern errichtet und kontrolliert wird, die Rechte des Einzelnen schützen, die Pressefreiheit garantieren, den religiösen Glauben und seine Ausübung achten werde, usw. Natürlich sagen die UWF nichts, was sie von dieser Erwartung abbringen könnte.

Die United World Federalists sind eine CFR-Unternehmung seit sie vor mehr als 25 Jahren durch den Zusammenschluß von drei kleinen Organisationen, der World Federalists, der Student Federalists und der Americans United for World Government, entstanden. Vom ersten Tag an ist ihre Mitgliedschaft in starkem Maße mit dem CFR verbunden gewesen. Die Public-Relations-Arbeit Rockefellers und des CFR für die UWF ist so erfolgreich gewesen, daß die Vereinigung heute jede wesentlichere Forderung der Kommunistischen Partei übernehmen kann, ohne daß sie damit auch nur ein Jota ihres Ansehens einbüßt.

Der erste Präsident der United World Federalists war Cord Meyer, der natürlich auch Mitglied des CFR war. In einem sehr eigenartigen Buch mit dem Titel »Frieden oder Anarchie« hat Meyer die übliche Insider-Geschichte verkauft, daß die Vereinigten Staaten mit Begeisterung abrüsten und sich einer »Föderalistischen Weltregierung« unter der Kontrolle der Vereinten Nationen anschließen sollten. Und so sieht der »Friede« aus, den der UWF-Präsident sich wünschte:

> . . . nachdem sie sich einmal der Föderalistischen Weltregierung angeschlossen hat, wird keine Nation mehr abfallen oder revoltieren können . . . denn mit der Atombombe in ihrer Hand würde die Bundesregierung (der Welt) diese Nation von der Erdoberfläche wegblasen können.

Als Meyer den Posten des UWF-Präsidenten aufgab, übernahm er eine andere führende Position in einer anderen Rockefeller-Organisation, der Central Intelligence Agency (CIA). Seine Tätigkeit ist seitdem mit dem Schleier des Geheimnisses umgeben, aber man darf wohl annehmen, daß sich an seiner Vision von einer allmächtigen Weltregierung, die aufmüpfige Nationen »von der Erdoberfläche wegblasen« kann, nicht viel geändert hat.

In den letzten Jahrzehnten sind die Anhänger der UWF*) bei ihrem Eintreten für den Welt-Superstaat subtiler geworden. Das Spiel hat sich nicht geändert, nur die Ausdrucksweise ist eine andere geworden. Die Sprachregelung wird jetzt von den PR-Leuten Rockefellers in der Madison Avenue ausgegeben, damit die Öffentlichkeit die Sachen leichter schluckt. Man wird, z. B., heute kein UWF-Mitglied mehr finden, das die Ziele der Gruppe so brutal formuliert wie Milton Mayer 1949: »Wir müssen die amerikanische Flagge vom Mast holen . . . holt sie herunter, trampelt auf ihr herum, spuckt darauf.«

Nicht einer unter tausend Amerikanern wird es für möglich halten, daß sich seine politischen Führer wirklich dafür ausgesprochen haben, die Unabhängigkeit der Vereinigten Staaten aufzugeben. Die Tatsache ist aber, daß die UWF Zustimmungserklärungen von Politikern wie Harry Truman, Adlai Stevenson, Hubert Humphrey, Richard Nixon, Jacob Javits, Dwight Eisenhower, Frank Church, Richter William O. Douglas und Ronald Reagan bekommen haben.

Jahrzehntelang sind die Atlantic Union und die United World Federalists sowie Dutzende anderer, weniger erfolgreiche Rockefeller-Organisationen den Weg des geduldigen, schrittweisen Vorgehens gefolgt. Sie erwarten es gar nicht, daß die Amerikaner über Nacht für die Weltregierung zu gewinnen sind; aber steter Tropfen höhlt den Stein, und so soll die Opposition mit der Zeit mürbe gemacht werden.

Die Zeichen aber mehren sich, die dafür sprechen, daß die Anführer des Komplotts der Internationalisten die Geduld verlieren. Natürlich werden die UWF und die übrigen Vereinigungen fortfahren dürfen, uns zu predigen, daß wir uns gemeinsam die Pistole an die Schläfe setzen und abdrükken sollen — mit der Zusage, daß wir dabei um eine wert-

*) Um ihre Verpflichtung auf den Globalismus, zum Unterschied vom Nationalismus, noch deutlicher zu machen, haben sich die UWF 1969 in World Federalists, U.S.A., umbenannt.

volle Erfahrung reicher werden. Wie wir aber im nächsten Kapitel sehen werden, haben einige der Leute aus dem engsten Führungszirkel schon Pläne vorbereitet, um nötigenfalls erheblich schneller vorgehen zu können.

Auf stürmerisches Wetter deutet schon die vor etwas mehr als zwei Jahren erfolgte Gründung einer neuen Vereinigung hin, die sich »The Trilateral Commission« nennt. Die Gründungsversammlung war von David Rockefeller einberufen worden, dem führenden Mann im Rat für Auswärtige Beziehungen und Vorstandsvorsitzer der Chase Manhattan Bank. Wenn David 200 führende Bankiers, Geschäftsleute, Politiker und Gewerkschaftsführer aus aller Welt einlädt, mit ihm gemeinsam eine übernationale Planungskommission zu bilden, dann kann man gewiß sein, daß es sich bei der Einladung um so etwas handelt wie um den Befehl des Herrschers.

Alte Beobachter der Rockefeller-Szene wissen, daß größere Veränderungen in der Planung der Internationalisten stets durch kurze Artikel in der »New York Times« angezeigt werden. Deshalb wurde es Zeit, der Gruppe sehr viel Aufmerksamkeit zu widmen, als am 18. Juni 1974 ein kleiner Bericht in der Hauspostille der Insider erschien, in dem es hieß, daß »das Leben und Wohlergehen einer großen Zahl von Menschen von den Entscheidungen einer kleinen Handvoll nationaler Persönlichkeiten« in der Trilateral Commission abhänge. Wenn unser Leben von den Beratungen und Entscheidungen dieser Kommission abhängt (übrigens sind das ziemlich starke Worte für eine so erhabene Publikation, wie es die »New York Times« ist), dann müssen wir feststellen, was dort entschieden wird.

Einen Hinweis lieferte die Ernennung von Zbigniew Brzezinski zum Direktor der Kommission. Kurze Zeit nach der Bildung der Trilateral Commission schrieb der neue Direktor, der auch Funktionär im CFR ist, einen Artikel für die CFR-Zeitschrift »Foreign Affairs«, in dem es hieß:

> Die Welt wird sich wahrscheinlich nicht (freiwillig) unter einer gemeinsamen Weltanschauung oder einer Superregierung vereinigen. Die einzige Hoffnung besteht jetzt darin, daß sie aus der gemeinsamen Sorge um ihr eigenes Überleben heraus handelt ...
>
> ... Das Konzept der Atlantic (Union) war eine schöpferische Antwort auf die Probleme der Zeit des Kalten Krieges. Heute ist dieser Rahmen zu eng, um die Vielzahl der Herausforderungen — und Möglichkeiten — umschließen zu können, denen sich die internationale Gemeinschaft gegenübersieht. Aus der Erkenntnis dieser Realität heraus ergibt sich der Vorschlag ..., daß die aktive Förderung einer solchen trilateralen (dreiseitigen) Zusammenarbeit zur ersten Priorität der amerikanischen Politik werden muß.

Mit anderen Worten, Brzezinski meint, es sei Zeit, das offene Vorgehen zugunsten einer Weltregierung, wie es die Atlantic Union vorgeschlagen hatte, aufzugeben. Der freiwillige Zusammenschluß lasse sich in absehbarer Zeit nicht erreichen; man müsse es jetzt mit einer anderen Methode versuchen. Und wie sieht diese andere Methode aus? Einfach ausgedrückt, geht es darum, den Nationen genau die Kontrollen aufzuerlegen, die die Anhänger der Weltregierung anstreben, das aber unter dem Vorwand zu tun, daß damit wirtschaftliche, ökologische oder Energieprobleme gelöst werden sollten.

Der Vorsitzende der Trilateral Commission ist Gerard C. Smith, ebenfalls CFR-Mitglied und früherer Direktor des Amtes für Rüstungskontrolle und Abrüstung*). So be-

*) Es darf nicht übersehen werden, wie bedeutsam es ist, daß Smith das Amt für Rüstungskontrolle und Abrüstung verläßt, um diese neue Rockefeller-Vereinigung zu führen. Das Abrüstungsamt nimmt eine Schlüsselstellung im Programm der Insider für den Welt-Superstaat ein. (Siehe achtes Kapitel.) Wenn Smith einen so wichtigen Posten aufgibt, zeigt das, daß die Trilateral Commission wirklich wichtig sein muß.

schreibt er die Zielsetzung der Trilateral Commission:

> Die Vereinigten Staaten, Westeuropa und Japan sehen sich der gleichen Lage gegenüber. Sie sind die großen Industriegebiete der Welt und ihnen ist die Sorge um die Probleme der Umwelt und der modernen Industriegesellschaft gemeinsam ... Sie haben zusammen eine globale Verantwortung, und wir glauben, daß ihre Beziehungen durch Sorgen im Innern belastet werden, die die einzelnen Regionen zu sprengen drohen.

Nach den Worten von Smith sind also die Probleme, denen sich jedes einzelne Land gegenübersieht, ernste Hindernisse auf dem Wege zur Errichtung der »Neuen Welt-Ordnung«. Es besteht die Gefahr, daß einige Nationen sich über die Lösung solcher Probleme (etwa wie sie genug Brennstoff für ihre Fabriken bekommen oder genug Lebensmittel für ihre Bürger) so große Sorgen machen, daß sie darüber das große Ziel — den Aufbau der Weltregierung — aus den Augen verlieren.

Das erste Treffen der neuen Gruppe David Rockefellers fand vom 21. bis zum 23. Oktober 1973 in Tokio statt. Fünfundsechzig Teilnehmer wurden aus Nordamerika aufgeführt. Von ihnen sind 35 auch Mitglieder des Rates für Auswärtige Beziehungen.

Bisher sind sechs Positionspapiere — »The Triangle Papers« — von der Kommission veröffentlicht worden: zwei von dem Treffen in Tokio im Oktober 1973, drei von einem Treffen in Brüssel im Juni 1974 und eines von einer Zusammenkunft in Washington im Dezember 1974. Wenn die »Triangle Papers« ein Hinweis sein sollen, dann können wir mit vier großen Stoßrichtungen zur wirtschaftlichen Kontrolle der Welt rechnen: erstens mit einer »Neuordnung des Geldwesens der Welt«, zweitens mit einer Ausbeutung der Rohstoffquellen, um die Habenichtse unter den Nationen weiter zu radikalisieren, drittens mit mehr Handel mit den Kommunisten und viertens mit einer größeren Ausnutzung der Energiekrise zum Zwecke der Einführung stärkerer internationaler Kontrollen.

Die Trilateral Commission ist von David Rockefeller geschaffen worden, um damit seine internationalistischen Freunde dahin zu bringen, daß sie ihren privaten Einfluß auf die Regierungen ihrer Länder gebrauchen und sie auf dem »richtigen« Kurs halten, nämlich dem Weg zur großen Fusion. Und ein Land, das sich vielleicht über diese Warnungen hinwegsetzt und seinen »inneren« Sorgen zu viel Aufmerksamkeit schenkt, wird sich vielleicht schon bald in einer so schweren Krise bei der Versorgung mit Lebensmitteln, Brennstoffen und finanziellen Mitteln finden, daß ihm die große Wirtschaftsdepression der dreißiger Jahre wie ein Zug durch das Gelobte Land erscheinen mag.

ACHTES KAPITEL

FREIWILLIGE KAPITULATION

In der Stufe III würde die fortgesetzte kontrollierte Abrüstung . . . einen Punkt erreichen, an dem kein Staat mehr über die militärische Macht verfügen würde um die fortschreitend stärker werdende UNO-Friedensmacht herauszufordern, und alle internationalen Streitfälle würden nach den vereinbarten Grundsätzen für das internationale Verhalten geregelt werden . . . Die Fähigkeit der Vereinten Nationen zur Erhaltung des Friedens würde ausreichen und die Verpflichtungen aller Staaten unter einer solchen Abmachung würden so weitreichend sein, daß der Friede und die gerechte Regelung von Streitfällen in einer abgerüsteten Welt gesichert wären.

US-Außenministerium,
Veröffentlichung Nr. 7277

Bei seiner Rückkehr aus Wladiwostok in der UdSSR, wo er ein bei den Verhandlungen über die Begrenzung der Strategischen Rüstung (SALT) ausgehandeltes Abkommen unterzeichnet hatte, verkündete Präsident Ford mit einer der dafür typischen blumigen Redewendungen, daß er auf das Wettrüsten »einen Deckel draufgelegt« habe. Im Lichte der voraufgegangenen Abmachungen mit den Kommunisten erschien eine solche Aussage unglaubwürdig. Sie beschwor Erinnerungen an Chamberlain herauf, der bei der Rückkehr aus München den Kopf in den Sand steckte und von dort aus verkündete, daß das Papier in seiner Hand die Gewähr für den »Frieden in unserer Zeit« biete.

Während die liberale Presse Hosianna rief und SALT II als Wendepunkt auf dem Wege zur Entspannung feierte, gewannen die Kommunisten in atemberaubendem Tempo Boden. Mit sowjetischen Waffen fegten sie durch Kambodscha und Südvietnam. Die damals noch bevorstehende Wiedereröffnung des Suezkanals ließ sie an die Verbindung zwischen ihren Flotten im Mittelmeer und im Indischen Ozean denken. Und Portugal, ein alter Verbündeter Amerikas, sollte zu einem sowjetischen Stützpunkt im Südwesten Europas ausgebaut werden. Wenn das Entspannung ist, dann wünschen wir uns lieber den Kalten Krieg zurück.

Der Weg zu den SALT-Verhandlungen begann mit der Morgenröte des nuklearen Zeitalters, als linke Wissenschaftler und Akademiker an der Klagemauer standen und ihre Befürchtungen zu beweisen begannen, daß Amerikas überlegene Kernwaffenkapazität die Sowjets beunruhigen und veranlassen könnte, einen großen Krieg vom Zaun zu brechen. Die »Bewältigung« dieser Gefahr begann mit der Pugwash-Konferenz — und wird vielleicht mit der erzwungenen Kapitulation der abgerüsteten Vereinigten Staaten enden.

Im Jahre 1955 hatte die Parliamentary Association for World Government Appelle zur Einberufung einer Serie von »Konferenzen über Fragen der Wissenschaft und der Welt« losgelassen, an denen russische und amerikanische Wissenschaftler und Intellektuelle teilnehmen sollten. Die erste dieser Konferenzen wurde 1957 im Haus des Russenfreundes Cyrus Eaton in Pugwash, Neuschottland, abgehalten. Eaton hatte seine Laufbahn als Sekretär von John D. Rockefeller begonnen und ist jetzt Geschäftspartner der Rockefellers im Osthandel. Er erhielt den Lenin-Friedenspreis dafür, daß er seinen Namen hergegeben und die ersten fünf Konferenzen finanziert hatte. Inzwischen sind es mehr als zwanzig geworden, die meist außerhalb der Vereinigten Staaten getagt haben. Sie sind alle von den steuerfreien Stiftungen der Rockefeller-CFR-Gruppe finanziert worden.

Am 23. September 1960, drei Jahre nach der ersten Pugwash-Konferenz, legten die Sowjets den Vereinten Nationen einen Plan für eine »umfassende und vollständige Abrüstung« vor. Darin wurde eine systematische Verminderung der Rüstungen aller Großmächte gefordert. Dieser sowjetische Plan erfreute sich sofort der Unterstützung durch einflußreiche Amerikaner, nachdem sich einmal eine Gruppe mächtiger Anhänger des Abrüstungsgedankens im CFR dafür ausgesprochen hatte.

Das war kein reiner Zufall. Ein geheimes CFR-Abrüstungsprogramm mit dem Titel »Studie Nr. 7« wurde ein paar Monate später veröffentlicht. »Studie Nr. 7« war vom CFR für den außenpolitischen Senatsausschuß ausgearbeitet worden und besagte, daß die Vereinigten Staaten »nach einer internationalen Ordnung suchen müssen . . . in der viele politische Vorhaben gemeinsam bewältigt werden von . . . Staaten mit unterschiedlichen politischen, wirtschaftlichen und sozialen Systemen und unter Einschluß von Staaten, die sich als 'sozialistisch' bezeichnen«. Um eine solche »neue internationale Ordnung« aufzubauen, erklärte der CFR, müßten die Vereinigten Staaten »die Autorität der UNO aufrechterhalten und schrittweise vergrößern« und »ernsthafte Verhandlungen führen, um internationale Abkommen über die Begrenzung, Verminderung und Kontrolle der Rüstungen herbeizuführen«*).

Und das ist das Erstaunliche: Dieses Positionspapier des CFR war fast ein Jahr vor dem sowjetischen Vorschlag vom 23. September 1960 ausgearbeitet worden. Pugwash hin, Pugwash her, die beiden sahen fast gleich aus.

Die Pugwash-CFR-Verschwörung ist eine der hervorragendsten Taten in der psychologischen Kriegsführung seit dem Trojanischen Pferd. Während die Amerikaner über die Schrecken des nuklearen Krieges und die angeblichen Vor-

*) Siehe »Strategy for the Sixties« von Jay Cerf und Walter Pozen, New York, Praeger, Inc., 1961.

teile einer Begrenzung ihrer Rüstungen aufgeklärt wurden, rüsteten die Russen bis an die Zähne auf.

Im Juni 1964 stellte die Ford-Stiftung, bereits bekannt für die Finanzierung von faschistisch-sozialistischen Absichten mit Billigung Rockefellers, 325 000 Dollar für eine Pugwash-Ausgeburt zur Verfügung, die sich »Gemeinsame Studiengruppe USA—UdSSR für Abrüstung« nannte.

Damit war der Boden von der Pugwash-Gruppe des Rockefeller-Partners Cyrus Eaton und dem CFR bereitet. Die Anhänger der Neuen Welt-Ordnung begannen zu verkünden, daß die Weltregierung endlich in Sicht sei.

Im September 1961 gab das Außenministerium die Veröffentlichung Nr. 7277 heraus, die den Titel trug: »Freiheit von Krieg: Programm der Vereinigten Staaten für eine allgemeine und vollständige Abrüstung in einer friedlichen Welt«. Es war ein in drei Phasen eingeteiltes Programm, das unter anderem vorsah:

> In Stufe III würde die fortschreitende kontrollierte Abrüstung und die weitergehende Entwicklung von Grundsätzen und Verfahren eines internationalen Rechtes einen Punkt erreichen, an dem kein Staat mehr die militärische Macht haben würde, um die fortschreitend verstärkte UNO-Friedensmacht herauszufordern und alle internationalen Streitfälle nach vereinbarten Grundsätzen des internationalen Verhaltens geregelt werden müßten . . . Die Fähigkeit der Vereinten Nationen, den Frieden zu erhalten, würden ausreichen und die Verpflichtungen aller Staaten, die solchen Abmachungen unterworfen sind; würden weitreichend genug sein, um den Frieden und die gerechte Regelung von Streitfällen in einer abgerüsteten Welt zu regeln.

In dem gleichen Monat, in dem das Außenministerium seine Veröffentlichung 7277 herausgab, wurde das Amt für Rüstungskontrolle und Abrüstung vom Kongreß geschaffen.

Innerhalb von 48 Stunden legte die neue Behörde ihren Abrüstungsplan den Vereinten Nationen vor. Natürlich war es ein genauer Abklatsch der Vorschläge des CFR und der Sowjets, die den Vereinten Nationen schon ein Jahr zuvor von den Kommunisten präsentiert worden waren. Während die Zeitungen und das Fernsehen endlos über Abrüstung schwatzen, ist bisher kaum ein Wort über die andere Seite gesagt worden, die diese Münze auch noch hat: Alle diese Vorschläge fordern die Aufrüstung der Vereinten Nationen! Darüber wird ebenso beharrlich geschwiegen wie über die Herstellungsformel für Coca-Cola.

Im Oktober 1968 gab das amerikanische Abrüstungsamt einen neuen, überarbeiteten Vorschlag heraus, der sich »Rüstungskontrolle und nationale Sicherheit« nannte. Darin hieß es:

> Seit 1959 ist nach allgemeiner Übereinkunft das Endziel der Verhandlungen eine allgemeine und vollständige Abrüstung, d. h. die völlige Abschaffung aller Streitkräfte und Rüstungen mit Ausnahme der zur Aufrechterhaltung der inneren Ordnung innerhalb der Staaten benötigten oder derjenigen, die zur Friedenstruppe der Vereinten Nationen beigesteuert werden sollen . . . Während die Verminderungen vorgenommen werden, soll die UNO-Friedenstruppe aufgestellt und entwikkelt werden, und bis zum Schluß soll sie so stark sein, daß keine Nation sie mehr herausfordern kann.

Haben Sie bemerkt, daß es in dem Dokument heißt: »Seit 1959«? Das amerikanische Amt für Rüstungskontrolle und Abrüstung wurde erst im September 1961 eingerichtet. Aber schon 1959 wurde vom CFR die »Studie Nr. 7« ausgearbeitet und den Sowjets übermittelt.

Wie erfolgreich waren nun diese Abrüster nach der Neuen Welt-Ordnung bei der Verwirklichung ihrer Pläne? Was ist geschehen, seit die Abrüstung als amtliche Politik der amerikanischen Regierung eingeführt worden ist? Der erste Verteidigungsminister, der diese Politik verwirklichen sollte, war das CFR-Mitglied Robert S. McNamara, der das Amt von 1961 bis 1968 innehatte. In ihrem Buch »The Betrayers« gehen Phyllis Schlafly und Chester Ward auf die Demontage durch McNamara ein. Als er aus dem Amt schied, hatte er, nach ihrer Übersicht:

> ... die nukleare Streitmacht der Vereinigten Staaten um 50 Prozent vermindert, während die Sowjets ihre um 300 Prozent vergrößert hatten,
> ... verschuldet, daß die Vereinigten Staaten ihre Führung bei den nuklearen Trägern verloren hatten,
> ... drei Viertel unserer Multimegatonnen-Raketen verschrottet,
> ... die ursprünglich geplante Zahl von 2000 Minutemen-Raketen auf 1000 vermindert,
> ... alle unsere Trägerraketen für die Mittelstrekken vernichtet,
> ... unser Programm für eine 24-Megatonnen-Bombe gestrichen,
> ... 1455 von den 2710 Bombern verschrottet, die die Regierung Eisenhower noch übriggelassen hatte,
> ... 600 der verbleibenden Bomber ihrer strategischen Kernwaffen beraubt,
> ... die Anzahl unserer Polaris-U-Boote auf 41 eingefroren und den Bau weiterer Raketen-U-Boote abgelehnt,
> ... die Entwicklung aller neuen Waffensysteme mit Ausnahme des TFX (F-111) untersagt,
> ... Skybolt, Pluto, Dynasoar und Orian (alles Trägerraketen-Systeme) gestrichen.

Es steht fest, daß McNamara mehr amerikanische strategische Waffen zerstört hat als die Sowjets es bei einem nuklearen Großangriff hätten tun können.

McNamara wurde bei seinen Bemühungen um eine einseitige Abrüstung von den CFR-Mitgliedern John J. McCloy und William C. Foster unterstützt. McCloy war vor David Rockefeller Vorstandsvorsitzer sowohl im CFR wie in der Familienbank Chase Manhattan gewesen. John F. Kennedy hatte ihn für den Vorsitz im Allgemeinen Beratenden Ausschuß für das Amt für Rüstungskontrolle und Abrüstung ausgesucht. Diesen Posten hat er heute noch inne. William C. Foster war Direktor dieses Amtes geworden. 1969 wurde Foster als Direktor von Gerard C. Smith, einem anderen CFR-Mitglied, abgelöst. Smiths Nachfolger wurde 1973 Fred Ikle, der (wen überrascht das noch?) ebenfalls Mitglied im Rat für Auswärtige Beziehungen ist.

John J. McCloys Beratender Ausschuß setzt sich zur Zeit zusammen aus I. W. Abel, Dr. Harold Brown (CFR), William C. Foster (CFR), Kermit Gordon (CFR), Dr. James R. Killian, General Lauris Norstad (CFR), Dr. Jack Ruina (CFR), Dean Rusk (CFR), William Scranton, Dr. John Archibald Wheeler und Judith A. Cole als Personaldirektorin.

Was hier vor sich geht, ist höchst einfach. Die Insider vom Rockefeller-Establishment im Rat für Auswärtige Beziehungen arbeiten daran, Amerikas Verteidigung so weit zu schwächen, daß die Sowjets »aufholen« können. Diese Politik soll nach ihrem Glauben eines Tages dazu führen, daß die politischen und wirtschaftlichen Interessen beider Staaten miteinander verschmelzen — das nennt der CFR dann die Neue Welt-Ordnung.

Das ist durchaus keine Spökenkiekerei. Es ist, wie wir gesehen haben, amtliche Politik der Vereinigten Staaten. Ihre Verwirklichung begann damit, daß es den CFR-Insidern gelang, 1966 Präsident Lyndon Johnson zu überreden, die Aufnahme der Gespräche über die Begrenzung der strategischen Rüstung (SALT) vorzuschlagen. Die SALT-Verhandlungen, bei denen ein erster Abrüstungsvertrag ausgehandelt werden sollte, waren für Juli 1968 angesetzt worden. Sie wurden dann auf November 1969 verschoben, weil die Sowjets mit ihrer Invasion in der Tschechoslowakei beschäftigt waren — die übrigens nur zwei Wochen nach der Unterzeichnung der Erklärung von Preßburg erfolgte, in der die Sowjets die Unabhängigkeit der Tschechoslowakei garantiert hatten.

Wir haben große Fortschritte bei den SALT-Verhandlungen gemacht. Als die ersten Verhandlungen 1968 angesetzt wurden, hatten die Sowjets nur 850 Langstreckenraketen, während die Vereinigten Staaten 1054 hatten. Aber nach der siebenten SALT-Tagung, als Präsident Nixon am 26. Mai 1972 die Übereinkommen in Moskau unterzeichnete, hatten die Sowjets 1618 Interkontinentalraketen installiert oder im Bau, während wir unsererseits immer noch 1054 hatten — die gleiche Zahl wie 1968. Das ist, in kurzem, das Ergebnis, mit dem wir verhandelt haben. Wir haben die Produktion eingefroren und amerikanische Technologie exportiert, damit der Kreml uns zunächst einholen und dann überholen konnte.

Welche Tendenzen müssen wir nun aufhalten, um einem Ultimatum der Sowjets zu entgehen? Zunächst einmal die Bemühungen um die Begrenzung der Verteidigungsausgaben — besonders auf dem Gebiet der Entwicklung strategischer Waffen. Aus dem Wirtschaftsbericht des Präsidenten für 1974 können wir entnehmen, daß 1953 unsere gesamten Staatsausgaben 33,2 Prozent unseres Nationaleinkommens ausmachten. Davon entfielen 16 Prozent auf Ausgaben im Inland, wie Soziales usw. Zwanzig Jahre später, 1973, waren die Staatsausgaben auf 38,6 Prozent des Nationaleinkommens angewachsen. In dieser Zeit hatten die Leute, die »lieber rot als tot« sein wollten, die Verteidigungsausgaben auf sieben Prozent des Nationaleinkommens zurückgeschraubt, während die Inlandsausgaben auf 31,6 Prozent angestiegen waren. Diese Zahlen beweisen, daß der CFR-Plan funktioniert — daß wir auf die Neue Welt-Ordnung vorbereitet werden, indem wir gleichzeitig kollektiviert und abgerüstet werden.

Trotzdem läßt sich aus diesen Zahlen noch nicht die ganze Geschichte ablesen. Mit dem Übergang zu unserer Berufsarmee ist der Anteil des Verteidigungshaushalts, der für Gehälter weggeht, schon auf 65 Prozent angestiegen. Der Abgeordnete Larry McDonald, Mitglied des Wehrausschusses im Repräsentantenhaus, schreibt dazu:

> Die Liberalen im Kongreß schreien ständig nach der Kürzung des »aufgeblähten« Verteidigungshaushalts, damit sie die Ausgaben für Soziales weiter erhöhen können. Da wir die Gehälter nicht kürzen können, bleibt uns für Einsparungen nur die Ausrüstung. Wenn man also, wie es so heißt, das Fett wegschneidet, dann stellt sich heraus, daß es in Wirklichkeit die Knochen und die Muskeln sind. Im Kriegsfalle würden wir zwar viele Leute in Uniform haben, aber sie hätten dann keine für den Kampf ausreichende Ausrüstung.

Diese Entwicklung ist ein Erfolg der Tricks und Komplotte der Insider von Rockefellers Rat für Auswärtige Beziehungen, die es so gewünscht haben. Unser militärisch-industrieller Komplex mußte zerstört werden, damit die »Überlegenheit« der Sowjets glaubhafter erschien. Man hat ihn buchstäblich und vorsätzlich verhungern lassen.

Natürlich war all das erwartet worden, als Präsident Nixon im Mai 1972 in Moskau das erste SALT-Abkommen unterzeichnete. Selbst der sehr »liberale« Senator Henry Jackson gab zu: »Einfach ausgedrückt, gibt das Abkommen den Sowjets von allem mehr: mehr leichte Interkontinentalraketen, mehr schwere Interkontinentalraketen, mehr Raketen auf U-Booten, mehr U-Boote, größere Sprengköpfe, selbst mehr Radar zur Raketenabwehr. Auf keinem der Gebiete, auf die sich das Abkommen bezieht, dürfen die Vereinigten Staaten den gleichen Stand mit der Sowjetunion beibehalten.«

Es ist aber ganz offensichtlich, daß die Sowjets durch SALT in keiner Weise eingeschränkt worden sind. Die Vereinigten Staaten werden abgerüstet, während die Kommunisten gleichzeitig eine Streitmacht erhalten, mit der sie den ersten Schlag führen und ihr Ultimatum stellen können*).

Denken Sie an die Stahlwalzwerke, die die Vereinigten Staaten den Sowjets auf Kredit verkauft haben! Denken Sie an die Aluminium-Werke, die die Rockefeller-Eaton-Gruppe in Osteuropa baut! Und denken Sie an die Lastwagenfabrik an der Kama, die von David Rockefellers Chase Manhattan Bank finanziert wird und die die größte der Welt sein wird mit ihrer Grundfläche von mehr als 100 Quadratkilometern! Lastwagenfabriken, das sind natürlich auch die Betriebe, in denen Panzer gebaut werden.

Jetzt stellen Sie sich bitte einmal selbst diese Frage: Wenn es den Sowjets wirklich ernst ist mit der Entspannung und der friedlichen Koexistenz, warum rüsten sie dann mit einer derart atemberaubenden Geschwindigkeit auf? Warum setzen sie diese Mittel nicht lieber für die Produktion der dringend benötigten Konsumgüter ein? Und warum läßt ihnen Henry Kissinger das durchgehen? Die Antwort lautet, daß die Genossen sich darauf einstellen, das Ultimatum zur Errichtung der Neuen Welt-Ordnung loszulassen, falls sich die Amerikaner weigern sollten, den toten Mann zu spielen. Mit anderen Worten, die Zwickmühle ist bereits aufgebaut, bei der die Entscheidung nur noch lauten soll, ob wir die Weltregierung durch Übereinkunft oder durch Unterwerfung bekommen.

*) Die Tatsache, daß SALT nur eine Erweiterung des Abrüstungsplans 7277 darstellt, wird in dem Abkommen selbst zugegeben, wo es heißt: die USA und die UdSSR sehen die Durchführung einer allgemeinen und vollständigen Abrüstung und die Herstellung eines wirkungsvollen Systems der internationalen Sicherheit in Übereinstimmung mit den Zielen und Grundsätzen der Vereinten Nationen als Endziel ihrer Bemühungen an.

Die Kommunisten arbeiten Hand in Hand mit den Insidern des amerikanischen Establishments. Wenn sie mächtig genug geworden sind, werden die Insider erklären, daß wir unsere nationale Souveränität aufgeben und uns der »Neuen Welt-Ordnung« anschließen müssen, wenn wir überleben wollen.

Wenn wir dann nicht einmal den Willen zum Widerstand haben und nicht für unsere nationale Souveränität kämpfen wollen, wird uns überhaupt nichts mehr bleiben. Wir laden dann dazu ein, uns das nukleare Ultimatum zu stellen. Und wir sind bereits in schwerer Gefahr. Die jüngsten SALT-Abmachungen sahen ein »Arbeitstreffen« zwischen Präsident Ford und dem sowjetischen Parteichef Leonid Breschnew am 23. und 24. November 1974 in Wladiwostok vor. Der Präsident hatte zuvor Japan und Südkorea besucht und dort »Garantien« ausgesprochen. Wie gewöhnlich war der vertraute Dr. Kissinger schon vorher eingetroffen und hatte »die Einzelheiten vorbereitet«. Der Präsident unterzeichnete artig, was ihm vorgelegt wurde.

Die Einzelbestimmungen begrenzen die Rüstung der USA und der Sowjets bis 1985 auf je 2400 Raketen auf Landstützpunkten und zur See sowie Langstreckenbomber. Die Vereinigten Staaten haben — so wird uns in der »Newsweek« vom 9. Dezember 1974 berichtet — etwa 2206 Interkontinentalraketen (ICBM), U-Boot-Raketen (SLBM) und Langstreckenbomber. Die Sowjets, so heißt es weiter, haben 2375 Raketen und Bomber dieser Art ausgeliefert. Außerdem verpflichteten wir uns, nur 1320 Raketen mit Mehrfachsprengköpfen (MIRV) auszurüsten.

Nachdem er Henry Kissinger nach Peking entsandt hatte, wo er die Chinesen unterrichten sollte, kehrte Präsident Ford nach Hause zurück, um seine Version dieses Gipfeltreffens vor 26 Kongreßmitgliedern darzulegen. Dort, in Washington, verkündete der Präsident: »Wir haben für das strategische Wettrüsten eine feste obere Begrenzung festgelegt. Was wir geschafft haben«, versicherte er mit völlig ernstem Gesicht, »ist, daß feste und gleichwertige Begrenzungen für die strategischen Streitkräfte beider Seiten festgelegt worden sind, womit ein Wettrüsten vermieden wird . . . Wladiwostok ist ein Durchbruch zum Frieden . . . künftige Generationen werden uns danken.«

Der »National Observer« vom 14. Dezember 1974 gab seiner Überraschung Ausdruck: »Mit solchen phantastischen Geschichten täuscht uns Ford — jener Ford des geraden Wortes und offenen Gesichtes. Oder er ist getäuscht worden und wiederholt nur die Phrasen, mit denen er von den Täuschern hereingelegt worden ist.«

Die angesehene Zeitschrift »Aviation Week & Space Technology« vom 9. Dezember 1974 warnte: »Das Wladiwostok-Treffen legt nirgendwo einen Deckel drauf. Das neue SALT-Getöne, daß 'ein Deckel auf das Wettrüsten' gelegt worden sei, ist nur etwas Propaganda aus der Pressestelle des Weißen Hauses und könnte als lächerlich abgetan werden, wenn sich das gleiche Verfahren nicht schon bei früheren Gipfeltreffen so katastrophal für die Regierung Nixon und die Interessen der Vereinigten Staaten ausgewirkt hätte.«

Das ist die Lage. Rockefellers Alternativ-Plan II — der für den Fall, daß das amerikanische Volk nicht dazu gebracht werden kann, die Aufgabe der amerikanischen Souveränität zugunsten der Neuen Welt-Ordnung freiwillig hinzunehmen — wird das nackte Ultimatum sein: entweder übertragen wir alles der UNO oder die bösen Kommunisten sprengen uns in die Luft.

Stufe eins dazu war eine massive Medienkampagne mit einer Gehirnwäsche für die Öffentlichkeit, die teuflischen Schrecken bei dem Gedanken an einen nuklearen Krieg empfinden soll.

Stufe zwei war die Steigerung der militärischen Kapazität der Sowjets (mehr darüber im nächsten Kapitel), damit deren Imponiergehabe mit ihrer Kernwaffenrüstung glaubhafter wurde.

Stufe drei bestand darin, sicherzustellen, daß die Streitkräfte der Vereinigten Staaten technisch keine Verbesserung mehr erfahren. Die Entwicklung neuer Waffensysteme wurde untersagt; vorhandene Rüstungen durften Rost ansetzen.

Stufe vier diente dazu, die Zustimmung des Kongresses zu dem Abrüstungsvorhaben der Sowjets und des CFR zu erlangen. Was gebilligt wurde, hatte zwar überhaupt nichts mit Abrüstung zu tun; es war ein Vorschlag, eine Polizeitruppe einer Weltregierung auszurüsten, indem die Waffen den Vereinigten Staaten weggenommen und der UNO gegeben werden.

Stufe eins bis drei sind bereits bewältigt. Und während Sie diese Worte lesen, sind Insider in New York, Washington, Genf und London dabei, auch Stufe vier zu verwirklichen.

Wie schon James Warburg vom CFR vor fünfundzwanzig Jahren vor dem außenpolitischen Senatsausschuß erklärte: »Wir werden zu einer Weltregierung kommen, ob Sie es wollen oder nicht — durch Unterwerfung oder Übereinkunft.« Warburg und seine Mitverschwörer haben dafür gesorgt, daß die Karten so gemischt sind, daß wir dabei auf jeden Fall verlieren.

NEUNTES KAPITEL

DIE GROSSE ROTE MASCHINE

Es gibt eine fortdauernde, wenn auch verborgene, Allianz zwischen den internationalen politischen Kapitalisten und den internationalen revolutionären Sozialisten — zu beiderseitigem Nutzen.

Antony C. Sutton
»Wall Street And The Bolshevik Revolution«

Wenn man die Rockefellers als eine einzigartige und bemerkenswerte Familie bezeichnet, ist das eine gehörige Untertreibung. Kein Romanschreiber würde eine solche Familie erfinden können. Kein Hollywood-Filmzar könnte eine solche Gruppe für eines seiner Filmepen zusammenstellen. Die Rockefellers sind mehr als das Leben und ungewöhnlicher als die Phantasie.

Aber während viele Biographen über ihren sagenhaften Reichtum und ihre praktisch unbegrenzte wirtschaftliche und politische Macht berichtet haben, beschäftigten sich doch nur wenige mit dem bemerkenswertesten Aspekt aus dem Leben der Familie — ihrer engen und über die Generationen fortbestehenden Beziehung zu denen, die man als ihre Erbfeinde ansehen sollte, den Kommunisten. Natürlich gibt es in diesem eigenartigen Verhältnis noch manches, was wir nicht wissen. Aber was davon bisher schon an die Öffentlichkeit drang, ist erstaunlich genug. Daß der Schein oft trügt und die Dinge im Grunde ganz anders sind als sie sich zunächst präsentieren, ist eine Binsenweisheit, die aber niemals so zutraf wie auf die kommunistische Weltbewegung und die Identität ihrer letzten Hintermänner.

Um das ganz verstehen zu können, muß man etwas in die Geschichte zurückgreifen. Die bolschewistische Revolution in Rußland war ganz zweifelsfrei eine der großen Wendemarken der Geschichte. Und sie ist auch ein Ereignis, über das falsche Informationen nur so sprießen. Die Mythendichter und die Geschichtsumschreiber haben ihre Sache gut gemacht. Heute glauben die meisten Leute, daß die Kommunisten in Rußland siegreich gewesen seien, weil es ihnen gelungen sei, die Unterstützung der Bauern zu gewinnen, die die Tyrannei des Zaren abschütteln wollte. Genau das war aber nicht der Fall.

Die meisten wissen zwar, daß sich die bolschewistische Revolution im November 1917 abspielte, aber nur wenige erinnern sich daran, daß der Zar schon sieben Monate zuvor abgedankt hatte. Nach dem Zusammenbruch der Monarchie des Zaren Nikolaus II. war vom Fürsten Lwow eine provisorische Regierung eingesetzt worden. Fürst Lwow wollte in Rußland eine Regierungsform nach dem Vorbild der amerikanischen Republik einführen. Er wurde aber leider ausmanövriert. An seine Stelle trat Alexander Kerenskij, der sich selbst als Marxist bezeichnete und behauptete, ein Gegner der Bolschewisten zu sein.

Zu der Zeit, als der Zar abdankte, und noch einige Monate danach, waren die späteren Führer der bolschewistischen Revolution, Lenin und Trotzkij, nicht einmal in Rußland. Lenin hielt sich in der Schweiz auf und war seit 1905 im Exil. Trotzkij war ebenfalls im Ausland und arbeitete als Reporter für eine kommunistische Zeitung in — wer möchte das für möglich halten — New York.

Trotzkij durfte mit einem amerikanischen Paß nach Rußland zurückkehren; Lenin wurde in dem berühmten plombierten Eisenbahnwagen heimlich quer durch Europa geschafft. Die beiden taten sich zusammen. Bis zum November

1917 hatten sie mit Hilfe von Bestechung, Betrug, Brutalität und Täuschung genug Schläger um sich versammelt und genug hinter den Kulissen gewirkt, um die Herrschaft über Petersburg an sich reißen zu können. Die Bolschewisten kamen also nicht an die Macht, weil die unterdrückten Massen in Rußland sie gerufen hatten, sondern weil sehr mächtige Männer in Europa und in den Vereinigten Staaten, darunter die Mitglieder der Familie Rockefeller, sie hingeschickt hatten.

Diese Tatsachen sind etwas unterdrückt worden. Das größte Geheimnis ist aber geblieben, daß die Finanzierung der Revolution während dieser ganzen Zeit von den Superkapitalisten im Westen, und vornehmlich in den Vereinigten Staaten, vorgenommen wurde.

Ein Buch mit äußerst genauen dokumentarischen Belegen zu diesem Thema ist von Antony Sutton, einem wissenschaftlichen Mitarbeiter der angesehenen Hoover Institution for War, Revolution and Peace an der Standford-Universität, zusammengestellt worden. Dieses Buch, mit dem Titel »Wall Street And The Bolshevik Revolution«, aus der Feder eines angesehenen und mit äußerster Sorgfalt arbeitenden Gelehrten, ist von den Massenmedien fast durchweg ignoriert worden. Die Frage nach dem »Warum?« zu beantworten, fällt nicht schwer. Sutton beschreibt die Szene so:

> . . . monopolistische Kontrolle der Industrie war ursprünglich das Ziel von J. P. Morgan und J. D. Rockefeller gewesen, und gegen Ende des 19. Jahrhunderts begriff man im Allerheiligsten der Wall Street, daß der erfolgreichste Weg zum Aufbau eines unangreifbaren Monopols darin bestand, in die Politik zu gehen und die Gesellschaft für die Monopolisten arbeiten zu lassen — indem man das öffentliche Wohl und das öffentliche Interesse vorschützte. Diese Strategie wurde 1906 von Frederick C. Howe in seinen »Confessions of a Monopolist« im einzelnen dargestellt. Howe spielt

übrigens auch eine Rolle in der Geschichte der bolschewistischen Revolution.

In seinem Buch erklärt Howe:

> Dies sind die Regeln des big business. Sie haben die Lehren unserer Eltern überlagert und lassen sich auf einen einfachen Lehrsatz reduzieren: Verschaff dir ein Monopol; laß die Gesellschaft für dich arbeiten; und denke daran, daß das beste Geschäft die Politik ist, denn ein Staatskredit, eine Konzession, eine Subvention oder eine Steuerbefreiung sind mehr wert als ein Erzbergwerk, weil es zu ihrer Ausbeutung keiner geistigen oder körperlichen Arbeit bedarf.

Sutton stellt dar, warum reiche Leute wie die Rockefellers mit den Kommunisten zusammenarbeiten und sie sogar finanzieren, obwohl sie angeblich darauf eingeschworen sind, sie unschädlich zu machen. Der aus Großbritannien stammende Gelehrte schreibt:

> . . . eine Barriere für ein volles Verständnis der jüngsten Geschichte ist die Vorstellung, daß alle Kapitalisten bittere und durch nichts zu erschütternde Feinde aller Marxisten und Sozialisten sind. Dieser irrige Gedanke kam mit Karl Marx auf und war ihm für seine Zwecke ohne Zweifel nützlich. In Wirklichkeit ist er aber unsinnig. Es gibt eine fortdauernde, wenn auch verborgene Allianz zwischen den internationalen politischen Kapitalisten und den internationalen revolutionären Sozialisten — zu beiderseitigem Nutzen.

Von Sutton können wir die Namen der Geheimleute erfahren, die die Verschwörung in Rußland mit Geld versehen haben. Wir wissen, daß keine Revolution ohne Organisation und Geld erfolgreich sein kann. Die unterdrückten Massen stellen von dem ersteren meist nur wenig und von dem letzteren gar nichts zur Verfügung. Die Rockefellers und ihre

Kohorten können beides liefern. In »The Surrender of An Empire« merkt die hervorragende britische Historikerin Nesta Webster dazu an:

> ... Wenn die Bolschewisten, so wie sie meist dargestellt werden, nur eine Bande von Revolutionären gewesen wären, die zuerst in Rußland und dann in allen anderen Ländern Eigentum zerstören wollten, würden sie sich selbstverständlich dem organisierten Widerstand von Eigentümern aus aller Welt gegenübergesehen haben, und das Feuer aus Moskau wäre schnell gelöscht gewesen. Nur dank des mächtigen Einflusses hinter ihr konnte diese Minderheitspartei die Zügel der Macht ergreifen und sie bis heute in der Hand behalten.

Sutton führt Beweise für diese mächtigen Einflüsse hinter dem Rücken der Kommunisten an und berichtet:

> Kurz gesagt, ist dies eine Geschichte der bolschewistischen Revolution und ihrer Folgen, aber eine Geschichte, die die gedankliche Zwangsjacke einer Gegnerschaft zwischen Kapitalisten und Kommunisten verläßt. Unsere Geschichte geht von einer Partnerschaft zwischen dem internationalen Monopolkapitalismus und dem internationalen revolutionären Sozialismus aus, die beiden Seiten nutzt. Den letzten Preis für diese Allianz haben der einzelne Russe und der einzelne Amerikaner zu zahlen. Das Unternehmertum ist in schlechten Ruf gebracht worden, und die Welt wurde als Folge dieser monopolistischen Manöver zwischen Politik und Revolution in nutzlose sozialistische Planerei hineingetrieben ...
>
> So lange wir alle internationalen Revolutionäre und alle internationalen Kapitalisten als unversöhnliche Feinde ansehen, übersehen wir einen wesentlichen Punkt — daß es nämlich in der Tat eine Zusammenarbeit zwischen den internationalen

Revolutionären und den internationalen Kapitalisten, unter Einschluß der Faschisten, gibt.

Sutton geht dann weiter und liefert Beweise für diese Zusammenarbeit. Die meisten von ihnen sind der Öffentlichkeit bekannt, und sie zeigen in überwältigender Deutlichkeit, daß internationale Bankkreise, darunter vor allem Morgan- und Rockefeller-Interessen, die Machtübernahme der Bolschewisten finanziert haben. Die Tausende von Fakten und Dokumente, die Sutton anführt, sind zu zahlreich, um hier auch nur erwähnt zu werden. Denjenigen, die an der Darstellung der ganzen Geschichte interessiert sind, empfehle ich dringend die Lektüre von Suttons Buch »Wall Street And The Bolshevik Revolution«.

Der Geschichtsforscher vom Hoover-Institut stellt die naheliegende Frage: Welches ist das Motiv hinter dieser Koalition zwischen Kapitalisten und Bolschewisten? Die Vorteile für die Kommunisten sind offensichtlich. Aber welchen möglichen Nutzen könnte eine solche Vereinigung für die Superkapitalisten im Westen haben?

Sutton verweist darauf, daß Rußland damals der größte unerschlossene Markt der Welt war und noch immer ist. Rußland ist außerdem seit eh und je der größte potentielle Konkurrent, der Amerikas industrielle und finanzielle Vorherrschaft bedroht. »Wall Street«, meint Sutton, »muß das kalte Grauen überfallen, wenn es daran denkt, daß Rußland ein zweiter industrieller Supergigant von amerikanischen Ausmaßen werden könnte.« Wenn man Rußland aber ein unproduktives Wirtschaftssystem auferlegte, damit es den Westen für fortgesetzte Bluttransfusionen an Kapital und Technologie zum Überleben braucht, dann kann es ausgebeutet und in Schach gehalten werden. Sutton schließt:

> Revolution und internationale Finanz sind keineswegs nicht miteinander vereinbar, wenn das Ergebnis die Aufrichtung von mehr zentralisierter Macht ist. Die internationale Finanz hat gerne mit Zentralregierungen zu tun. Eine Wirtschaft des

laissez-faire und der dezentralisierten Macht ist das letzte, was sich die Bankiers wünschen, denn sie würde zu einer Aufsplitterung der Macht führen.

Diese Erklärung entspricht den vorliegenden Beweisen. Jene Handvoll Bankiers und Wirtschaftler waren keine Bolschewisten oder Kommunisten oder Sozialisten oder Demokraten, nicht einmal Amerikaner. Was diese Männer vor allem wollten, waren Märkte, vorzugsweise in Fesseln liegende internationale Märkte — und ein Monopol auf dem gefesselten Weltmarkt als Endziel . . .

Wall Street hat wirklich dieses Ziel erreicht. Amerikanische Firmen, die von diesem Syndikat kontrolliert wurden, sollten später weitermachen und die Sowjetunion aufbauen, und heute sind sie auf dem besten Wege, den militärisch-industriellen Komplex der Sowjets in das Computer-Zeitalter hineinzuführen.

Natürlich geht es hier um viel mehr, als daß nur einfach Monopolisten neue, festgelegte Märkte suchen. Die gleichen Leute, die das Geld für die kommunistische Revolution in Rußland zur Verfügung stellten, sind auch diejenigen, die die marxistische progressive Einkommensteuer dem amerikanischen Mittelstand auferlegt haben, während sie sich selbst davor bewahrten. Die jahrzehntelange Tätigkeit dieser Superkapitalisten enthüllt, daß sie sich nicht nur zusammengetan haben, um Gewinne zu erzielen; ihre Verschwörung galt der Weltherrschaft!

Ohne Zweifel ist das alles für die Superkapitalisten eine angenehme und profitable Beigabe bei der Übernahme Rußlands gewesen. Es ist aber nur Teil eines größeren Bildes. Ebenso wie die Kartell-Kapitalisten arbeiten auch die Kommunisten auf eine Weltregierung hin. Auf diese Weise wird in dem konspirativen Apparat von oben und von unten gleichzeitig für die Weltregierung gearbeitet.

Bei der bolschewistischen Revolution begegnen wir einigen der reichsten und mächtigsten Männer der Welt, die eine Bewegung finanzieren, die behauptet, daß sie nur dazu da sei, solchen superreichen Kartell- und Bank-Kapitalisten wie den Rockefellers ihren Reichtum abzunehmen.

Ganz offensichtlich haben diese Leute aber keine Angst vor dem Kommunismus. Nachdem sie ihn finanziert haben und bereit, ja bemüht sind, mit ihm zusammenzuarbeiten, ist der einzige logische Schluß der, daß sie ihn kontrollieren. Gibt es sonst eine andere sinnvolle Erklärung? Denken Sie bitte daran, daß es für die Rockefellers und ihre Verbündeten seit über 100 Jahren stehende Regel ist, in jedem Konflikt beide Seiten zu kontrollieren.

Nachdem sie ihre Kolonie in Rußland begründet hatten, legten sich die Rockefellers und ihre Verbündeten stets mächtig dafür ins Zeug, um sie am Leben zu erhalten. Seit 1918 sind sie dabei, Geld und — was wahrscheinlich noch wesentlicher ist — technische Informationen in die Sowjetunion zu transferieren. Das wird klar in Antony Suttons dreibändigem Geschichtswerk »Western Technology and Soviet Economic Development« aufgezeigt. Zum größten Teil aus amtlichen Dokumenten des amerikanischen Außenministeriums weist Sutton zweifelsfrei nach, daß praktisch alles, was die Sowjets besitzen, im Westen, und zwar hauptsächlich aus Amerika, erworben worden ist. Es ist keine Übertreibung, wenn man sagt, die UdSSR sei »made in USA«. Niemand hat bisher auch nur den Versuch gemacht, Suttons beinahe übertrieben genaue Darstellung zu widerlegen. Man kann es einfach nicht. Aber die Desinformationsmaschinen, aus denen unser Medienreich besteht, können Sutton ignorieren. Und das tun sie auch. Vollständig.

Nichts von dem bisher Gesagten ergibt aber irgendeinen Sinn, wenn der Kommunismus tatsächlich das ist, als was er uns von den Kommunisten und dem Rockefeller-Establishment dargestellt wird. Wenn aber der Kommunismus ein Arm einer großen Verschwörung zur Kontrolle der Welt durch machtgierige Milliardäre (und hervorragende, aber skrupellose Akademiker, die ihnen gezeigt haben, wie man die Macht gebraucht) ist, dann wird das alles völlig logisch.

An diesem Punkt sollten wir uns erneut klar machen, daß diese Verschwörung nicht allein aus den Rockefellers und anderen Bankiers und internationalen Kartellisten besteht, sondern jedes Gebiet des menschlichen Strebens umfaßt. Angefangen mit Voltaire und Adam Weishaupt, über John Ruskin, Sidney Webb, Nicholas Murray Butler und weiter bis zu den heutigen Insidern wie Henry Kissinger und John Kenneth Galbraith sind es immer die Gelehrten gewesen, die nach den Wegen der Macht Ausschau gehalten und den Söhnen der Mächtigsten gezeigt haben, wie sie ihren Reichtum nutzen könnten, um die Welt zu beherrschen.

Wir können gar nicht genug unterstreichen, wie wichtig es für den Leser ist, sich stets vor Augen zu halten, daß in diesem Buch nur ein Teil der Verschwörung behandelt wird. Andere bedeutsame Entwicklungen, bei denen soziale, religiöse und rassische Auseinandersetzungen angeheizt werden, um den Sozialismus zu fördern, sind in zahlreichen anderen Büchern geschildert worden. Diese anderen Teile der Verschwörung sind oft unabhängig von den Rockefellers und anderen internationalen Bankiers wirksam, und es wäre bestimmt sehr gefährlich, wenn man die Gefahr unterschätzen würde, die von ihnen für die Freiheit ausgeht.

Ebenso gefährlich würde es sein, gleicherweise alle Geschäftsleute und Bankiers der Verschwörung zuzurechnen. Zwischen dem freien Unternehmertum und Wettbewerb, dem moralischsten und produktivsten System, das je erfunden wurde, und dem Kartellkapitalismus, der von den Monopolindustriellen und den internationalen Bankiers beherrscht wird, muß eine Trennungslinie gezogen werden. Der Unterschied ist entscheidend: Der private Unternehmer ist tätig, indem er auf einem freien Wettbewerbsmarkt Waren und Dienstleistungen anbietet, unter denen die Verbraucher freie Auswahl haben, während die Kartellkapitalisten sich die

Regierung dienstbar machen, um die Öffentlichkeit zum Handel mit ihnen zu zwingen. Diese korporierten Sozialisten-Faschisten sind die Todfeinde des freien Unternehmertums und Wettbewerbs.

Liberale sind bereit zu glauben, daß die Rockefellers Preise fixen, Märkte präparieren, Monopole errichten, Politiker kaufen, Angestellte ausbeuten und sie einen Tag vor dem Erwerb der Pensionsanwartschaft hinauswerfen, aber sie wollen absolut nicht glauben, daß die gleichen Leute den Wunsch haben könnten, die Welt zu beherrschen oder den Kommunismus als Werkzeug ihrer Verschwörung benutzen könnten. Wenn man die Machenschaften der Rockefellers und ihrer Verbündeten mit Liberalen bespricht, dann bekommt man meist die Antwort: »Aber, glauben Sie nicht, daß ihre Zielsetzung gut ist?«

Wenn man aber die Beweise sorgfältig zusammenträgt und vorlegt und versucht, die Machtgier dieser Menschen zu enthüllen, dann fallen die Massenmedien des Establishments über einen her und erregen sich über den gefährlichen Wahnsinnigen, der das Volk spalten will. Wenn es um andere Dinge geht, dann finden sie Meinungsverschiedenheiten natürlich begrüßenswert, weil sie für eine Demokratie gesund seien.

Die Rockefeller-CFR-Insider hatten schon bald nach der Revolution damit begonnen, das kommunistische Rußland für den amerikanischen Handel zu erschließen. Die öffentliche Meinung war damals allerdings so scharf gegen die Bolschewisten und ihr barbarisches Auftreten eingestellt, daß die amerikanische Regierung offiziell keine Beziehungen zu dem Regime der Umstürzler aufnahm. Tatsächlich wurde das bolschewistische Regime von den Vereinigten Staaten erst 1933 anerkannt.

Zur Rettung aber kamen die Superkapitalisten des Westens — Männer wie die Vanderlips, die Harrimans und die Rockefellers. Einer der ersten, die sich auf den Weg machten, war Frank Vanderlip, ein Agent der Rockefellers und Präsident von Rockefellers First National City Bank, der einmal Lenin mit George Washington gleichgesetzt hatte.

Vor der bolschewistischen Revolution hatte Rußland die Vereinigten Staaten als größter Erdölförderer der Welt überholt. Das Chaos und die Zerstörungen im Verlauf des Bürgerkrieges schalteten die russische Konkurrenz für Standard Oil mehrere Jahre lang aus — bis Standard selbst an Ort und Stelle erscheinen und sich ein Stück vom russischen Ölgeschäft sichern konnte.

Im Jahre 1926 schlossen die Standard Oil of New York und ihre Tochter Vacuum Oil Company einen Vertrag, nach dem sie sowjetisches Öl in anderen europäischen Ländern anbieten konnten. Ein Teil des Preises, der für diese Abmachung gezahlt wurde, war nach Berichten aus der damaligen Zeit ein Kredit von 75 Millionen Dollar für die Bolschewisten. Im Jahre 1927 baute der geheime Geschäftspartner der Russen, Standard Oil of New York, eine Ölraffinerie in der Sowjetunion. Diese Anlage leistete einen unermeßlichen Beitrag, um die sowjetische Wirtschaft wieder auf die Füße zu stellen. Professor Sutton schreibt: »Das war die erste amerikanische Investition in Rußland seit der Revolution.« (Wir haben übrigens nicht herausfinden können, ob Standard Oil von den Kommunisten enteignet worden ist, und sei es auch nur theoretisch.)

Es ist möglich, daß die Rockefellers immer noch über Anlagen der Ölindustrie hinter dem Eisernen Vorhang verfügen und den Gewinn über die Schweiz herausholen. Dabei würden sie die Beute nicht einmal mit anderen Aktionären oder dem Finanzamt zu teilen haben.

Wo Standard Oil hingeht, da folgt die Chase National Bank (so hieß sie damals noch). Um die Bolschewisten zu retten, die angeblich die Erzfeinde der profitgierigen Geschäftsleute sind, begründete die Chase National Bank 1922 die Amerikanisch-Russische Handelskammer mit. Präsident der Kammer wurde Reeve Schley, ein Vizepräsident der Chase National Bank. Darüber heißt es bei Professor Sutton:

> Im Jahre 1925 griffen die Verhandlungen zwischen Chase und der Prom-Bank über die Finanzierung von Rohstofflieferungen hinaus und führten zur Aufstellung eines ganzen Programms für die Finanzierung sowjetischer Rohstofflieferungen in die Vereinigten Staaten und die Einfuhr von Baumwolle und Maschinen aus den USA . . . Die Chase National Bank und die Equitable Trust Company waren die Führer im Geschäft mit den Krediten für die Sowjets.

Rockefellers Chase National Bank war auch an dem Verkauf bolschewistischer Schuldverschreibungen in den Vereinigten Staaten im Jahre 1928 beteiligt. Patriotische Organisationen beschuldigten Chase der internationalen Hehlerei. Chase wurde als »Schande für Amerika« hingestellt. »Für ein paar Dollar Gewinn würden sie alles tun«, hieß es.

Der Abgeordnete Louis McFadden, Vorsitzender des Banken-Ausschusses des Repräsentantenhauses, erklärte:

> Die sowjetische Regierung hat Schatzbriefe der Vereinigten Staaten über das Bundesreserveamt und die Bundesreservebanken erhalten, die über die Chase Bank und die Guaranty Trust Company sowie andere Banken in New York tätig wurden . . .
>
> . . . Öffnen Sie die Bücher von Amtorg, der Handelsorganisation der sowjetischen Regierung in New York, und von Gostorg, dem Zentralbüro der sowjetischen Handelsorganisation, und der Staatsbank der Union der Sozialistischen Sowjetrepubliken, und Sie werden erschüttert sein, wenn Sie sehen, wieviel amerikanisches Geld aus dem Schatzamt der Vereinigten Staaten zum Wohle Rußlands entnommen worden ist. Entdecken Sie,

wieviele Geschäfte für die Staatsbank Sowjetrußlands über ihre Vertreterin, die Chase Bank in New York, abgewickelt worden sind.

In seinem dreibändigen Geschichtswerk über die technologische Entwicklung in der Sowjetunion weist Professor Sutton schlüssig nach, daß es kaum ein Gebiet in der sowjetischen Wirtschaft gibt, das nicht auf den Transfer westlicher, und insbesondere amerikanischer, Technologie zurückgeht.

Das kann nicht rein zufällig geschehen sein. Denn seit fünfzig Jahren propagiert und realisiert die CFR-Rockefeller-Gruppe eine Politik, die darauf abzielt, die Macht ihres Satelliten, der Sowjetunion, zu mehren. Unterdessen gibt Amerika 90 Milliarden Dollar im Jahr für die Verteidigung aus, um sich vor einem Feind zu schützen, den die Insider aufbauen.

Das gilt für heute noch mehr als in der Vergangenheit. An der Spitze der Bewegung, die dafür eintritt, technisches Wissen weiterzugeben und die Hilfe für die Kommunisten sowie den Handel mit ihnen zu verstärken, marschieren die Rockefellers und der Rat für Auswärtige Beziehungen. Den Takt gibt dabei David Rockefeller an.

Die meisten Amerikaner betrachten Nelson Rockefeller als wichtigstes Mitglied der Familie Rockefeller. Schließlich ist er der (ungewählte) Vizepräsident der Vereinigten Staaten. Seit 1960 ist er ständiger Bewerber um das Präsidentenamt. Nelson Rockefeller ist ein impulsiver, extrovertierter Mensch, der es gerne hat, im Blickpunkt der Öffentlichkeit zu stehen. Dementsprechend ist er viel mehr bekannt als seine Brüder. Aber Bekanntheit allein ist noch kein Maßstab für Macht.

Beobachter des Eastern Establishments wissen genau, daß zwar über Nelson geschrieben wird, der kleine Bruder David aber derjenige ist, der die Macht ausübt. »Von ihm ist gesagt worden«, so berichtet »Time«, »daß für ihn, als De-facto-Chef des American Establishment, das Präsidentenamt eine Degradierung sein würde.« Ähnlich hieß es in der »New

York Times«: »Er ist zu einem Ansehen gelangt, daß er als Sprecher des aufgeklärten amerikanischen Kapitalismus angesehen wird.« Für die »New Yorker Times« bedeutet aufgeklärter amerikanischer Kapitalismus natürlich staatliche Planung in praktisch jedem Bereich der amerikanischen Wirtschaft, umfangreiche Transfer amerikanischer Technologie an die Kommunisten, die Internationalisierung der amerikanischen Außenwirtschaft durch multinationale Holdinggesellschaften und die Einsetzung einer Weltregierung.

1964 saßen David Rockefeller und Nikita Chruschtschow in Moskau zweieinhalb Stunden zusammen. Am 12. September 1964 berichtete die »Chicago Tribune«:

> David Rockefeller . . . unterrichtete Präsident Johnson über sein kürzliches Treffen mit Ministerpräsident Nikita S. Chruschtschow in Rußland . . . Der rote Führer sagte, die Vereinigten Staaten und die Sowjetunion »sollten mehr Handel miteinander treiben«. Nach dem Bericht Rockefellers sagte Chruschtschow, er würde es gerne sehen, wenn die Vereinigten Staaten den Russen langfristige Kredite gewähren würden.

Das Treffen zwischen Rockefeller und Chruschtschow lag um diese Zeit schon zwei Monate zurück. Es hatte im Juli stattgefunden. Anscheinend waren irgendwelche Schwierigkeiten aufgetreten, die nicht überwunden worden waren, bis der Präsident im September eingeschaltet wurde. Nach einem Monat war Chruschtschow abgesetzt. David Rockefeller traf sich bald darauf mit seinem Nachfolger am Schwarzen Meer, und im Oktober 1966 verkündete Lyndon B. Johnson seine neue Politik des Brückenbaus nach Osteuropa. Das war um die gleiche Zeit, als die Kommunisten den Vietnamkrieg verschärften und fast das ganze dafür benötigte Kriegsmaterial aus den Munitionsfabriken Osteuropas kam. Es erschien in politischer Hinsicht unglaublich, daß Johnson eine solche Politik vorschlagen könnte, während amerikanische Soldaten mit Munition und Waffen aus dem kommunistischen Block getötet und verstümmelt wurden. Es wäre aber dennoch überraschend gewesen, wenn man nicht den Machenschaften David Rockefellers gefolgt wäre.

Am 7. Oktober 1966 erklärte Präsident Johnson, ein Mann, der praktisch jede strategische Position mit einem CFR-Mitglied besetzt hatte:

> Wir wollen auf die Ermächtigung dringen, Handelsverträge abzuschließen, die die europäischen kommunistischen Staaten in die Anwendung der Meistbegünstigungsklausel einbeziehen würden . . . Wir werden die Exportkontrollen für Hunderte von nichtkriegswichtigen Gütern im Ost-West-Handel abbauen . . .

Sechs Tage später berichtete die »New York Times«:

> Die Vereinigten Staaten haben heute einen von Präsident Johnsons Vorschlägen für die Belebung des Ost-West-Handels in die Tat umgesetzt, indem sie die Beschränkungen für die Ausfuhr von mehr als 400 Waren in die Sowjetunion und nach Osteuropa aufgehoben haben . . .
>
> Unter den Warengruppen, die für die Exporterleichterungen ausgewählt worden sind, befinden sich Gemüse, Getreide, Futtergetreide, Häute, Rohkautschuk, Kautschukerzeugnisse, Holzschliff und Altpapier, Textilien und Textilfasern, Rohmaterialien für die Düngerherstellung, Metallerze, Metallschrott, Erdöl, Benzin und daraus gefertigte Erzeugnisse, chemische Verbindungen und deren Erzeugnisse, Farben, Medikamente, Feuerwerkskörper, Reinigungsmittel, Kunststofferzeugnisse, Metallwaren und Maschinen sowie wissenschaftliche und andere Instrumente.

Praktisch jede dieser »nichtkriegswichtigen« Waren kann direkt oder indirekt in einem Kriege verwendet werden. Später wurden auch solche Warengruppen wie Waffenreinigungsgeräte, elektronische Ausrüstung, Computer und Radaranlagen als »nichtkriegswichtig« erklärt und für die Lieferung in die Sowjetunion freigegeben. Der Kongreß zog zwar den Strich, daß kein »strategisches« Material an die Roten gehen sollte, aber der Trick war, daß einfach fast alles die Bezeichnung »non-strategic« (nichtkriegswichtig) erhielt. So ist ein Maschinengewehr zwar kriegswichtig, die Werkzeugmaschinen zu seiner Herstellung und die Chemikalien, mit denen seine Patrone gefüllt werden aber sind »nichtkriegswichtig«.

Der Vietcong und die Nordvietnamesen erhielten 85 Prozent ihres Kriegsmaterials aus Rußland und den Nationen des Sowjetblocks. Da deren Wirtschaft nicht in der Lage ist, einen Krieg durchzuhalten, benötigte der kommunistische Arm der Verschwörung Hilfe von dem finanzkapitalistischen Arm. So finanzierten und rüsteten die Vereinigten Staaten im Vietnam-Krieg, in dem schätzungsweise fast 55 000 unserer Soldaten gefallen sind, beide Seiten aus. Auch in diesem Fall haben es die Massenmedien verhindert, daß die amerikanische Öffentlichkeit die entsetzliche Wahrheit erfuhr.

Es ist nicht überraschend, daß die Rockefellers mit zu den führenden Persönlichkeiten bei diesem blutigen Handel gehört haben. Am 16. Januar 1967 erschien auf der Frontseite der »New York Times« einer der unglaublichsten Artikel, die je in einer Zeitung gedruckt worden sind. Unter der Überschrift »Eaton mit Rockefellers für mehr Handel mit den Roten« hieß es dort:

> Eine Allianz von Familienvermögen, in der sich Wall Street und der Mittlere Westen zusammentun, will versuchen, wirtschaftliche Brücken zwischen der freien Welt und dem kommunistischen Europa zu bauen.
>
> The International Basic Economy Corporation, die von den Gebrüdern Rockefeller kontrolliert wird, und die Tower International, Inc., unter der Leitung des Finanziers Cyrus S. Eaton, Jr., aus Cleveland, wollen bei der Förderung des Handels

mit den Ländern hinter dem Eisernen Vorhang, einschließlich der Sowjetunion, zusammenarbeiten ...

Die International Basic Economy Corporation (IBEC) wird von Richard Aldrich, dem Enkel des Bundesreserveerfinders Nelson Aldrich, und Rodman Rockefeller (CFR), Rocky's Sohn, geleitet. Am 20. Oktober 1969 gab die IBEC bekannt, daß N. M. Rothschild & Sons, London, als Partner in das Geschäft eingetreten seien.

Cyrus Eaton, Jr., ist der Sohn des als Sowjetfreund bekanntgewordenen Cyrus Eaton, der seine Karriere als Sekretär von John D. Rockefeller begonnen hatte. Man nimmt an, daß Eatons Aufstieg zum Finanzmächtigen mit dem Rückhalt seines Mentors erfolgte. So gesehen stellt das Übereinkommen zwischen Tower International und IBEC nur die Fortführung eines alten Bündnisses dar. Eatons Name erscheint zwar nicht in der Mitgliederliste des CFR, aber der Reece-Ausschuß, der 1953 für den Kongreß die Stiftungen untersuchte, stellte fest, daß der alte Sowjetfreund ein geheimes Mitglied war.

Unter den nichtkriegswichtigen Anlagen, die die Rockefeller-Eaton-Vereinigung für die Kommunisten bauen will, sind zehn Gummiwarenfabriken und eine Aluminiumhütte für 50 Millionen Dollar. (Aluminium für Düsenflugzeuge wird von den Regierungen unter Johnson, Nixon und Ford als nichtkriegswichtig eingestuft.)

Noch unglaublicher ist, was die »Times« enthüllt:

> Im vergangenen Monat erzielte Tower ein vorläufiges Abkommen mit der sowjetischen Organisation für Patente und Lizenzen, Lizenzintorg, über künftige Lizenz- und Patentübertragungen. Bisher haben die Russen, wie Eaton sagt, den Kauf und Verkauf von Lizenzen und Patenten der Handelsorganisation Amtorg, der amtlichen sowjetischen Agentur zur Förderung des sowjetisch-amerikanischen Handels in unserem Lande, überlassen.

Das bedeutet, daß die Rockefellers und die Eatons ein Monopol auf die Weitergabe von technologischer Kapazität an die vermeintlichen Feinde der Superreichen, die Sowjetunion, haben. Wieder die »Times«:

> Eaton erkannte die Schwierigkeiten an, die die Vertreter der Amtorg gehabt haben, wenn sie versuchten, Lizenzabkommen mit amerikanischen Firmen zu treffen. »Wie Sie sich vorstellen können«, sagte er, »ist es für einen Russen nahezu unmöglich, in die Forschungsabteilung einer amerikanischen Luft- und Raumfahrtfirma zu gehen und dort zu versuchen, ein Patent zu kaufen.«

Wahrscheinlich wird jeder loyale Amerikaner sich selbst sagen: »Also, ich danke Gott dafür, daß die Sowjets nicht in unsere Rüstungsfirmen hineingehen und Patente kaufen können.« Die Rockefellers und die Eatons haben jetzt dieses Problem für die Kommunisten gelöst. Statt mit einer amtlichen Dienststelle der sowjetischen Regierung, werden die amerikanischen Konzerne es jetzt mit den Rockefellers zu tun haben. Man kann sich vorstellen, wieviele Türen damit für die Kommunisten aufgehen!

Mit dem Einkauf von Patenten für die Kommunisten sind die Rockefellers praktisch mit der Aufgabe betraut worden, Forschung und Entwicklung für die sowjetische Militärmaschinerie zu betreiben. Ihr Ziel ist es, die Sowjets in die Lage zu versetzen, amerikanische Erzeugnisse in Massenproduktion herzustellen. Und dazu müssen wir unterstreichen, daß der Transfer derartiger technischer Kenntnisse noch wichtiger ist als der Verkauf von Waffen. Munition wird einmal gebraucht, dann ist sie weg. Waffen gehen entzwei, Fahrzeuge brauchen Ersatzteile, und komplizierte Rüstungsgüter lassen sich nicht leicht in einer rückständigen Wirtschaft herstellen, gleichgültig, wieviele Arbeitskräfte zur Verfügung stehen.

Für den Handel gingen die Türen unter der Regierung von Präsident Johnson auf. Aber mit dem Anbruch der Ent-

Das Watergate-Unternehmen, der Staatsstreich, mit dem Präsident Nixon aus dem Weißen Haus entfernt wurde, war das Werk der beiden Rockefeller-Agenten, die oben abgebildet sind. Es ist mittlerweile bekannt, daß Henry Kissinger (links) in erster Linie für die Aufstellung der Klempnergruppe verantwortlich war, während General Alexander Haig (rechts) sicherstellte, daß die am meisten inkriminierenden Abschnitte der Tonbänder schon vorher dem Mann übergeben wurden, der die Untersuchung gegen seinen Vorgesetzten führte. Zusammen haben diese beiden Männer den verbitterten und niedergeschlagenen Nixon zum Rücktritt gezwungen und damit den Weg geebnet, auf dem Rockefeller in das Weiße Haus gelangen konnte — ohne die Wahl, die Rocky mit Sicherheit verlieren würde.

spannung in der Nixon-Kissinger-Ära wurden die amerikanischen Fabriken und Forschungsinstitute für die roten Händler endgültig zu Häusern der offenen Tür. Entwicklungen, an denen amerikanische Firmen vielleicht ein Jahrzehnt gearbeitet haben, gehen jetzt fix und fertig in den Besitz der Kommunisten über. Hat das noch einen Sinn, jährlich 90 Milliarden Dollar für die Landesverteidigung aufzuwenden und dann vorsätzlich das Kriegspotential eines eingeschworenen Feindes zu erhöhen? Für Rockefeller und die Insider ist das der Fall.

Da die Rockefellers jetzt ein Exklusivabkommen für die Belieferung der Sowjets mit amerikanischen Patenten haben, sind sie nach der Definition des Konversationslexikons Agenten der großen roten Maschine geworden. Selbstverständlich sind sie die bedeutendsten kommunistischen Agenten, die es je gegeben hat. Oder würde es vielleicht mehr den Tatsachen entsprechen, wenn man die Kommunisten als Agenten der Rockefellers bezeichnen würde?

Zunehmende Bedeutung als Werkzeug zur Ausplünderung Amerikas durch die Rockefellers und ihre Kohorten hat die Export-Import-Bank, bekannt als die Eximbank. Sie ist 1934 zur Finanzierung und Förderung des Handels mit der Sowjetunion eingerichtet worden. Aber erst nachdem Präsident Nixon am 18. Oktober 1972 eine entsprechende Verfügung unterzeichnet hatte, begann die Eximbank damit, den Handel mit den Sowjets zu finanzieren.

Das Verfahren, nach dem die Eximbank arbeitet, ist recht einfach. Ein Exporteur in den Vereinigten Staaten geht zu seiner Bank, die das Nötige veranlaßt, damit die Eximbank dem ausländischen Käufer Geld leiht. Die Eximbank gibt dann einen Kredit an die amerikanische Bank, die den Exporteur auszahlt. So erhält der Exporteur sofort sein Geld, die amerikanische Bank hat bei dem Geschäft ihren Gewinn gemacht, und der ausländische Importeur bekommt einen subventionierten Zinssatz eingeräumt.

Wer kommt für die Zinssubvention auf? Die Frage danach erübrigt sich. Der amerikanische Steuerzahler bezahlt auf dem Weg über Darlehen des Schatzamtes an die Eximbank. Während sich die meisten Amerikaner glücklich schätzen, wenn es ihnen gelingt, Geld zu weniger als 12 Prozent Jahreszinsen zu leihen, gibt die Eximbank ihre Kredite an Ausländer zu sechs Prozent. Die Differenz ist eine Subvention in Höhe von vier Prozent für jeden Ausländer, der unsere Ware kauft.

Und was passiert, wenn der ausländische Käufer nicht zahlt? Dann Auf Wiedersehen, Adios, Sayonara! Wenn der Gast das Lokal verläßt ohne zu zahlen, ergreift der Ober den Arm des amerikanischen Steuerzahlers, und er bekommt wieder die Rechnung in die Hand gedrückt. Ist das nicht schön, in einem Geschäft zu sein, wo einem die Regierung den Preis für alle verkauften Waren zahlt und die Verantwortung dafür übernimmt, daß alle offenen Rechnungen eingetrieben werden? Dazu bemerkt der verstorbene General Tomas Lane:

> Bei diesem System kann der amerikanische Exporteur nichts verlieren, wenn er an faule Kunden liefert. Die amerikanische Handelsbank kann auch nichts verlieren. Bei unserem auf Gewinn ausgerichteten System ergibt sich daraus die Neigung, jedem Waren zu verkaufen, der bereit ist, einen Kreditantrag zu unterzeichnen, den man in der Eximbank durchbringen kann. Unverantwortliches Verhalten wird belohnt ...
>
> Nach einer alten Regel ist öffentliches Geld niemandes Geld. In dem Maße, in dem das Gefühl des Verantwortungsbewußtseins des Bürgers nachläßt, wird das öffentliche Geld mehr und mehr zum privaten Vorteil (oft der Rockefellers) eingesetzt.

Ebenso wie andere freie Unternehmungen fördern wir auch den freien Handel. Wenn aber amerikanische Exporteure vom Steuerzahler verlangen, daß er das Risiko übernehmen soll, während sie einen garantierten Gewinn machen, dann ist das nicht Handel, sondern Plünderung. Das ist dann so, als wenn Sie Automobilhändler mit einem Exklusivvertrag für den Verkauf von Cadillacs in Tschad wären und dafür eine Garantie hätten, daß der amerikanische Steuerzahler alle Raten zahlen würde, mit denen die Tschadis im Rückstand bleiben. Natürlich könnten Sie bei dieser Konstruktion viele Wagen verkaufen. Sie könnten praktisch alle Cadillacs, die General Motors nur herstellen kann, in Tschad an den Mann bringen. Und ob der Kunde dann den Wagen auch bezahlt, das brauchte Sie überhaupt nicht zu kümmern.

Kurz nach der Gipfelkonferenz vom Mai 1972 in Moskau begann die Regierung Nixon damit, auf eine Erweiterung der Kreditfazilitäten hinzuarbeiten, die der amerikanische Steuerzahler den Sowjets direkt einräumt. Bestandteil der von Nixon und Kissinger betriebenen Entspannung sollte sein, daß der Kongreß den Bolschewisten den Zollvorteil der Meistbegünstigungsklausel einzuräumen und die Eximbank Kredite für den Transfer jüngster amerikanischer Technologien an Rußland und für die Entwicklung der sowjetischen Energiequellen gewährt. Eine UPI-Meldung vom 17. Juli 1973 gibt die Begründung wieder, die David Rockefeller dafür hatte:

> David Rockefeller, Vorstandsvorsitzer der Chase Manhattan Bank, ersuchte den Kongreß am Dienstag, der Sowjetunion den Meistbegünstigungsstatus einzuräumen, um, wie er zur Begründung erläuterte, damit einen Beitrag zur Verlangsamung des Wettrüstens zu leisten. »Der Wunsch der Sowjets, den Westhandel sowie westliche Kreditmittel und westliche Technologie zur Stärkung ihrer Wirtschaft einzusetzen, lasse die Hoffnung aufkommen, daß sie ihren militärischen Programmen eine weniger hohe Priorität einräumten«, erklärte

Rockefeller. »Wir haben das Wettrüsten (bisher) nicht gestoppt, indem wir ihnen Exporte vorenthielten«, sagte er.

Einer Versammlung in Rom berichtete David, daß er vorhabe, den Eisernen Vorhang durch eine Schaufensterscheibe zu ersetzen. Mit seinen Worten: »Bessere Nachrichtenverbindungen und dann besseres Verständnis durch mehr Handel sind Bestandteile des Weltfriedens.« Ebenso wie der Metallschrott, den wir vor Peal Harbor an Japan verkauften, dazu beigetragen hat, den Frieden zu bringen!

Bisher ist die Meistbegünstigungsklausel der Sowjetunion vom Kongreß noch nicht eingeräumt worden, weil bekannt geworden ist, daß die sowjetische Regierung den Juden die Ausreise nach Israel verweigert. Aber die Schleusentore für Kredite sind geöffnet worden. Einer der Rechtsberater der Eximbank hat die Direktoren unter dem Druck von Präsident Nixon und Außenminister Kissinger dahin gebracht, daß sie auch fragwürdige Kredite an die Roten genehmigen.

Im Zuge dieser massiven Bemühungen, die kommunistische Wirtschaft durch Plünderung der Vereinigten Staaten auf Kredit aufzubauen, hat Richard Nixon William Casey zum Präsidenten der Export-Import-Bank ernannt. Casey, Mitglied des von Rockefeller kontrollierten CFR, ist der richtige Mann für die Aufgabe, an die Kissinger und die Rockefellers denken. Als Teilziel seiner Förderung des Handels mit den Kommunisten nannte er im Jahre 1974 in einem Vortrag vor der Gesellschaft der amerikanischen Wirtschaftsjournalisten:

> Zur Verwirklichung dieses lebenswichtigen Aspektes unserer allgemeinen Außenpolitik, sind die Botschafter in den kommunistischen Ländern angewiesen worden, die Handelsförderung auf ihren Prioritätenlisten an die erste Stelle zu setzen. In naher Zukunft werden wir die Zahl der Angestellten des Außenministeriums, die mit kommerziellen Auf-

gaben in der UdSSR, Osteuropa und China tätig sind, verdoppelt haben.

Natürlich sind die Kommunisten begeistert, wenn ihnen die amerikanischen Superkapitalisten Fabriken bauen, solange der amerikanische Steuerzahler damit einverstanden ist, die Rechnung zu bezahlen, wenn die Kommunisten ihren Verpflichtungen nicht nachkommen. Das ist wahre Auslandshilfe!

Das erste der Großprojekte, mit denen wir unsere Währung aufblähen, um es auf Kredit für unsere bolschewistischen Brüder bauen zu können, ist das Werk an der Kama, das die größte Lastwagenfabrik der Welt werden soll. Bitte, erwähnen Sie dabei nicht, daß Lastwagen in der Neuzeit das Rückgrat für militärische Operationen darstellen und daß bei Ausbruch eines offenen Krieges Lastwagenfabriken schnell auf den Bau von Panzern umgestellt werden können. Die Liberalen könnten das übelnehmen.

Das Werk an der Kama wird jährlich 150 000 schwere Lastwagen und 150 000 schwere Lastwagenmotoren herstellen. Das ist mehr als alle Fabriken in den Vereinigten Staaten zusammen an schweren Lastwagen im Jahr bauen. Der Komplex wird von einer Abteilung der Pullman Company bei Kosten von zwei Milliarden Dollar errichtet. Die Sowjets werden zehn Prozent der Projektkosten aufbringen, während David Rockefellers Chase Manhattan Bank und die Export-Import-Bank je 45 Prozent vorstrecken.

Nach den normalen Kreditbedingungen bei Exim muß nach drei bis fünf Jahren, spätestens nach sieben Jahren, mit der Rückzahlung begonnen werden. In diesem Fall soll die Kreditrückzahlung nach zwölf Jahren anlaufen, wobei noch eine Nachfrist von viereinhalb Jahren zugestanden werden kann. Das heißt, es kann sechzehneinhalb Jahre dauern, bis, wenn überhaupt, die erste Zahlung erfolgt! Solche Bedingungen würde sich mancher amerikanische Geschäftsmann wünschen . . . zu sechs Prozent Zinsen.

Und was passiert nun, wenn die Genossen nicht zahlen? Schließen wir dann die Fabrik und übernehmen sie wieder in eigenen Besitz? Das ist ungefähr dasselbe, als wenn man versuchen würde, Bananen in Minnesota anzubauen. Der deutsche Industriegigant Krupp brach als Folge seiner Kreditgewährung an die Sowjets beinahe zusammen. Er mußte vom Staat ausgelöst werden.

Aber Sie werden sagen, David Rockefeller, der geriebenste und mächtigste Bankier der Welt, würde das Geld von Chase Manhattan nicht aufs Spiel setzen, wenn er der Rückzahlung nicht sicher wäre. Stimmt! David weiß, daß er sein Geld zurückbekommt. Der Chase-Kredit wird vom amerikanischen Steuerzahler über andere Regierungsstellen garantiert, nämlich die Overseas Private Investment Corporation und die Foreign Credit Insurance Association. Der amerikanische Steuerzahler steht mit jedem Pfennig der in Frage kommenden Summen in der Kreide. Ebenso wie bei den Eximbank-Krediten, garantieren OPIC und FCIA den »Geschäftsleuten« einen Gewinn, gleichgültig, wie faul das Geschäft ausgeht. Wir geben also den Sowjets eine Lastwagenfabrik für zwei Milliarden Dollar und versichern die Rockefellers dafür mit dieser Summe.

Das Kama-Projekt war der Auslöser für eine ganze Reihe von solchen Plünderungszügen. Einer dieser Kredite lautet über 36 Millionen Dollar und soll zum Bau und zur Einrichtung eines internationalen Handelszentrums in Moskau beitragen. An diesem Vorhaben — ebenfalls mit Steuerzahler-Geld voll abgesichert — sind die Chase Manhattan und die Bank of America gemeinsam beteiligt. Arrangiert wurde es von Armand Hammer von Occidental Petroleum, einem persönlichen Freund Lenins und Sohn eines der Begründer der Kommunistischen Partei der USA, und gebaut soll das riesige Handelszentrum von der Bechtel Corporation werden. Genosse Hammer und seine Occidental Petroleum haben außerdem noch ein riesiges Erdgasgeschäft mit den Sowjets auf der Pfanne. Darüber der frühere Eximbank-Chef Henry Kearns:

> Für ein vorgeschlagenes Erdgas-Entwicklungsprojekt in Sibirien, das die Sowjets gerne in Angriff nehmen möchten, wird ein Eximbank-Kredit in Höhe von 1,5 Milliarden Dollar benötigt — mehr, als die Bank irgendeinem anderen Kunden gewährt hat. Die Sowjetunion hat bereits Exim-Kredite in Höhe von rund 350 Millionen Dollar bekommen, ohne daß die Bedingungen dafür bekannt geworden sind.

Die Regierung Nixon-Kissinger mußte Millionen in Form von Papiergeld in unsere Wirtschaft pumpen und damit die Inflation in die Höhe treiben, um der Sowjetunion 180 Millionen Dollar zu sechs Prozent Zinsen leihen zu können.

Dieses Geschäft sieht die Errichtung einer in den Vereinigten Staaten hergestellten Düngemittelfabrik auf einem Bauplatz in der Sowjetunion vor. Das spielt sich übrigens zu einer Zeit ab, in der in den Vereinigten Staaten Düngemittel in ernster Weise verknappt sind. Die Ernten in unserem Lande werden durch diese Knappheit begrenzt, aber unsere Regierung ist entschlossen, den Genossen auf unsere Kosten zu helfen, indem uns die Anlagen weggenommen werden, die wir brauchen würden, um die dringend benötigte Fabrik selbst zu bauen.

Die Kosten für die russische Düngemittelfabrik werden sich auf 400 Millionen Dollar belaufen. Davon wird die Sowjetunion 40 Millionen Dollar — gerade zehn Prozent — aufbringen. Der gesamte Rest wird aus den Vereinigten Staaten kommen.

Zusätzlich zu dem Kredit der Export-Import-Bank, für den bereits eine vorläufige Zusage vorliegt, werden private amerikanische Banken weitere 180 Millionen Dollar leihen — aber zu einem realistischen Zinssatz von 10 bis 12 Prozent. Der amerikanische Steuerzahler subventioniert also den von der Export-Import-Bank beigesteuerten Teilkredit. Diese

Subvention kann ihn zwischen 50 und 75 Millionen Dollar an entgangenen Zinsen während der 12jährigen Laufzeit des Darlehens kosten.

»Die Sowjetunion ist der letzte große, noch nicht entwickelte Markt für die Vereinigten Staaten«, sagt Alfred R. Wentworth, Erster Vizepräsident der Chase Manhattan Bank und Leiter des von Chase vor kurzem in Moskau eröffneten Büros. »Er öffnet sich jetzt, und unsere Bank möchte an den vielen Möglichkeiten, die sich dabei bieten, teilhaben.«

Damit keine Mißverständnisse aufkommen, hat die Chase Manhattan Bank in den großen Zeitungen im ganzen Lande Anzeigen eingerückt. In ihnen hieß es: »Jetzt können Sie Bankinformationen über die sich entwickelnden Geschäftsbeziehungen mit der Sowjetunion direkt von unserem Moskauer Büro bekommen . . . Zusätzlich zu unserem Moskauer Büro haben wir ein weiteres Büro in Wien für Geschäfte in Osteuropa . . . Unseren Moskauer Vertreter können Sie unter der Anschrift Metropol-Hotel, 1 Karl-Marx-Platz, Raum 227, Moskau, UdSSR, Telefon 225-6277, erreichen. Zwischen 1 Chase Manhattan Plaza und 1 Karl-Marx-Platz sind wir die internationalen Geldspezialisten mit dem siebenten Sinn, den man im Gewirr des Ost-West-Handels braucht.«

Das war natürlich zu erwarten, daß die Rockefellers ihren Laden unter der großartigsten Adresse (der »symbolischsten«, meinte »Business Week«), einrichten würden, die die Stadt zu bieten hat. »Newsweek« überschrieb seinen Bericht: »Der Kreml hat jetzt einen Genossen bei Chase«.

Auch Peking hat so einen Genossen. Nachdem David und Nelson Rockefeller die »Normalisierung der Beziehungen« und die Aufnahme des Handels mit Mao Tse-tung und den Rotchinesen gefordert hatten, gaben Richard Nixon und Henry Kissinger die frühere republikanische Wahlplattform und Hunderte von Nixonschen Wahlversprechungen auf.

Während Nixons plötzliche Liebkosung für die Pekinger Machthaber gleich meterweise Kommentare und Berichte auslöste, blieb ein anderer Aspekt praktisch unbeachtet. Niemand nahm davon Notiz, daß große Erdölvorkommen in der Nähe der Senkaka-Inseln im Ostchinesischen Meer entdeckt worden sind.

Unsere von den Insidern arrangierten Handelsgeschäfte mit Rotchina sind aus dem gleichen Holz geschnitzt wie unser »Handel« mit dem Sowjetblock; wir haben viele Konzessionen gemacht, die Gegenseite keine. Vielleicht werden »wir« Bohrkonzessionen für die Standard Oil eingeräumt bekommen. Schließlich ist David Rockefeller fünf Jahre lang für eine Öffnung gegenüber Rotchina eingetreten. Das Komplott nimmt Gestalt an. Und in diesem Fall ist Öl dicker als Blut.

»Ich bin sehr ermutigt«, sagte David Rockefeller im Juli 1973. »Auf jeden Fall sind wir von den sozialistischen Regierungen eingeladen worden, und ich bin warm und großzügig aufgenommen worden, obwohl ich einer kapitalistischen Bank vorstehe und mein Name mit dem Kapitalismus eng verbunden ist.«

David war von dem Empfang in Maoland so beeindruckt, daß es ihn zerrissen hätte, wenn er nicht einen Beitrag in der »New York Times« vom 10. August 1973 unter der Überschrift »Von einem China-Reisenden« verfaßt hätte. Darin hielt der Vorsitzende des Rates für Auswärtige Beziehungen fest:

> Man wird augenblicklich von dem Gefühl der nationalen Harmonie beeindruckt . . . Was auch immer der Preis für die chinesische Revolution gewesen sein mag, hat sie doch offensichtlich nicht nur eine erfolgreichere und mehr an ihrer Aufgabe orientierte Verwaltung hervorgebracht, sondern auch eine hohe Moral und Zielbewußtsein der Gemeinschaft zur Folge gehabt. . . . Das soziale Experiment in China unter der Führung des Vorsitzenden Mao ist eines der bedeutendsten und erfolgreichsten in der Geschichte der Menschheit.

Besser hätte das keine Werbeagentur machen können, um ein »soziales Experiment« zu verkaufen, das den Tod von 64 Millionen Menschen des eigenen Volkes zur Folge gehabt hat und immer noch Millionen in Sklavenarbeitslagern festhält.

»Und man muß daran denken«, sagt David Rockefeller, »daß die Chinesen nicht nur zielbewußt und intelligent sind, sondern auch eine große Reserve an billigen Arbeitskräften haben. Darum werden sie auch Wege finden, um an Kapital zu kommen«. Wenn die Löhne schon hinter dem Eisernen Vorhang in Europa niedrig sind, wie attraktiv müssen sie dann erst in Rotchina sein. Solche Dinge entgehen natürlich der Aufmerksamkeit David Rockefellers nicht.

Was aber bedeutet der Bau der Großen Roten Maschine in der Sowjetunion und in Rotchina? Denn mit dem Bau der größten Fabriken für die Sowjetunion und der Lieferung ausgeklügelter amerikanischer Technologie und komplizierter Ausrüstung ist noch eine Vielzahl von anderen Dingen verknüpft. Professor Antony Sutton, der hervorragendste Fachmann der Welt für das Problem der Nutzung westlicher Technologie zur Entwicklung der Sowjetunion, hat über dieses Thema ein ganzes Buch unter dem provokatorischen Titel »National Suicide« (Nationaler Selbstmord) geschrieben.

Das militärische Potential der Industrieanlagen, die wir für die Sowjets bauen, sollte jedermann erkennbar sein. Lastwagen, Flugzeuge, Öl, Stahl, petrochemische Erzeugnisse, Aluminium, Computer — das sind die Leitlinien, nach denen sich ein militärisch-industrieller Komplex entwickelt. Diese Fabriken — Produkt des amerikanischen Geistes und finanziert mit amerikanischem Kapital — hätten auch in den Vereinigten Staaten errichtet werden können. Stattdessen werden sie auf Kosten des amerikanischen Steuerzahlers in der Sowjetunion gebaut — in einer Nation, deren Herren immer noch Millionen in Konzentrationslagern festhalten und darauf eingeschworen sind, uns zu vernichten.

Und das Programm zur Plünderung Amerikas zum Nutzen der Sowjetunion wird noch beschleunigt. Denken Sie bitte daran, daß die Fabriken, die wir für die Kommunisten bauen, das neueste an technischen Errungenschaften Amerikas darstellen. An diese Technologie kommt niemand sonst in der Welt heran.

Ein anderer wesentlicher Aspekt, an den man denken sollte, ist die naheliegende Möglichkeit, daß russische Firmen mit amerikanischem Kapital und amerikanischer Technologie mit Hilfe sowjetischer Sklavenarbeit Waren erzeugen, mit denen sich die von amerikanischen Arbeitern hergestellten Gütern auf den Weltmärkten preislich unterbieten lassen. So haben schon viele Tausend amerikanische Arbeiter ihre Arbeitsplätze an ausländische Kollegen verloren, die in den mit amerikanischer Auslandshilfe errichteten Fabriken in Europa und Asien arbeiten. Und noch mehr amerikanische Arbeiter werden es jetzt erleben, daß ihre Arbeitsplätze von ihrer eigenen Regierung vernichten werden. Die Kostenvorteile der Sklavenarbeit werden aber für die im Ausland tätigen Kapitalisten wichtiger sein.

Noch wichtiger als die Frage der Arbeitsplätze ist aber ein anderer Aspekt der seit fünfzig Jahren bestehenden »Partnerschaft« zwischen den Rockefellers und den Kommunisten. Dabei geht es um den Fortbestand der Unabhängigkeit und der Freiheit unseres Landes.

Professor Sutton hat dazu eine Überfülle an Beweisen zusammengetragen, die bisher niemand zu widerlegen versucht hat. Er hat vor allem aufgezeigt, daß der Kommunismus ein bewegungsloses System ist, das zu keiner Erneuerung und zu keiner hohen Produktivität fähig ist. Für sein Überleben, selbst zur Erhaltung der Lebensgrundlage für seine Untertanen, benötigt er regelmäßige Übertragungen von Kapital und Technologie. Ohne Hilfe aus dem Westen wäre die Sowjetunion längst zusammengebrochen. Aber ohne die Sowjetunion würden die Rockefellers und die anderen Superreichen keinen »Feind« haben, mit dessen Existenz sie ihre

Pläne für eine monopolistische Weltregierung begründen könnten.

Die Sowjetunion wurde zuerst von Herbert Hoover mit Lebensmitteln gerettet. Dann kam Lenins Neue Ökonomische Politik, die die Superkapitalisten wieder nach Rußland hineinließ. Darauf folgte die diplomatische Anerkennung Rußlands durch Roosevelt, die von den Rockefellers seit langem betrieben worden war und den Sowjets die Möglichkeit gab, die dringend notwendigen Kredite aufzunehmen. Mit dem Zweiten Weltkrieg wurde der Hahn der Pacht- und Leihhilfe aufgedreht, der 11 Milliarden Dollar brachte. Nach dem Krieg durfte Rußland einen großen Teil Deutschlands von Fabriken und Wissenschaftlern entblößen. Unter der Regierung Kennedy fingen wir an, Weizen für hungernde sowjetische Fabrikarbeiter zu liefern. Während des Vietnamkrieges lieferten wir lebenswichtige Güter nach Osteuropa, von wo aus Nordvietnam mit dem Kriegsmaterial versorgt wurde, um unsere Soldaten umzubringen. Jetzt liefern wir die größte Lastwagenfabrik der Welt, höchstentwickelte Computer und ein ganzes Füllhorn an industrieller Technologie. Um das Maß vollzumachen, vermeldete das »Wall Street Journal« am 25. April 1975 mit einer Überschrift: »USA gestatten heimliche Uranlieferungen an Sowjetunion zur Aufbereitung zu Brennmaterial«. Unglaublich? Wo blieb der öffentliche Aufschrei, für den das Medienreich sorgen kann?*)

*) Eine Gruppe besorgter Amerikaner wollte veranlassen, daß Sutton, der viele Male vor Kongreßausschüssen ausgesagt hat, diese Tatsachen auch dem Programm-Ausschuß der Republikanischen Partei 1972 in Miami miteilen konnte. Der Ausschuß erschien aber nicht, um Sutton anzuhören, und eine geplante Pressekonferenz wurde abgesagt. Ein Journalist erklärte Sutton, seine Geschichte sei für die Zeitungen »zu heiß«. Als Suton in sein Institut zurückkehrte, wurde er von seinen Vorgesetzten angewiesen, während des Wahlkampfes keine öffentlichen Erklärungen mehr abzugeben. Offensichtlich hatte sich eine wichtige Persönlichkeit an das Telefon gehängt. Später wurde Suttons Vertrag bei Hoover nicht mehr erneuert. Offensichtlich hatte er zu vielen Leuten auf die Zehen getreten.

Wie der ehemalige Marineminister James Forrestal bemerkte: »Beharrlichkeit ist noch nie ein Zeichen für Dummheit gewesen. Wenn die Diplomaten, die unsere Beziehungen zu Rußland so abträglich gestalten, nur dumm wären, dann würden sie gelegentlich einen Fehler zu unseren Gunsten machen.« Kurz gesagt, was sich dort abspielt, ist nicht einfach Plünderung, es ist Verrat. Es ist etwas faul, aber nicht in Dänemark, sondern in Manhattan.

Der Plan ist ganz einfach: Wir sollen erpreßt werden, damit wir uns den Sowjets unterwerfen oder mit ihnen zusammenschließen. Unterdessen möchte unser Kongreß die Waffenentwicklung stoppen, damit wir mehr Sozialprogramme machen können. Da jetzt schon der größte Teil des Wehrhaushaltes für Gehälter weggeht, die nicht gekürzt werden können, bedeutet jedes Wegschneiden von »Fett«, daß normalerweise Muskeln — Waffensysteme — amputiert werden müssen.

Seit fünf Jahrzehnten läuft die kommunistische Propaganda auf der Linie, daß sie die Rockefellers und die anderen Superreichen vernichtet werden. Die Rockefellers aber haben das bolschewistische Monster seit seinen Kindertagen an ihrem Busen genährt. Heute stehen sie in vorderster Linie derjenigen, die dafür sorgen wollen, daß ihr Sowjet-Frankenstein hochwertige Eiweißkost erhält. Wir werden glauben gemacht, daß diese internationalen Kartellisten das aus Dummheit oder Profitgier tun. Natürlich sind die Rockefellers gierig nach den Gewinnen, die ihr Bündnis mit der Sowjetunion abwirft, aber das kann nicht alles sein. Lenin hat behauptet, daß die Kapitalisten den Kommunisten auch den Strick verkaufen würden, an dem sie aufgehängt werden sollten. Die Rockefellers wissen das. Und zur Zeit bauen sie Seilereien in der Sowjetunion.

Die Rockefellers sind aber keine Dummköpfe. Sie sind hervorragende, weitsichtige Verschwörer, die durch umsichtige machiavellistische Planung sowie dadurch, daß sie ihre

Gegner unterwanderten, subventionierten und kontrollierten, ungeheuer mächtig geworden sind.

Der einfache gesunde Menschenverstand sagt uns, daß die Rockefellers etwas über den Kommunismus wissen müssen, was wir nicht wissen. Da sie ihn subventionieren und nicht fürchten, führt die logische Überlegung zu dem Schluß, daß sie entweder Partner der kommunistischen Hierarchie sind — oder sie kontrollieren.

Wenn das aber stimmt, wie bringen es dann die Rockefellers fertig zu verhindern, daß ihre Partner die Kanone nehmen und sie gegen ihre geheimen Hintermänner richten? Die Antwort auf diese Frage kennen wir nicht. Es muß dafür einen Kontrollmechanismus geben. Die Rockefellers würden nicht so dumm sein, einem Konkurrenten zu gestatten, daß er ihnen die Pistole an den Kopf setzt — geschweige denn, ihm auch noch die Pistole zu liefern. Deshalb müssen wir zu dem Schluß zurückkommen, daß die Rockefellers etwas wissen, was wir nicht wissen. Dieses letzte Geheimnis kennt sicherlich nur eine Handvoll der obersten Verschwörer. Kein Forscher wird die Antwort finden, indem er in seiner Stadtbibliothek die »New York Times« durchackert.

Weil wir den Kontrollmechanismus nicht benennen oder seine Wirkungsweise beschreiben können, werden uns viele ob unserer Annahme auslachen. Aber wie erklären sie dann das seit fünfzig Jahren laufende Rockefeller-Programm zum Aufbau der Macht des Kommunismus? Seit den Tagen von John D., Senior, bilden sich die Rockefellers etwas auf ihre Fähigkeit zum Sammeln von geheimen Informationen ein. Sie wissen mehr über ihre Konkurrenten und Gegner als diese über sich selbst. Man darf deshalb jede Wette darauf eingehen, daß die Rockefellers auch bezüglich der Kommunisten nicht unwissend sind.

Aber nehmen wir einmal an, sie wären es. Nehmen wir einmal an, daß den Rockefellers am Ende von dem kommunistischen Reich, dem sie so wesentlich mit zu seiner Rolle verholfen haben, am schlimmsten mitgespielt werden würde.

Nehmen wir an, daß das alles aus reiner Dummheit und Habgier geschehen ist. Und wo kommen wir dabei hin? Genau neben ihnen in den Archipel GULAG, da kommen wir hin!

Auf jeden Fall sind wir also die Dummen dabei. Gleichgültig, ob die große rote Maschine nun die Rockefellers auffrißt oder nicht. Wir sind davon überzeugt, daß sie nicht gefressen werden, weil wir glauben, daß die Rockefellers und ihre Verbündeten die Genossen kontrollieren, die wiederum die Kanonen kontrollieren. Aber die Frage ist dennoch rein akademisch, weil der einzige Zweck der großen roten Maschine ist, u n s zu verschlingen. Und wenn nicht ganz schnell etwas dagegen unternommen wird, dann wird sie das auch tun.

ZEHNTES KAPITEL

DIE PLANER

Es ist Kissingers Überzeugung . . . daß man mit der Kontrolle der Lebensmittel Menschen kontrollieren kann, und daß man durch die Kontrolle der Energie, insbesondere des Öls, Nationen und ihre Finanzsysteme kontrollieren kann. Indem Lebensmittel und Öl zusammen mit dem Weltwährungssystem internationaler Kontrolle unterstellt werden, könnte nach Meinung Kissingers eine lose geknüpfte Weltregierung bis 1980 eine Realität werden.

Paul Scott, Kolumnist

Die Rockefellers haben schon vor fast einem Jahrhundert gelernt, daß es zwei Wege gibt, auf denen eine ihrer Firmen eine andere auffressen kann. Wenn die Firma sehr viel kleiner ist, dann ist eine »Übernahme« das einfachste Verfahren: Sie wird aufgekauft. Wenn der Konkurrent mehr von der gleichen Größe ist, muß ein »Zusammenschluß« arrangiert werden.

Die gleichen Grundsätze gelten auch zwischen Nationen. Gleichgültig, wieviel Auslandshilfe, technische Hilfe, nie zurückzuzahlende Kredite oder andere milde Gaben unser Land leistet, es gibt einfach keinen Weg, auf dem ein anderes Land — oder selbst ein Länderblock — mächtig genug gemacht werden kann, um uns zu übernehmen.

In der Anerkenntnis dieser politischen Sachlage haben die Planer der Strategie des Zusammenschlusses — des großen Zusammenschlusses — der Nationen entwickelt.

Aber bevor ein solcher Zusammenschluß realisiert werden kann und die Vereinigten Staaten eine Provinz unter anderen in einer Neuen Welt-Ordnung werden, muß wenigstens der Anschein der Gleichheit zwischen den größeren Teilnehmern an diesem Geschäft hergestellt werden. Wie kann man die Nationen der Welt mehr aneinander angleichen? Die Insider kamen zu dem Schluß, daß man auf zwei Wegen vorgehen müsse; man muß amerikanisches Geld und amerikanisches Know-how einsetzen, um die Konkurrenten aufzubauen und zur gleichen Zeit jede denkbare Strategie anwenden, um unser Land zu schwächen und ärmer zu machen. Dabei müssen wir unterstreichen, daß das Ziel nicht ist, die Vereinigten Staaten in den Bankrott zu treiben. Es geht mehr darum, unsere Produktionskapazität und damit unseren Lebensstandard auf den Stand der Selbsterhaltung wie in den sozialisierten Ländern der Welt herabzudrücken.

Nur eine faschistisch-sozialistische Diktatur würde die Macht haben, eine solche »Umverteilung« vorzunehmen. Bemerken Sie, bitte, daß der Plan n i c h t vorsieht, den Lebensstandard in den weniger entwickelten Ländern auf unser Niveau anzuheben, sondern unseren zu senken, damit er dem steigenden Lebensstandard der Entwicklungsländer entgegenkommt.

Sie dürfen allerdings versichert sein, daß die Rockefellers und ihre Verbündeten nicht darüber sprechen, die Lebensqualität für sich selbst zu verringern. Es ist I h r Lebensstandard, lieber Leser, der auf dem Altar der Neuen Welt-Ordnung geopfert werden soll.

Nach dem Plan der Rockefellers sollen die Bevölkerung, die Energie, die Lebensmittel und die Finanzen kontrolliert werden, um die Kontrolle über die Menschen zu erlangen, was dann, stetig und voller Absicht, zum großen Zusammenschluß hinführen wird. Ein großer Teil der Vorbereitungsarbeit für dieses Komplott ist von Henry Kissinger geleistet worden, der zehn Jahre lang persönlicher Angestellter von Nelson Rockefeller war, bis Rocky ihn in die Regierung

Nixon entsandte. Bei zahlreichen Gelegenheiten hat Herr Kissinger erklärt, daß es sein Ziel sei, die »Neue Welt-Ordnung« zu schaffen. Der Washingtoner Kolumnist Paul Scott schreibt darüber:

> Es ist nach den Worten seiner Mitarbeiter Kissingers Überzeugung, daß man mit der Kontrolle der Lebensmittel Menschen kontrollieren kann, und daß man durch die Kontrolle der Energie, insbesondere des Öls, Nationen und ihre Finanzsysteme kontrollieren kann. Indem Lebensmittel und Öl zusammen mit dem Weltwährungssystem internationaler Kontrolle unterstellt werden, könnte nach Meinung Kissingers eine lose geknüpfte Weltregierung bis 1980 Realität werden.

Gesunder Menschenverstand sagt uns, daß ein Rockefeller-Mietling wie Kissinger nicht ein internationales Kontrollsystem aufrichten wird, das den Rockefellers Vermögenswerte fortnimmt und sie jemandem anders gibt. Vielmehr läuft die Absicht darauf hinaus, die Vermögenswerte anderer Leute zu nehmen und sie unter den Schirm einer von Rockefeller kontrollierten Weltregierung zu bringen.

Diese neue Strategie könnte man den Krisenweg zur Weltordnung nennen. Er läuft parallel zu dem Bemühen der Atlantic Union, über vertragliche und regionale Regierungen zum universalen Staat zu kommen, und wird schließlich mit ihm zusammenfließen. Der Washingtoner Kolumnist Paul Scott nennt dies den »neuen Wechsel der Strategie vom direkten zum indirekten Vorgehen zur Herstellung einer Weltregierung«. Nach der Darstellung von Richard Gardner (CFR), einem zeitweise für das Außenministerium arbeitenden Professor für Recht und Internationale Organisationen an der Columbia-Universität, sieht der Plan vor: Statt sofort eine vollständige Weltdiktatur der Vereinten Nationen zu errichten, wird das Establishment bestimmte Probleme in bestimmten Ländern aufgreifen. Dann wird eine »Lösung« vorgeschlagen, die sich nur über irgendeine Art internationales

Amt bewerkstelligen läßt, so daß jedes der betroffenen Länder gezwungen ist, einen anderen Teil seiner nationalen Unabhängigkeit aufzugeben. Gardner betrachtet dieses schrittweise Vorgehen als richtigen Weg, um das Ende einer Nation herbeizuführen:

> Wir werden wahrscheinlich unser Haus einer Weltordnung besser von unten nach oben statt von oben nach unten bauen. Es wird wie eine große »sprießende, summende Konfusion« aussehen, um die humorvolle Beschreibung von William James zu gebrauchen; aber ein Endspurt gegen die nationale Souveränität, die Stück für Stück abgebaut wird, wird uns wahrscheinlich schneller zu einer Weltordnung führen als der altmodische Frontalangriff.

Das ist es also, an was die Rockefellergruppe mit ihren Agenten, den Kissingers und Gardners, denkt — einen Endspurt gegen die nationale Souveränität. Gardner schreibt darüber mit offensichtlicher Begeisterung weiter:

> Der hoffnungsvolle Aspekt in der gegenwärtigen Situation ist, daß, selbst wenn Nationen noch den Appellen für die Weltregierung und die Aufgabe der Souveränität Widerstand entgegensetzen, die technologischen, wirtschaftlichen und politischen Interessen sie zwingen, mehr und mehr weitreichende Institutionen einzurichten, um ihre gegenseitige Interdependenz zu bewältigen.

Einer der sich am besten anbietenden Wege zur Weltordnung führt durch die Hintertür der Kontrolle über die Lebensmittel. Das Komplott sieht die Errichtung einer Weltlebensmittelbank vor, für die die notwendigen Warenvorräte natürlich von den Vereinigten Staaten geliefert werden. Das Konzept wurde von dem langjährigen Rockefeller-Mann Robert S. McNamara (CFR) auf der Konferenz des Internationalen Währungsfonds in Nairobi vorgeschlagen. Robert

Strange McNamara wurde zum Präsidenten der Weltbank gemacht, nachdem er erfolgreich seine frühere Aufgabe bewältigt hatte, die militärische Macht der Vereinigten Staaten zu verstümmeln. McNamara setzte sich dafür ein, daß die Lebensmittel herstellenden Nationen der Welt ihre Überschüsse einer »Weltbehörde« zur Verfügung stellen, die es dann übernehmen würde, diesen Reichtum unter den »Habenichtsen« zu verteilen. Das Thema sollte auf der Welternährungskonferenz der Vereinten Nationen im November 1974 in Rom behandelt werden. In der Zeit zwischen dem ursprünglichen Vorschlag und der Konferenz in Rom wurde Richard Nixon in den vorzeitigen Ruhestand befördert und von dem entgegenkommenden Jerry Ford abgelöst.

Einer der ersten Amtshandlungen Fords war, sich vor die UN-Vollversammlung hinzustellen und dem dort versammelten internationalen Treibgut zu versichern, daß die Stimme von Rockefellers Henry Kissinger die Stimme Amerikas in allen internationalen Angelegenheiten sei. Ford kündigte an, daß der Außenminister als Hauptsprecher der Vereinigten Staaten auf der bevorstehenden Welternährungskonferenz auftreten und den logisch richtigeren Sprecher, Landwirtschaftsminister Earl Butz, den offiziellen Leiter der amerikanischen Delegation, dort verdrängen werde. Unter den Hunderten von politischen Kommentatoren im Lande hatte nur Paul Scott den Mut, die Bedeutung von Fords Entscheidungen zu bewerten:

> Gleichgültig, ob er das schon im vollen Umfang erkennt oder nicht, hat Präsident Ford bereits seine Zustimmung zur Grundlinie der Außenpolitik Henry Kissingers gegeben, die die Errichtung einer lose verknüpften Weltregierung vor dem Ende der siebziger Jahre vorsieht.
>
> Indem er eine globale Strategie und Politik für Lebensmittel und Öl innerhalb des Gebäudes der Vereinten Nationen forderte, hat der Präsident klar seine Zustimmung zu der von Kissinger an-

gestrebten »Neuen Internationalen Ordnung« zu erkennen gegeben.

Scott fuhr fort, indem er hervorhob, daß Ford Kissingers Plan übernommen habe, die politische Kontrolle über die amerikanischen Lebensmittelüberschüsse »und schließlich alle Lebensmittel der USA« einer Lebensmittelbank zu überantworten, statt die riesige Lebensmittelproduktion des Landes als Waffe in der amerikanischen Außenpolitik und zur Förderung der Freiheit in aller Welt einzusetzen.

Herr Heinrich ließ keinen Zweifel daran, daß all das dazu dienen soll, die Neue Welt-Ordnung näherzubringen. Den Delegierten in Rom erklärte er: »Wir sehen uns nicht nur dem Lebensmittelproblem gegenüber, sondern auch dem immer schneller werdenden Tempo bei der Zunahme der Interdependenz.« Und er ging noch weiter; er erklärte, wir sollten die globale Zusammenarbeit bei den Lebensmitteln zu einem Modell für unsere Antwort auf die anderen Herausforderungen einer interdependenten Welt machen — Energie, Inflation, Bevölkerung, Umweltschutz.

Landwirtschaftsminister Earl Butz gab in bezug auf die vorgeschlagene Lebensmittelbank zu, daß es »letzten Endes der amerikanische Steuerzahler sein wird, der dafür bezahlt«. Wer denn sonst? Und die Tatsache, daß die Verteilung unserer Lebensmittel in aller Welt unvermeidlicherweise Lebensmittelverknappungen und ein Emporschießen der Preise in Amerika zur Folge haben wird, ist von den Rockefeller-Verschwörern nicht übersehen worden. Das gehört zum Plan.

Und bevor Sie sagen, ein solches Programm würde vom verärgerten amerikanischen Wähler wütend abgelehnt werden, denken Sie bitte an dies: Wenn dieser Plan verwirklicht wird, haben die Vereinten Nationen eine Armee, um ihre Ausplünderung Amerikas zu sichern. Zweifellos werden die Lakaien des Clans in der Bürokratie und den Medien die geplante Lebensmittelverknappung als »nationale Pflichtdiät« hinstellen*).

Die ganze Stoßrichtung der Konferenz von Rom ging dahin, daß es die Verpflichtung der Vereinigten Staaten — also der Arbeiter und Steuerzahler Amerikas — sei, die Welt zu verpflegen. Dabei hat Amerika bereits seit Jahren mehr als 80 Prozent der Lebensmittelauslandshilfe aufgebracht. Bei solchen amerikanischen Schenkungen sind in den letzten Jahren mehr als 25 Milliarden Dollar in Lebensmitteln an so undankbare Empfänger weggegangen wie an das marxistische Indien, das jetzt eine mit der Sowjetunion verbündete Diktatur ist und wo der größte Teil unseres Getreides von den Ratten und nicht von den hungernden Menschen verzehrt wird.

Mindestens 200 Milliarden Dollar sind in solcher Hilfe auf ähnliche Weise in mehr als 125 Nationen verschwendet worden — und noch mehr Millionen gehen jetzt an die Mitglieder des OPEC-Kartells, das die Ölpreise vervierfacht hat. Um alle diese Schenkungen finanzieren zu können, haben die Insider die Druckerpresse benutzt und mit dem Inflationsgeld unsere Nationalschuld um Hunderte von Milliarden Dollar erhöht. In Verbindung mit der daraus resultierenden Verminderung unseres Angebots im Inland, sind dadurch unsere Lebensmittelpreise in die Höhe getrieben worden.

Aber bisher wenigstens waren wir für unsere Dummheit selbst verantwortlich. Informierte Amerikaner hätten das aufhalten können und könnten es immer noch, indem sie die Abgeordneten, die für die Schenkungen stimmten, aus dem Amt werfen. In Zukunft, wenn der Rockefeller-Kissinger-

*) Während die amerikanischen Vorräte an Brot- und Futtergetreide bereits zur Neige gehen, haben Rußland und das kommunistische China still und heimlich einen Teil ihres billig erworbenen amerikanischen Getreides benutzt, um selber Lager anzulegen. Seeleute an Bord amerikanischer und ausländischer Schiffe, die amerikanisches Getreide in russische und chinesische Häfen bringen, haben von kommunistischen Hafenarbeitern gesagt bekommen, daß jede dritte oder vierte Ladung amerikanischen Getreides als Teil der nationalen Reserve dieser Länder in die Silos genommen wird.

Plan für eine internationale Lebensmittelbehörde in Kraft ist, wird unsere Lebensmittelversorgung nicht mehr unserer eigenen Kontrolle unterliegen. Was dann?

In zunehmendem Maße hören wir Klagelaute von den Rockefeller-Schafen in den Medien, mit denen die Amerikaner aufgerufen werden sollen, mehr Opfer zu bringen, um die übrige Welt zu füttern. So unglaublich das klingen mag, aber die Wahrheitsverdreher auf den Rundfunkwellen und in den Zeitungen versuchen uns ein schlechtes Gewissen aufzuoktroyieren, weil wir nicht hungern.

Keiner dieser Rockefeller-Lakaien wagt es aber zu bedenken zu geben, daß der Unterschied zwischen der amerikanischen landwirtschaftlichen Produktion und der Armut in den sogenannten »Habenichts-Nationen« auch der Unterschied zwischen dem Individualismus mit seinem Beruhen auf dem Privateigentum und dem freien Unternehmertum und dem Feudalismus-Faschismus-Sozialismus-Kollektivismus ist. Er ist der Unterschied zwischen Leistungsanreizen und einer Planwirtschaft; zwischen Effizienz und nutzloser Herumwurstelei, zwischen einer Million Verkäufer, die das »zu viel« unter die Leute bringen wollen, und einer Million Bewirtschaftungsfunktionären, die das »zu wenig« verteilen.

Damit soll nicht gesagt werden, daß Amerikas landwirtschaftliches System perfekt sei. In dem Maße, in dem wir Preisstützungen und Subventionen eingeführt haben und Leute dafür bezahlen, daß sie keine Lebensmittel produzieren, haben wir negative Auswirkungen. Trotzdem ist der Erfolg der amerikanischen Landwirtschaft in der Freiheit ein Modell, das die übrige Welt zu übernehmen ermutigt werden sollte.

Aber wenn mehr Nationen bei der Lebensmittelerzeugung unabhängig werden, würde der Antrieb, eine Weltregierung einzusetzen, sehr schnell schwinden. Damit die Rockefellers ihre Neue Welt-Ordnung schaffen können, müssen sie zuerst Hungersnöte und die Furcht vor neuer Not erzeugen. Um eine Hungersnot herbeizuführen, braucht man nichst weiter zu tun, als die gesamte Landwirtschaft der Kontrolle der Staatsbürokratie zu unterstellen und dann eine Weile zu warten. Je größer die Bürokratie, desto kürzer die Wartezeit, und die internationale Bürokratie ist in der Produktion von Amtsschimmel anstelle von Weizen unübertrefflich.

Verknüpft mit dem Griff nach der Lebensmittelproduktion ist die Bewegung für Bevölkerungskontrolle. Die Bevölkerungsplanung ist ein wichtiges Werkzeug zum Knüpfen des Netzes, in dem wir Fische in die Neue Welt-Ordnung eingeschleppt werden sollen. Die »Bevölkerungsbombe« — ob sie wirklich existiert oder nur übertrieben dargestellt wird, ist gleichglütig — gibt im Zusammenhang mit den Problemen Ernährung, Energie und internationale Währungsfragen einen Teil der Angstkampagne her.

Gleichzeitig mit den von den Vereinten Nationen geförderten Konferenzen in Nairobi und Rom veranstalteten die Vereinten Nationen auch die Weltbevölkerungskonferenz in Bukarest im August 1974. Die große Linie des Programms gab John D. Rockefeller III. an, der verkündete: »Ich bin nach Bukarest gekommen, um dringend nach einer tiefgehenden und genauen Untersuchung alles dessen, was auf dem Felde der Bevölkerung zu tun ist, zu rufen. Ich habe meine Meinung geändert und glaube nun, daß Familienplanung allein nicht ausreicht.«

Diesen Satz erläuterte die Associated Press in einem Bericht: »Rockefeller . . . ist seit Jahren einer der führenden Anwälte für die Familienplanung gewesen. Er spendete Millionen von Dollar für die Bevölkerungsforschung und ist Begründer und Vorsitzender des Bevölkerungsrates, einer privaten amerikanischen Organisation, die zum großen Teil (mit Millionen von Dollar) von der Rockefeller- und Ford-Stiftung finanziert wird.« Weiter hieß es in der Agenturmeldung: »Seine Rede entsprach dem Standpunkt, der auf dieser Konferenz von vielen Vertretern aus der Dritten Welt und den sozialistischen Ländern geäußert worden ist.« John

D. III. fühlte sich offensichtlich hinter dem Eisernen Vorhang ganz zu Hause, als er nach einer Neuverteilung des Reichstums rief und fromm verkündete, daß die moderne Entwicklung »eine angemessene Verteilung der Früchte des Fortschritts« betonen sollte.

In seinen Bemerkungen vor den versammelten Bevölkerungsplanern hob der älteste der Rockefeller-Brüder drei Punkte hervor: Erstens wiederholte er die kommunistische Phrase, daß die Reichen ihren Reichtum den Armen geben müssen. Zweitens hielt er die freiwillige Familienplanung für unzureichend und rief nach dem Großen Bruder, der bestimmen soll, ob ein Ehepaar ein Baby haben darf oder nicht. Drittens forderte er »mäßige Konsumraten« in den entwickelten Ländern und trat dafür ein, daß die Amerikaner freiwillig ihren Lebensstandard herabsetzen.

Daß es für einen Mann, dessen Familie ungezählte Millionen Dollar hat, über Tausende von Hausangestellten verfügt, hunderte von luxuriösen Wohnungen ihr eigen nennt und in einem Überfluß lebt, den die orientalischen Potentaten der Vergangenheit nicht gekannt haben, nicht recht angemessen — um nicht heuchlerisch zu sagen — ist, seine Landsleute aufzufordern, ihren Lebensstandard herabzuschrauben, diese Tatsache fand in der »New York Times« keine Beachtung. Aber, um noch einmal das Offensichtliche zu wiederholen, wessen Reichtum wollen die Rockefellers ihrer Ansicht nach verteilen, ihren eigenen oder den ihrer Landsleute?

Der Forderung Rockefellers entsprechend, des Mannes, der erklärte, die Vereinten Nationen seien die höchste Autorität in der Welt um Staatskontrolle über Menschen auszuüben, setzte die Konferenz die Maschinerie in Gang, die die totalitaristischen Forderungen nach einem Stopp für den Klapperstorch institutionalisieren soll.

Die »Washington Post«, das führende Blatt des Establishments, hat sich mit den an die Nazis erinnernden Zielen der Bevölkerungsplaner befaßt:

> Es wird vielleicht der Tag kommen, an dem Ehepaare ihre Eignung beweisen und ihre Fähigkeiten zeigen müssen, bevor es ihnen gestattet wird, Eltern zu werden.
>
> Oder es wird vielleicht Baby-Rationskarten für Ehepaare, Gruppenehen, eine Massenverteilung von Medikamenten gegen die Fruchtbarkeit, Elternlizenzen, legale Mehrehen, Abtreibungen auf Antrag, vielfältigere Möglichkeiten zur Gestaltung des Lebens der Frauen und beschränktere für den Mann geben — wie etwa Zwangsvaterschaftsurlaub für neue Väter.

Wohlgemerkt, solche auferzwungene Unfruchtbarkeit wird nicht für Indien oder Senegal geplant, sondern für die Vereinigten Staaten, wo das Nullwachstum der Bevölkerung bereits Wirklichkeit ist.

All das geschieht trotz der nachweislichen Tatsache, daß die Erde reichlich Raum für uns alle hat — wenn zum Beispiel alle Männer, Frauen und Kinder der ganzen Welt in den Staat Washington zögen, den zwanzigsten nach der Größe der Vereinigten Staaten, würde jeder noch 45,5 qm Land zur Verfügung haben.

Wir sollen aber glauben, daß wir innerhalb eines Jahrzehnts nur noch in menschlichen Leibern waten können, wenn wir dem Großen Bruder nicht die totale Machtbefugnis übertragen, über das Recht der Menschen auf Kinder zu entscheiden. Solche erhabenen Organisationen wie die Nationale Akademie der Wissenschaften helfen Rockefeller dabei, mit seinen Phrasen hausieren zu gehen, indem sie solche Weltuntergangsankündigungen verbreiten: »Über die langfristige Prognose kann es keinen Zweifel geben. Entweder muß die Geburtenrate auf der Erde gesenkt werden, oder die Todesrate muß wieder in die Höhe gehen.«

Damit soll keineswegs die Möglichkeit von der Hand gewiesen werden, daß Überbevölkerung, insbesondere in den rückständigen Ländern, ein echtes Problem sein kann. Wenn aber die Rockefellers wirklich daran interessiert wären, das Bevölkerungswachstum einzudämmen, o h n e daß jemand versklavt wird, dann gibt es eine viel bessere Lösung. Wenn nämlich der Lebensstandard in einem Lande steigt, dann fällt die Geburtenrate — freiwillig. Man muß Nationen wie Indien und Rotchina dabei helfen, aus der Einführung der freien Marktwirtschaft und des Privateigentums ihren Nutzen zu ziehen, und die Welt wird staunen, welchen Reichtum diese freien Völker hervorbringen werden. Die Rockefellers sind allerdings daran interessiert, daß es mehr Kontrollen und nicht weniger Probleme gibt.

Das Rockefeller-Argument, daß die Welt eine Bevölkerungskontrolle nach Art Maos übernehmen oder zugrundegehen muß, ist so falsch, daß es erstaunlich ist, wie die Verschwörer jemanden dazu bringen konnten, es ihnen abzunehmen. Pfarrer R. J. Rushdoony schreibt darüber in seinem ausgezeichneten Buch »The Myth of Overpopulation«:

> Der Sozialismus erzeugt schließlich immer ein Ungleichgewicht zwischen der Zahl der Menschen und ihrer Lebensmittelversorgung, was zur Unterernährung oder zur Hungersnot führt. In diesem Sinne gibt es deshalb unter dem Sozialismus immer ein Problem der Überbevölkerung. Überdies zieht der Sozialismus sowohl die Lebensmittelversorgung, indem er sie beschränkt, als auch die Bevölkerung, die er einmal vergrößert und zum anderen Male begrenzt, in Mitleidenschaft.

Für die Rockefellers ist der Sozialismus nicht ein System für die Neuverteilung des Reichstums — vor allem nicht ihres Reichtums —, sondern ein System zur Kontrolle über Menschen und Konkurrenten. Der Sozialismus gibt dem Staat Macht in die Hände. Und da die Rockefellers den Staat kontrollieren, bedeutet staatliche Kontrolle Rockefeller-Kontrolle.

Wenn die Rockefellers an der UNO-Weltbevölkerungskonferenz teilnehmen und dort nach »einer neuen wirtschaftlichen Ordnung durch Beseitigung der Ursachen der Armut auf der Welt, durch Sicherstellung einer angemessenen Verteilung der Ressourcen der Welt, durch Beseitigung der Ungerechtigkeiten in den bestehenden Welthandelssystemen und der von den kapitalistischen . . . Gesellschaften betriebenen Ausbeutung« rufen, dann stinkt etwas wie ein alter Fischdampfer.

Die Eindämmung des Bevölkerungswachstums ist nur ein Teil des Rockefellerschen Krieges gegen die amerikanische Familie. Abtreibung ist ein anderer Teil. Nach den Worten von John H. Knowles, dem Präsidenten der Rockefeller-Stiftung und einem der Vorkämpfer des Mordes an den Ungeborenen in Amerika, ist das Ziel der Stiftung in Amerika, die Kapazität für 1,8 Millionen Abtreibungen pro Jahr zu schaffen.

Nicht zufällig wurde John D. Rockefeller III. von Richard Nixon zum Vorsitzenden der neugeschaffenen Kommission für Bevölkerungswachstum und die Zukunft Amerikas ernannt. Bei der Annahme dieser Ernennung ließ John D. III. hören:

> Der Durchschnittsbürger erkennt nicht, welche sozialen und wirtschaftlichen Auswirkungen das Anwachsen der Bevölkerung hat und wie es die Qualität unseres Lebens in Mitleidenschaft zieht. Statt die Bevölkerungskontrolle als etwas Negatives zu betrachten, sollten wir erkennen, daß sie bereichert.

In einem der ersten Berichte der Rockefeller-Kommission heißt es:

> . . . daß die zur Zeit gültigen Staatsgesetze, die die Abtreibung beschränken, nach dem Vorbild des Statuts im Staate New York liberalisiert werden sollten, damit Abtreibungen auf Antrag von dazu berechtigten Ärzten unter den Bedingungen medizinischer Sicherheit vorgenommen werden können.

Und weiter schlug die Kommission vor, daß »Bundes-, Staats- und Gemeindeverwaltungen Mittel zur Verfügung stellen, um Abtreibungsdienste in Staaten mit liberalisierten Vorschriften zu unterstützen«. Rockefeller geht so rücksichtslos über die persönlichen Glaubensauffassungen hinweg, daß er sich nicht scheut, neben den anderen auch katholischen Steuerzahlern zwangsweise Geld abzunehmen, um damit zu finanzieren, was nach deren religiösen Auffassungen ein Mord an Ungeborenen ist. Er spricht auch offen den Satz aus: »Religiöse Vorurteile müssen überwunden werden.«

Das so vorbildliche New Yorker Abtreibungsgesetz, das John so begeistert begrüßte, wurde natürlich unter der Führung von Nelson verabschiedet. Während der Anhörungen vor seiner Bestätigung als Vizepräsident wurde Nelson Rockefeller von Dr. Charles Rice, Professor der Rechte an der Notre Dame Law School, als »das Fleisch gewordene Symbol der Bewegung gegen das Leben« bezeichnet. »Rockefeller«, erklärte Dr. Rice, »sei wahrscheinlich der führende Verfechter des Gedankens der zugelassenen Abtreibung in den Vereinigten Staaten.«

Die Rockefellers haben sogar die Einrichtung einer Abtreibungsfabrik finanziert. Im Sommer 1971 wurde »Planned Parenthood-New York City« als erstes großes Abtreibungszentrum eröffnet und gab in der Folgezeit das Modell für den Aufbau weiterer Zentren in der Stadt, im Staat und in der Nation ab. Ursprünglich sollte das Zentrum für mehr als 10 000 Abtreibungen pro Jahr dienen. Das Durchschnittshonorar sollte 80 Dollar betragen und in vielen Fällen über das Medicaid-Programm aufgebracht werden. Das Startkapital von 200 000 Dollar wurde aus dem Fond der Rockefeller-Brüder zur Verfügung gestellt.

Die bisherigen drei Generationen von Rockefellers sind mit den Gefühlen und Glaubensvorstellungen anderer Leute sowieso nie sehr zurückhaltend umgegangen. Als einmal eine Gruppe von Abtreibungsgegnern in Nebraska bei einer Rede von Nelson Rockefeller demonstrierte, sagte der nette ältere

Politiker zu einem 15 Jahre alten Mädchen: »Schieß das (die Abtreibung) nicht ab, Mädchen, vielleicht brauchst du mal eine.«

In allen Kriegen, die die Vereinigten Staaten geführt haben, von der Schlacht von Lexington 1776 bis zum letzten Toten in Vietnam, wurden 668 226 Kriegsgefallene gezählt. Aber in dem einzigen Jahr 1972 sind in diesem Lande 700 000 unschuldige Babies getötet worden, ganz legal, bevor sie ihren ersten Schrei tun konnten. Nach laufenden Schätzungen kann sich diese Zahl auf 1,6 Millionen im Jahr erhöhen. Das ist der Preis für Rockefellers leichte Abtreibungen in den Vereinigten Staaten. Aber es ist nur ein Teil des Preises, den wir alle zu zahlen haben werden, wenn es den Bevölkerungsplanern gelingt, uns in ihre Neue Welt-Ordnung hineinzutreiben.

ELFTES KAPITEL

DER GROSSE ENERGIESCHWINDEL

Die irrsinnigste Vorstellung, die es in diesem Lande seit langer Zeit gegeben hat, . . . ist, die, daß Verknappungen bei Benzin, Rindfleisch und einer Menge anderer Dinge schlecht für das amerikanische Volk sind. Was Amerika braucht, das sind noch mehr Verknappungen.

James Reston (CFR)
»New York Times«

Nachdem sie einmal die Hebel in Bewegung gesetzt hatten, um internationale Kontrollen für Lebensmittel und die Bevölkerung einzuführen, machten sich die Rockefellers an das überragend wichtige Feld der Energie. Wie Dr. Medford Evans bemerkte: »Energie läßt die Welt sich drehen.« Und er setzt die zwar bekannte, aber dennoch entscheidende Tatsache hinzu: »Wer das kontrolliert, was die Welt sich drehen läßt, der kontrolliert die Welt.« Mit anderen Worten, wenn die Neue Welt-Ordnung die Energie des Planeten kontrolliert, dann ist die Weltdiktatur errichtet.

Kolumnist Paul Scott unterrichtet uns darüber: »Wenn einmal das Konzept der internationalen politischen Kontrolle über die Lebensmittel von den UNO-Mitgliedern akzeptiert worden ist, will Kissinger weitergehen und das gleiche Konzept auf das Öl und schließlich auf alle Energie der Welt anwenden.«

Sie werden sich erinnern, daß wir im letzten Kapitel aus einem Bericht von Scott zitierten, nach dem Kissinger glaubt, daß durch die Kontrolle der Energie, besonders des Öls, die Insider die Nationen und ihre Finanzsysteme kontrollieren können; und daß solche internationale Kontrolle für das Öl und das Weltwährungswesen eine Weltregierung innerhalb der nächsten fünf Jahre bringen könnte.

Aber nach dem Rockefeller-Kissinger-Plan muß es eine Krise geben, die eine weltweite Depression auszulösen droht, bevor das Öl internationalisiert werden kann. Erinnern Sie sich bitte daran, daß »Krisen . . . die großen Vereiniger« sind. Es kann auch kaum Zweifel daran geben, daß die gegenwärtige internationale Erdölkrise vorsätzlich herbeigeführt worden ist. Sie ist von Anfang bis Ende auf Machenschaften zurückzuführen gewesen. Zu der Planung gehören die typisch bürokratischen Idiotien, von denen man nicht weiß, ob sie wirklich die Folgen haben sollten, die sie dann unweigerlich hatten; die an der Verschwörung beteiligten Rockefeller-Beauftragten wußten aber zu allen Zeiten genau, was sie taten.

Im Gegensatz zu den Weissagungen der Weltuntergangspropheten wird Amerika nicht ohne Öl dastehen. So bemerkt Don Oakley vom Copley News Service: »Für jedes der Milliarden und Abermilliarden von Fässern Öl, die in den Vereinigten Staaten verbraucht worden sind, seit Oberst Drake 1859 die erste Quelle erbohrte, bleibt mindestens noch ein weiteres Faß im Boden.« Nach John Knight, Erster Leitartikler der Knight-Zeitungen: »Eine Zahl von 100 Milliarden Faß (an Ölreserven) wird als konservativ genannt, obwohl in einigen Untersuchungen schon Zahlen von mehreren hundert Milliarden Faß, ohne Einschluß des Schieferöls, genannt werden.«

Haben Sie mitgerechnet? Amerika sitzt auf mehreren hundert Milliarden Faß Öl, das Schieferöl noch nicht mitgerechnet. Aber bis heute verbrauchen die Vereinigten Staaten nur etwa sechs Milliarden Faß Öl pro Jahr.

Schieferöl ist Öl, das in porösem Gestein enthalten ist. Das Innenministerium schätzt die Vorkommen an »leicht« gewinnbarem Schieferöl auf achtzig Milliarden Faß, und die Vorkommen, die sich unter dem Einsatz intensiver Technologie gewinnen lassen, auf 600 Milliarden Faß. Die 600 Milliarden Faß, die damit förderbar erscheinen, würden ausreichen, um die Vereinigten Staaten beim gegenwärtigen Verbrauch mindestens 100 Jahren lang zu versorgen. Die meisten Ölschiefervorkommen in den USA befinden sich auf Bundesland in den Staaten Wyoming, Colorado und Utah. Gewonnen wird bisher keines, weil die Bundesregierung sehr langsam — verdächtig langsam, sagen manche Leute — bei der Gewährung von Lizenzen für den Aufschluß dieser wertvollen Reserven ist.

Wir schwimmen regelrecht im Öl. »U. S. News & World Report« berichtete schon am 22. November 1971, daß unsere gesamten Ölreserven im Seegebiet vor der Küste 780 Milliarden Faß erreichen. Darin sind natürlich die schätzungsweise 20 Milliarden Faß in Alaska nicht eingeschlossen. Wenn wir nur das Öl vor der Küste, die alaskischen Reserven und das leicht gewinnbare Schieferöl nehmen, dann kommen wir für die Vereinigten Staaten schon auf 880 Milliarden Faß. Beim gegenwärtigen Verbrauch reicht das, so weist es der Taschenrechner aus, bis zum Jahr 2121. So lange lebt keiner von uns. Und außerdem können wir in dieser langen Zeit andere Energiearten entwickeln.

Wie soll das kommen, so fragte der Wirtschaftswissenschaftler Tom Rose, daß Amerika, nach über dreihundert Jahren fortgesetzten materiellen Aufschwungs, ohne Energieknappheit, plötzlich 1973 in eine Energiekrise hineinstolperte? Wenn Amerika große Energiereserven hat, warum sind sie dann nicht in großem Umfange verfügbar? Könnte es sein, so fragte Professor Rose, daß der historische Prozeß, nach dem diese Reserven verfügbar gemacht worden sind, verändert worden ist? Er merkt dazu an:

> In der zurückliegenden Zeit ist Amerika von auf Gewinn ausgerichteten Privatunternehmen und ebenfalls auf Gewinn ausgerichteten Firmen mit Energie versorgt worden. Sie haben das Risiko übernommen, jährlich Millionen und Millionen von Dollar für ihre langfristigen Pläne zur Deckung des wachsenden Energiebedarfs des amerikanischen Volkes zu investieren. Sie haben ihre Produktionspläne den Preissignalen angepaßt, die sie aus dem Marktwettbewerb erhielten. Über drei Jahrhunderte lang hat dieser Prozeß des freien Marktes ungemein erfolgreich funktioniert. Und miteinander im Wettbewerb liegende Energiequellen haben stets eine reichliche Versorgung zu vernünftigen Preisen sichergestellt.

In den letzten Jahrzehnten haben sich jedoch die Bürokraten und die Politiker in den Marktverlauf eingeschaltet. Wie Professor Rose notiert: »In den letzten zwei oder drei Jahrzehnten — besonders seit 1955 die FPC (Federal Power Commission) begonnen hat, die Abgabepreise von Gas und Öl beim Erzeuger zu kontrollieren — haben sich die Energieversorger Signalen gegenübergesehen, die nicht aus dem Markt kamen . . . Weder der Nahostkrieg noch der amerikanische Wohlstand sind die Ursache unserer gegenwärtigen Energiekrise. Sie ist durch politische Einmischung hervorgerufen worden.«

Dieser letzte Punkt ist für das Verständnis so wesentlich, daß wir ihn wiederholen möchten. Der amerikanische Ölverbraucher hat die Energiekrise nicht verursacht. Der Nahostkrieg hat sie nicht hervorgerufen. Auch unser wachsender Wohlstand ist nicht die Ursache. Politische Einmischung (durch einige unserer hervorragendsten Planer, so möchte man hinzusetzen) trug die Schuld.

Aber haben Sie gehört, daß die Rockefellers, die Direktoren von Standard Oil oder auch nur andere Ölländer in Protestgeschrei dagegen ausgebrochen sind, daß eine Gruppe

Bürokraten die wahren Verhältnisse von Angebot und Nachfrage so verzerrt hat, daß wir uns jetzt einer weltweiten Krise gegenübersehen? Nur Mobil hat ein paar Anzeigen mit Hinweisen in dieser Richtung veröffentlicht. Wenn die Rockefellers aber wirklich vorgehabt hätten, darzustellen, was für ein mit den Händen zu greifender Betrug die Energiekrise in Wirklichkeit ist, dann würden stundenlange Dokumentarberichte über ABC, NBC und CBS gelaufen sein. Stattdessen haben diese Sendernetze eine Unzahl von Sondersendungen gebracht, mit denen dem Publikum eingeredet werden sollte, daß Exxon bald den letzten Liter Benzin liefern wird.

Das massive Eingreifen des Staates in die Entwicklung und Vermarktung der Energie ist zu einem wesentlichen Teil mit ökologischen Überlegungen begründet worden. Die »Krise«, mit der die weitere Ausbeutung von Ölvorkommen im Küstenvorland abgewürgt werden sollte, hatte mit dem »Springer« von Santa Barbara 1969 begonnen. Die den Liberalen zugerechneten Medien spielten diesen Sonderausbruch hoch, als wenn es sich um etwas Schlimmeres als die Beulenpest gehandelt hätte. In den Nachrichtensendungen des Fernsehens wurden die Zuschauer jeden Abend mit herzzerreißenden Großaufnahmen von Möwen voller Erdöl traktiert.

Später wurde eine Untersuchung des Unfalls von Santa Barbara von vierzig führenden Wissenschaftlern unter der Leitung von Dr. Dale Straughan, einer Meeresbiologin von der Universität von Südkalifornien, durchgeführt. Diese mit einem Aufwand von 250 000 Dollar angestellte Untersuchung wurde mit der Herausgabe eines 900seitigen Berichts abgeschlossen, in dem es hieß: »Der Gesamtschaden, der von diesem Springer angerichtet worden ist, wurde nicht nur erheblich überschätzt, sondern, wo Schäden aufgetreten sind, hat die Natur inzwischen den normalen Zustand wiederhergestellt.«

Die Feststellungen von Frau Dr. Straughan und ihrem Team wurden wie eine Geheimsache höchster Stufe behandelt. Die Brinkleys, Cronkites und die anderen, die den unglücklichen Zwischenfall zu einer nationalen Horrorstory aufgebauscht hatten, waren so davon in Anspruch genommen, die Trommeln für die Einstellung aller Bohrarbeiten im Küstenvorland zu rühren, daß sie keine Zeit hatten, sich mit den weniger dramatischen Berichten darüber zu befassen, was nun in Santa Barbara wirklich vorgefallen war. Sie waren so damit beschäftigt, sich für den Griff des Staates nach den Energiequellen einzusetzen, daß sie es nicht fertigbrachten, einmal zu berichten, daß bei den annähernd 14 000 Bohrungen, die bisher im Küstenvorland niedergebracht worden sind, insgesamt 3 — in Worten: drei — ernsthafte Springer verzeichnet wurden.

Die Propagandalügen über den Santa-Barbara-Springer dienten der Regierung Nixon als Entschuldigung, um Genehmigungen für Öl- und Gasbohrungen vor der Küste nicht nur im Santa-Barbara-Kanal, sondern überall vor den Küsten des Landes abzuwürgen. Wie sie es schon ein um das andere Mal getan hatte, so gab die Regierung auch dieses Mal angesichts des Geschreis nach und verschwieg die ihr bekannten Tatsachen. Während der Verbrauch von Erdöl und Erdgas von Jahr zu Jahr zunahm, verhinderten Nixons Märchenerzähler die Ausweitung des Angebots. Jeder, der auch nur die Anfangsgründe wirtschaftlichen Wissens kennengelernt hat, weiß, daß das Ergebnis einer Nachfrageausweitung bei gleichbleibendem Angebot und unveränderten Preisen unweigerlich zur Verknappung führt. Die Herren der Nixon-Wirtschaft wußten das, und sie taten es dennoch.

Der Stopp für weitere Bohrungen im Küstenvorland war nicht nur das einzige Plus, das die Urheber unserer Mangellagen aus dem Santa-Barbara-Springer zogen. Im Kielwasser dieser »ökologischen Katastrophe« konnte Senator Henry Jackson aus dem Staat Washington seine schon oft niedergestimmte Vorlage zur Ausarbeitung einer nationalen Politik für den Umweltschutz und zur Bildung eines Rates für Umwelt-Qualität durchbringen. Auf den ersten Blick nahm sich dieses Gesetz ziemlich unschuldig aus. Dan Smoot berichtete aber in »The Business End of Government«:

> ... dieses Gesetz hat weit größere Auswirkungen, als man ihm zutraut, versicherten die Parteigänger der Aktivisten, nachdem sie es durch hatten. Es gibt ihnen die rechtliche Möglichkeit in die Hand, in den Gerichten gegen jede größere geschäftliche Unternehmung in den Vereinigten Staaten vorzugehen ...
>
> Das Umweltschutz-Gesetz ließ den Begriff der Umwelt so unscharf und unklar, daß die Bundesgerichte damit fast grenzenlose Macht erhalten, um ihre Einsprüche gegen die Tätigkeit von staatlichen Stellen und die vom Kongreß beschlossenen Gesetze einlegen zu können. Keine Firma kann ein größes Vorhaben in Angriff nehmen, ohne sich vorher mit irgendeiner staatlichen Stelle darüber zu verständigen — da geht es um Genehmigungen, Lizenzen, Wegerechte, Verpachtungen, die Benutzung öffentlicher Verkehrswege, und so weiter. Jede Gruppe von zwei oder mehr Personen, die bereit ist, eine kleine Kaution zu hinterlegen und einen Anwalt anzuheuern, kann ein Gerichtsverfahren gegen eine staatliche Stelle in Gang bringen, indem sie behauptet, diese Stelle habe es unterlassen, bei der Erteilung der Genehmigung für ein Unternehmensvorhaben einen genügend ausführlichen Bericht über die Auswirkungen auf die Umwelt anzufertigen, wie es im Umweltschutzgesetz von 1969 vorgeschrieben ist. Sie kann eine gerichtliche Verfügung erwirken, durch die dem Unternehmen jedes Tätigwerden untersagt wird, bis die staatliche Stelle eine ausreichende Erklärung über die Auswirkungen der Maßnahme auf die Umwelt abgibt und eine Alternativlösung vorschlägt.

Das Jackson-Gesetz, gegen das Richard Nixon auch kein Veto einlegen wollte, diente dazu, den Bau der Alaska-Pipeline fünf Jahre lang zu verzögern. Unter dem Vorwand, daß die Tundra in ihrer Ursprünglichkeit für die Rentiere erhalten werden müsse, legten die Ökomanen das Projekt in den Gerichten still. Eine Pipeline durch die gefrorene Tundra Mittelalaskas ist ungefähr so störend wie ein Nähfaden auf einer Liegewiese und beeinträchtigt die Natur ungefähr in gleicher Weise. Aber das Jacksonsche Umweltgesetz verschaffte den Radikalen nicht nur das Ansehen vor Gericht, sondern gab ihnen auch eine Trumpfkarte in die Hand, mit der sie verlangen konnten, daß alle an Entwicklungsvorhaben Beteiligten als Schuldige zu gelten haben, solange sie ihre Unschuld nicht bewiesen haben.

Von der aufgebrachten Öffentlichkeit dazu getrieben, beschloß der Kongreß schließlich, den Beginn des Pipeline-Baus zuzulassen. Nach einer Verzögerung von fünf Jahren kann man nun damit rechnen, daß irgendwann im Jahre 1978 Rohöl aus der Leitung zu laufen beginnt. Aber wenn die Regierung Nixon nicht freundlicherweise ihre Niederlage gegen die Ökomanen hingenommen hätte, dann würde das Rohöl aus Alaska bereits in einer Menge von einer Million Faß pro Tag in die Raffinerien laufen — und das ist fast die gleiche Menge, wie sie die Vereinigten Staaten aus dem Nahen Osten einführen.

Einer der bedeutendsten Schritte auf dem Wege zur Erzeugung künstlicher Mangellagen war im Juni 1970 der Erlaß einer Verordnung durch Präsident Nixon, mit der das Umweltschutzamt geschaffen wurde. Ein vorläufiger Bericht über die Tätigkeit der 9000 Bürokraten in diesem Amt ist inzwischen vom Bewilligungs-Unterausschuß des Repräsentantenhauses veröffentlicht worden. Darin heißt es:

> Der Unterausschuß ist davon überzeugt, daß das Umweltschutzamt eine wesentliche Rolle in der gegenwärtigen Energiekrise gespielt hat. Die Billigung übertrieben restriktiver staatlicher Pläne

durch das Amt, in denen die Einhaltung von Standardwerten in der Luft gefordert wird, hat die Industrie gezwungen, von der Kohle zu Brennstoffen mit niedrigem Schwefelgehalt überzugehen. Diese verstärkte Nachfrage nach Öl und Gas hat wesentlich zur Entstehung der gegenwärtigen Brennstoffprobleme beigetragen. Außerdem haben die von dem Amt eingeführten Werte für Automobilabgase zu einer erheblichen Steigerung des Bedarfs an Benzin geführt, das ebenfalls nur in nicht ausreichenden Mengen zur Verfügung steht und wahrscheinlich rationiert werden muß.

Unter dem Vorwand, die Luftverschmutzung in den Griff bekommen zu müssen, hat Nixons Umweltschutzamt die Automobilhersteller gezwungen, alle möglichen benzinverzehrenden Gerätschaften in die Motoren einzubauen. Das Reinergebnis war, daß die Kilometerleistung pro Liter Treibstoff um mindestens zwanzig Prozent vermindert wurde, und wenn man die Tatsache berücksichtigt, daß solche Motoren kaum jemals genau eingestellt werden können, wird sich der Verlust möglicherweise auf fünfzig Prozent belaufen.

Nach einer Übersicht von Shirley Scheibla, der Washingtoner Redakteurin von »Barron's«, führen die auf Anordnung des Umweltschutzamtes in die amerikanischen Autos eingebauten Apparate zu einem Mehrverbrauch von 300 000 Faß Benzin pro Tag; bis 1980 werden die Kontrollen einen Mehrverbrauch von zwei Millionen Faß pro Tag erfordern. In der Zwischenzeit hat die vom Bund erzwungene Verringerung des Bleigehalts des Benzins die Leistung um weitere zwanzig Prozent vermindert. Dabei scheinen bisher aber kaum zwei Fachleute jemals zu einem übereinstimmenden Urteil bezüglich der Verminderung der Luftverschmutzung durch die verschiedenen Apparate gekommen zu sein. Einige glauben sogar, daß sich unter dem Strich eine Verschlechterung der Luft ergibt. Wir wissen es nicht, aber wenn der Wagen bis doppelt so viel Benzin verbraucht, kann man eigentlich annehmen, daß die Menge der schädlichen Stoffe, die aus dem Auspuff kommen, zugenommen haben müßte.

Die zehntausend unabhängigen Ölfirmen in den Vereinigten Staaten bringen 80 Prozent der Bohrungen nieder. Eine Staats- oder »Volks«-Kontrolle über die Ölindustrie würde bedeuten, daß Rockefeller praktisch die Kontrolle über seine Konkurrenten übernimmt. Dann würde die Totenglocke für die Unabhängigen geläutet und die eine Große Nationale Ölgesellschaft unter der Herrschaft des Hauses Rockefeller errichtet werden. Ja, der Konkurrenzkampf ist immer noch eine Sünde.

Wenn Sie immer noch Zweifel darüber hegen sollten, ob die Rockefellers das Entstehen der Energiekrise gefördert haben, um daraus Macht und Gewinn zu ziehen, dann denken Sie bitte daran, daß sie ihre angeblichen Feinde, die Ökomanen, finanziert haben.

Unglaublich? Es stimmt aber. Und nicht, weil die Rockefellers den blauen Himmel und fallende Gewinne lieben. Die Umweltgesetzgebung wurde durch den Kongreß geboxt, indem die Lobby unzählige »Experten« aufbot. Um diese »Bürgerlobbies« zusammenzubringen, braucht man eine Menge Geld; und im Gegensatz zu der sentimentalen Publizität der meisten dieser Gruppen, kommen diese Dollar nicht zusammen, indem Schulkinder ihre Milchgroschen spenden und Collegestudenten auf ihr Bier verzichten. Das Geld, mit dem die »verkrusteten Interessen« bekämpft werden, kommt zum großen Teil von diesen verkrusteten Interessen selbst und aus den Stiftungen, die sie begründet haben. Denken Sie daran, daß mehr Kontrolle schlimmere Mangellagen bedeuten; und wenn Öl und Gas knapp werden, dann schießen die Preise haushoch*).

*) Etwa ein Drittel der Kosten für einen Liter Benzin entfällt auf die Ölgesellschaft. Wenn die Benzinpreise auf einen Dollar pro Gallon (das entspricht einem Preis von 0,57 DM für einen Liter) steigen, wie die meisten Fachleute annehmen, dann ist der Anteil von Standard Oil natürlich erheblich größer als bei einem Benzinpreis von 34,9 Cents pro Gallon (umgerechnet 0,20 DM pro Liter).

Während der Anhörungen über das Gesetz zur Einführung einer Nationalen Umweltschutzpolitik im Jahre 1969 im Kongreß trat kein anderer als J. G. Harrar, damals Präsident der Rockefeller-Stiftung (und natürlich CFR-Mitglied), dafür ein, daß die Vereinten Nationen ein internationales Programm gegen die weltweite Umweltverschmutzung ausarbeiten. Andere Lobbyisten, die sich dem Geschrei nach mehr Staatskontrollen anschlossen, wurden von der Ford-Stiftung finanziert. Edward Rogers, der als Sprecher für den von Ford geförderten Umweltverteidigungsfond auftrat, befürwortete sogar eine internationale Kontrolle der Kraftfahrzeuge.

Erklärungen bei einem solchen Hearing und die Aufzählung der dort Erscheinenden sind monotone Wiederholungen. Auf die eine oder andere Weise traten alle Anwesenden für eine Verstärkung der Bundeskontrolle über die »Umwelt« ein — das heißt für Bundeskontrollen über fast alles und jeden. Einige Zeugen, die weniger zurückhaltend als ihre Hintermänner waren, forderten die Abschaffung des kapitalistischen Systems; andere meinten, regionale oder internationale Planungsbehörden seien notwendig, um mit dem Problem der Umweltverschmutzung fertigzuwerden.

Natürlich haben die lauten Marxisten auf den Kongreß nur wenig Einfluß. Gefährlich sind die korporierten Sozialisten in den dunklen Anzügen. Sie tragen die Glaubhaftigkeit, das Prestige und den finanziellen Rückhalt des Rockefeller-Komplexes vor sich her, und ihnen hört der Kongreß natürlich sehr genau zu.

Obwohl es heute so aussieht, als ob sie schon immer da war, erschien die Umweltschutzbewegung fast über Nacht. Vor fünf Jahren hatte noch nicht ein Mensch unter fünftausend das Wort Ökologie gehört. Aber plötzlich sollen wir alle von der Panik ergriffen werden bei dem Gedanken, daß die schleimige Hand der Umweltverschmutzung uns erstickt, während wir schlafen.

Die hauptsächlichen Geldgeber für diese angeblich spontan entstandene Bewegung waren die zahlreichen Rockefeller-Stiftungen, die von Rockefeller kontrollierte Ford-Stiftung, die von Rockefeller kontrollierte Carnegie-Stiftung und die mit Rockefeller verflochtene Mellon(Gulf-Oil)-Stiftung. Unter den weniger energisch auftretenden Befürwortern waren Robert O. Anderson von Atlantic Richfield (und dem CFR) und Henry Ford II. von der Ford Motor Company (und dem CFR).

Die Nummer eins unter den Geldgebern für die Ökologie-Bewegung ist die Ford-Stiftung, deren Beiräte fast durchweg Mitglieder des CFR sind. Sie hat Millionen von Dollar in alle möglichen Bewegungen zur Bevölkerungsplanung und Umweltkontrolle hineingesteckt.

Die Ford-Stiftung hat zwei Millionen Dollar für das Projekt einer Energiepolitik beigesteuert, um einen Beitrag zur Festlegung einer Bundespolitik auf diesem Gebiet zu leisten. Für diesen Betrag erwartete sie Ergebnisse und erhielt sie auch. Ford gab weitere 309 000 Dollar an das Zentrum für Recht im Öffentlichen Interesse und 162 000 Dollar an das Königliche Institut für Internationale Angelegenheiten (das britische Gegenstück zum CFR) für eine Untersuchung der Rolle der Ölgesellschaften auf dem Energiemarkt.

Die erfolgreichste Organisation bei dem Vorhaben, durch Gerichtsverfahren dem Lande das wirtschaftliche Nullwachstum aufzuzwingen, indem der Bau von Raffinerien, Flugplätzen, Einkaufszentren, Siedlungen und anderer Einrichtungen blockiert wird, ist der Sierra-Club. Diese Vereinigung war viele Jahre lang eine angesehene Gruppe, die ernsthaft die Erhaltung und den Schutz von Wäldern und Tieren betrieb, bis er von politischen Radikalen übernommen wurde. Jetzt benutzt er das Umweltschutzgesetz, um mit Hilfe der Gerichte Hunderttausende von Arbeitern um ihren Arbeitsplatz zu bringen.

Der Sierra-Club ist zum Symbol des Kampfes der Ökologie-Bewegung gegen die »Großfirmen« geworden. Die Mittel für diesen vorgeblich menschenfreundlichen Kreuzzug stellt ihm die Ford-Stiftung zur Verfügung. Ford hat dem Rechtsschutzfond des Sierra-Clubs 98 000 Dollar im Jahre 1971 und 143 000 Dollar 1972 zur Verfügung gestellt, und auch die Rockefellers haben für den Rechtsschutzfond des Sierra-Clubs gespendet.

Nach der Ford-Stiftung sind die führenden Geldgeber für die Ökologie-Bewegung die verschiedenen Rockefeller-Stiftungen. Der Rockefeller Brothers Fund, die Rockefeller-Stiftung und der Rockefeller Family Fund leisten erhebliche Beiträge zu der Umweltrevolution, von der Standard Oil so hübsch profitiert, indem die Ölpreise himmelhoch getrieben werden.

Hier sind einige Zahlen dazu:

1969 stiftete die Rockefeller-Stiftung 250 000 Dollar für die Akademie der Nationalen Wissenschaften; 200 000 Dollar für die American Conservation Association (Naturschutzgesellschaft); 60 000 Dollar für die National Audubon Society (Vogelschutz) und 25 000 Dollar an den Conservation Fund (Naturschutzfond).

1971 gab die Rockefeller-Stiftung 300 000 Dollar an die Citizens for a Quieter City (Bürger für eine ruhigere Stadt); 23 200 Dollar an die Columbia-Universität für politikwissenschaftliche Forschungen; 500 000 Dollar an die Conservation Foundation (Naturschutz-Stiftung); 152 000 Dollar an das Environmental Law Institute (Institut für Umweltschutz); 50 000 Dollar für ökologische Zwecke an das Massachusetts Institute of Technology und 1 000 000 Dollar an den Population Council (Bevölkerungsrat).

1972 gab der Rockefeller Family Fund 10 000 Dollar an den National Resources Defense Council (Nationaler Rat für die Erhaltung der Ressourcen) und zwei Spenden von 17 750 und 25 000 Dollar an den Rechtsschutzfond des Sierra-Clubs. Die Rockefeller-Stiftung spendete 25 000 Dollar für Umweltstudien am Massachusetts Institute of Technology und der Rockefeller Brothers Fund spendete 500 000 Dollar für die American Conservation Association.

Und 1973 gab die Rockefeller-Stiftung 500 000 Dollar an den Population Council und 25 000 Dollar an das Population Crisis Committee. Der Rockefeller Brothers Fund spendete 250 000 Dollar für den Population Council, 10 000 Dollar wiederum für den Population Council und 25 000 Dollar für das Population Institute.

Dabei sollte erwähnt werden, daß es ungesetzlich ist, wenn Stiftungen politische Aktivitäten finanzieren. Wenn diese Gesetzesbestimmung angewendet würde, müßten die betroffenen Stiftungen ihre Steuerfreiheit verlieren. Darauf kann man aber lange warten.

Typisch für den Blödsinn, den die von Rockefeller mit Geld ausgestatteten Organisationen von sich geben, ist ein Bericht in der »Los Angeles Times« vom 27. August 1975:

> Die Amerikaner werden weniger essen, vom Wagen auf das Fahrrad umsteigen und auch noch auf andere Weise in den nächsten zehn Jahren ihren Gürtel enger schnallen müssen, denn die Energieknappheit bleibt bestehen; so geht es aus einem Bericht hervor, der vom Aspen Institute for Humanistic Studies veröffentlicht worden ist. Der Autor des Papiers, Abraham M. Sirkin, ein früheres Mitglied des politischen und Planungsstabes des Außenministeriums, prophezeit, daß diese Einschränkungen eine Generation von gesünderen Amerikanern zur Folge haben werden.

Das Aspen Institute wird — hoffentlich sind Sie nicht überrascht, wenn Sie das erfahren — vom Rockefeller Brothers Fund unterstützt.

Die Rockefellers sind nicht die einzigen Ölindustriellen, die an der Finanzierung der vorgeblich gegen das Öl eingestellten Ökologie-Bewegung mitwirken. Andere Spender sind die Gulf-Oil-Stiftung, der Humble Companies Charitable Trust, die Mobil-Stiftung und die Union-Oil-of-California-Stiftung. Alle werden natürlich von Rockefeller kontrolliert oder sind mit ihm über den CFR verbunden. Im wesentlichen sind es diese Gruppen gewesen, die dafür gezahlt haben, daß die Gesetze durchgingen, mit denen die Kilometerleistung der Automobile beschnitten wurde. Das Endziel ist aber viel höher: die fortdauernde Energiekrise soll als Begründung für die Schaffung der Neuen Welt-Ordnung herhalten.

Ralph Nader, der Mann, der einst seinen Zuhörern erklärte, was wir brauchten, sei »irgendeine Art Kommunismus«, wird ebenfalls bei seinem Versuch, das System des freien Unternehmertums zu zerstören, aus dem Rockefeller-Netz mit Geld ausgestattet. Unter den Gruppen, die diesen verkappten Kreuzzügler finanzieren, sind die schon bekannte Ford-Stiftung und die Field-Stiftung, beide mit dem CFR verknüpft. Nader bekämpft das Establishment nicht wirklich. Er arbeitet vielmehr dafür. Nach einem Artikel in der »Business Week«, der am 10. März 1971 im Kongreß-Bericht nachgedruckt wurde, ist John D. Rockefeller IV. sogar als Berater Naders tätig.

Natürlich hat die künstlich erzeugte Erdölverknappung die Vereinigten Staaten von ausländischem Öl abhängig gemacht. Um die verärgerte Öffentlichkeit zu beruhigen, ist viel darüber gesprochen worden, daß die politischen Beschränkungen aufgehoben werden sollen, damit die Unabhängigkeit auf dem Energiesektor hergestellt werden könne. Das ist aber nur Vernebelungstaktik. Während sie über Unabhängigkeit reden, sind die Rockefellers entschlossen, das Land in Abhängigkeit vom Auslandsöl zu halten. Schließlich gehört ihnen das meiste von diesem Öl oder wird wenigstens von ihnen verkauft.

Im »Wall Street Journal« vom 6. März 1974 gab Henry Kissinger zu, daß das Gerede über »Unabhängigkeit auf dem Energiesektor« zur Täuschung dienen solle. Das Vorhaben der Unabhängigkeit sei vielmehr eine Station auf dem Wege zu dem neuen Vorhaben der Interdependenz. Und auf der

Weltenergiekonferenz im September 1974 in Detroit erklärte Präsident Ford offen und frei: »Ich rufe Sie alle auf, dieser Herausforderung zu begegnen und der Welt ihre Empfehlungen für eine globale Energiestrategie zu unterbreiten. Ob Sie das nun Projekt Interdependenz nennen oder ihm einen anderen Namen geben, ist nicht das wesentliche.« Das wesentliche ist eben die »Interdependenz«. Die künstlich hervorgerufenen Energie-, Ernährungs- und Bevölkerungskrisen sind Pappkameraden, die von den Insidern aufgestellt worden sind, damit sie zugunsten einer Neuen Welt-Ordnung umgelegt werden können. Krisen sind eben doch die größten Vereiniger.

Kissingers Plan, eine internationale politische Kontrolle über das Öl herbeizuführen, schält sich langsam heraus, und ist, wie Paul Scott anmerkte, »eine der aufregendsten Geschichten unserer Zeit«.

Nach dem Bericht von Paul Scott schätzen Beamte der Weltbank, daß jetzt jährlich 100 Milliarden Dollar an die Ölproduzenten im Nahen Osten gehen — oder mehr, als alle Investitionen der Vereinigten Staaten im Ausland zusammengenommen ausmachen. »Um es ganz deutlich zu sagen, die Ölproduzenten im Nahen Osten erwerben so viel Reichtum aus den westlichen Industrienationen, daß sie sie bis 1980 aufkaufen können, wenn die jetzigen Preise bestehen bleiben.«

Damit, daß die OPEC die Kontrolle über den größten Teil des Öls und des Geldes erhält, sieht Kissinger eine Konfrontation zwischen den ölproduzierenden und den ölverbrauchenden Ländern entstehen, aus der sich dann, so berichtet Scott, »die Internationalisierung von Produktion, Preisgestaltung und Verteilung des Öls« ergeben soll. Das wäre dann das endgültige Monopol.

Verständlicherweise werden die arabischen Scheichs jetzt in die Lage versetzt, einen Krieg im Nahen Osten auslösen zu können. Kissinger hat bereits kund und zu wissen gegeben, daß wir eine Invasion im Nahen Osten unternehmen würden, wenn ein Ölembargo verhängt werden sollte. Nachdem wir die Scheichs mit hervorragendem Rüstungsmaterial versorgt haben, würde dieser Krieg blutig werden. An seinem Ende wären wir dann aber natürlich bei der »Internationalisierung des Öls«.

Wiederum muß man sehr naiv sein, wenn man nun glaubt, daß die Rockefellers ihren Agenten Kissinger aussenden, um die Internationalisierung des Öls so zu organisieren, daß sie dabei ihre Holdings loswerden. Vielmehr sollte sich jeder unabhängige Geschäftsmann im Ölgeschäft rechtzeitig Sorgen machen. Denn immer noch gilt das alte Rockefeller-Wort, daß Konkurrenzkampf eine Sünde sei und das Rockefeller-Spiel »Monopoly« (Monopol) heißt.

Während im Nahen Osten Harmageddon vorbereitet wird, sorgen die Rockefellers dafür, daß die Rechnung für das ganze einem Amerikaner namens John Q. Taxpayer (Steuerzahler) in die Tasche geschoben wird. Die »Chicago Tribune« hatte dafür schon am 2. Oktober 1974 die passende Überschrift: »USA unterstützen neuen Weg zur Bezahlung der Ölrechnungen der Welt — Simon«. Finanzminister William Simon, internationaler Bankier und CFR-Mitglied, hatte vor den Führungsgremien der Weltbank und des Internationalen Währungsfonds erklärt, wenn die Entwicklungsländer Schwierigkeiten dabei hätten, ihre Ölrechnungen zu bezahlen, dann brauchten sie sich nur an den amerikanischen Steuerzahler zu halten. »Wenn sich die eindeutige Notwendigkeit für zusätzliche internationale Kreditmechanismen ergibt, werden die Vereinigten Staaten diese Einrichtung unterstützen.«

Nach dem Kissinger-Rockefeller-Plan werden die Amerikaner die Rechnung in mehr als einer Weise bezahlen. Ohne daß die kontrollierte Presse auch nur »Piep« sagte, traf sich Kissinger mit den Mitgliedern des Internationalen Energie-Amtes und erklärte sich bereit, das amerikanische Öl mit ihnen zu teilen, wenn die Rockefellers einen neuen Ölboykott der Araber arrangieren sollten. Paul Scott, ein Kolumnist, der nicht zu den kontrollierten gehört, berichtete:

> Nach dem Ölverteilungsplan, der vor kurzem in Brüssel zwischen den USA und 11 anderen großen Industrieländern ausgehandelt worden ist, wird im amerikanischen Inland produziertes Öl zum erstenmal in unserer Geschichte im Falle eines neuen Ölembargos im Nahen Osten auf- und zugeteilt werden.
>
> Die genauen Zuteilungsmengen sollen von einer quasi-unabhängigen Management-Organisation festgelegt werden, die innerhalb der in Paris ansässigen Organisation für Wirtschaftliche Zusammenarbeit und Entwicklung (OECD), einer wirtschaftlichen Beratergruppe aus den führenden nichtkommunistischen Industrienationen, gebildet werden soll.
>
> Am verwirrendsten und alarmierendsten beim Kissinger-Ölplan ist die Tatsache, daß er in seiner Auswirkung den »Auslöser« den nahöstlichen Ölprouzenten in die Hände legt — und damit die Durchschlagskraft ihrer Ölwaffe erhöht und die Araber um so mehr in die Versuchung bringt, sie auch zu gebrauchen.
>
> Damit die Kontrolle über die amerikanische Inlandsversorgung mit Öl in die Hände eines internationalen Gremiums übergeht, brauchen nun die Ölproduzenten im Nahen Osten nichts anderes mehr zu unternehmen, als ihr Ölembargo zu verhängen, wie sie es schon während des arabisch-israelischen Krieges im Jahre 1973 getan haben.

Die Kontrolle über die Landwirtschaft und die Energie ist ein Teil der Rockefeller-Kissinger-Strategie zur Plünderung des Landes, die im Mittelpunkt des Plans der Insider zur Erzwingung eines Null-Wachstums für die Wirtschaft der Vereinigten Staaten steht.

Führend mit dem Ruf nach dem Nullwachstum ist eine Gruppe von internationalen Establishment-Mitgliedern, die sich The Club of Rome nennt. Autor Ovid Demaris nennt diesen Club in »Dirty Business« eine Organisation angesehener Industrieller, Bankiers und Wissenschaftler aus fündundzwanzig Ländern. Er wurde auf der Privatbesitzung der Rockefeller-Familie in Bellagio (Italien) begründet. In einem Bericht, den er herausgab, warnte dieser Club vor der Gefahr, daß, wenn der Lebensstandard der höher entwickelten Nationen nicht verringert werde, »ein plötzlicher und unkontrollierbarer Abfall sowohl in der Bevölkerungszahl als auch der industriellen Kapazität« unvermeidlich sein würde.

Hier haben wir also fünfzig führende Geschäftsleute und internationale Bankiers, die sich unter der Schirmherrschaft der Rockefeller-Familie versammelt haben und zu dem Schluß kommen, daß die Produktion in Amerika verringert werden müsse! Wiederum vermerken Sie bitte, daß es *Ihr* Lebensstandard ist, den sie herabzusetzen vorschlagen, nicht ihr eigener!

Natürlich veranstaltete die kontrollierte Presse alles ihr nur Mögliche, um diese furchterregenden Stories der Leute vom Club of Rome unter die Menge zu bringen. Nur ein Beispiel mag der Bericht der »Time« vom 24. Januar 1972 sein:

> Die Hochöfen in Pittsburgh sind kalt; in Detroit stehen die Fließbänder still. In Los Angeles versuchen ein paar ausgehungerte Überlebende, eine magere Ernte auf dem Mittelstreifen der Autobahnen, in Hofgärten und auf den Feldern vor der Stadt zu erzielen. In London bleiben die Büros dunkel, die Docks leer. Auf den Feldern der Ukraine stehen verlassene Traktoren herum; es gibt keinen Treibstoff mehr für sie. Das Wasser von Rhein, Nil und Gelbem Fluß stinkt nach giftigen Flüssigkeiten.

Die Botschaft dieser Angstmacher erschien in einem 197-seitigen Paperback, der es auf 18 Auflagen brachte und in 23 Sprachen übersetzt wurde, darunter auch Serbokroatisch, Finnisch und Thai. Die Insider, die den Ton angeben, wissen, daß der einzige Weg zur freiwilligen Kapitulation der ist, die Amerikaner dazu zu bringen, unterwürfig ihre Pläne zu akzeptieren.

Bevor wir fortfahren, fühlen wir uns allerdings verpflichtet, Ihnen zu versichern, daß die von den Rockefellers geförderte »Untersuchung«, die den Titel »Grenzen des Wachstums« trägt, trotz des Jubelchors der vom CFR kontrollierten Medien von gut unterrichteten Demographen als absurd angesehen wird. Wilfred Beckerman, angesehener Professor der politischen Wirtschaft an der Universität London, ging so weit, dieses Buch »ein unverschämtes Stück Impertinenz« zu nennen. (Das ist ungefähr die gröbste Art Sprache, die man von einem richtigen Engländer hören kann.)

Unsere einzige Hoffnung auf ein Überleben, so versichern uns die ökologischen Angstmacher, besteht darin, das Nullwachstum der Bevölkerung mit dem Nullwachstum der Wirtschaft zu verbinden. Amerika hat das erstere bereits erreicht, aber unsere Wirtschaft genügend abzubremsen, um auch bei ihr zum Nullwachstum zu kommen, ist ein schwierigeres Stück Arbeit. Diese Ziel läßt sich nur mit einem direkten Eingriff des Staates erreichen.

Die Botschaft wird aber pflichtschuldigst von den Medien des Establishments unter die Leute gebracht, indem die Propagandamaschinen unablässig die Doktrin vom Überleben durch Verringerung des Lebensstandards wiederholen. Features mit Überschriften wie »Alles geht zu Ende« (»Newsweek«) und »Zeit für eine neue Sparsamkeitswelle« (»Time«) erscheinen regelmäßig in den Wochenblättern. Ein großer Teil der Propaganda ist darauf abgestellt, daß sich die Amerikaner wegen ihres Wohlstandes schuldig fühlen und wegen ihrer angeblichen Habsucht und ihres schlechten Charakters schämen sollen.

Was ist also die Lösung? Es gibt nur einen Weg, um diesem Profitsystem ein Ende zu bereiten, und der führt über den direkten Eingriff des Staates (und kann viele verschiedene Formen annehmen — Besteuerung, Regelung, Zuteilung, Rationierung usw.). Die beiden Wörter, die am meisten gebraucht werden, um ein solches Vorgehen des Staates zu bezeichnen, sind natürlich Sozialismus und Faschismus.

Aber die Parteigänger des Sozialismus innerhalb des Establishments sehen sich sehr vor, dieses Wort jemals zu gebrauchen. Während die ausgesprochenen Radikalen sich weniger heuchlerisch geben, wissen die liberalen Politiker, die Bürokraten und die Medienmanager, daß die Amerikaner einen Begriff davon haben, was Sozialismus bedeutet und ihn keineswegs wollen. Deshalb gebrauchen die Sozialismus-Händler des Establishments seit dreißig Jahren stets Schlüsselwörter und Umschreibungen, während nur die Radikalen offen davon reden. Statt frei heraus Sozialismus oder Faschismus zu sagen, zieht man es im Establishment vor, mit Ausdrücken wie »Planung« zu arbeiten. Die Frage ist: Wer plant Ihr Leben, Sie selbst oder das Frankenstein-Monster, das die Rockefellers in die Welt gesetzt haben und das »Großer Bruder« heißt?

Wenn die Rockefeller-CFR-Clique einen offiziellen Sprecher hat, dann ist es James Reston, der führende Leitartikler der »New York Times«, dessen Beiträge auch in Hunderten von anderen Zeitungen im ganzen Lande erscheinen. Lesen Sie Reston, und sie bleiben auf dem laufenden mit den letzten Entwicklungen auf der Linie Rockefellers und des Establishments. 1973 schrieb Reston:

> Die irrsinnigste Vorstellung, die es in diesem Lande seit langer Zeit gegeben hat — und es hat in letzter Zeit eine ganze Menge verrückte Vorstellungen gegeben — ist die, daß Verknappungen bei Benzin, Rindfleisch und einer Menge anderer Dinge schlecht für das amerikanische Volk sind. Was Amerika wirklich braucht, sind noch mehr

> Verknappungen. Nicht unsere Verknappungen, sondern unsere Überschüsse schaden uns. Zu viel Benzin, zu viel Schnaps und — möge man mich morgen rausschmeißen! — zu viel Zeitungspapier sind unsere Probleme ...

Ja, Sie haben richtig gelesen, James Reston von der »New York Times« sagt, daß wir noch mehr Verknappungen brauchen. Ebenso wie das Mitspielen bei einer verlierenden Fußballmannschaft sind die Verknappungen charakterbildend. Je mehr wir leiden, desto besser wird es uns gehen! Natürlich leben jene Würdigen, die empfehlen, daß man selbst ein Stück vom eigenen Lebensstandard absägen soll, selbst recht gut. Und sie möchten das auch beibehalten.

Das ganze ist so dumm, daß man sich wundert, wie sich jemand traut, damit unter die Leute zu gehen. Wenn aber das amerikanische Volk jemals diese von den Rockefellers inspirierte und finanzierte Propaganda schlucken sollte, dann werden sich diese Untergangsprophetien von Depression und Hungersnot vielleicht erfüllen. Wenn wir uns dazu überreden lassen, zugunsten unseres Überlebens unsere Freiheit herzugeben, dann wird die sozialistisch-faschistische Diktatur der Rockefellerschen Neuen Welt-Ordnung eine Realität werden.

ZWÖLFTES KAPITEL

DIE MACHT HINTER DEM THRON

Einzelne Akte der Tyrannei können einer zufälligen Tageslaune zugeschrieben werden, aber eine ganze Serie von Unterdrückungsakten, die zu einer bestimmten Zeit beginnen und unverändert alle Ministerwechsel überdauern, beweisen klar, daß ihnen ein vorsätzlicher und systematischer Plan zugrundeliegt, nach dem wir in die Sklaverei geführt werden sollen.

Thomas Jefferson

Als John D. Rockefeller nahe an das Monopol in der Ölindustrie herankam, ging er am liebsten und erfolgreichsten so vor, daß er einen Mitbewerber von innen heraus vereinnahmte. Er plazierte seine Leute im Büro des Konkurrenten oder bestach dessen Angestellte, damit sie seine Anweisungen ausführten.

John D.'s Nachkommen spielen jetzt das gleiche Spiel mit unserer Regierung. Dabei macht es keinen Unterschied, welche Partei gerade an der Macht ist; gleichgültig, ob wir eine demokratische oder eine republikanische Regierung haben, die Rockefeller-Leute besetzen die Schlüsselpositionen, insbesondere auf den Gebieten Außenpolitik und Finanzen. Das Haus Rockefeller ist die Macht hinter dem Thron.

Der Einfluß Rockefellers im Weißen Haus nahm seinen Anfang im Jahre 1894 mit der Wahl von William McKinley. Aber erst mit der Wahl von Franklin Delano Roosevelt wurde er zum entscheidenden Faktor in der Politik. Der New Deal war in vieler Hinsicht ein Rockefeller Deal*).

Der Hauptagent Rockefellers war Harry Hopkins, der mehr als ein Jahrzehnt lang von der Rockefeller-Stiftung finanziert worden ist, während er den Organized Social Service leitete. Hopkins wurde in einem Maße das zweite Ich von Franklin D. Roosevelt, daß er sogar im Weißen Haus wohnte. In den Kriegsjahren war er der zweitmächtigste Mann in den Vereinigten Staaten.

Wie Walter Winchell damals berichtete, erkannte Hopkins seine Verpflichtung gegenüber den Rockefellers an, indem er Nelson den Posten eines stellvertretenden Handelsministers anbot, als er selbst zum Handelsminister ernannt wurde. Im »Los Angeles Herald Examiner« vom 7. September 1975 berichtet William Rusher:

> Nelson Rockefeller wurde für den New Deal von dem Vertrauten FDR's, Harry Hopkins, schon in den dreißiger Jahren angeheuert . . . Anscheinend war er bis 1940 nicht einmal ein Republikaner, geschweige denn ein Konservativer. In jenem Jahr jedenfalls, als der Zweite Weltkrieg näherkam, tat ihm FDR den netten Gefallen, ihm eine weiche, zivile Koje im Weißen Haus einzuräumen, in der er bis zum Kriegsschluß blieb.

Die Tatsache, daß Nelson als Zehnter auf der Liste seines örtlichen Einberufungskommandos stand, als er glück-

*) Obwohl allgemein angenommen wird, daß der New Deal dem Geschäftsleben und der Börse dabei helfen sollte, sich schnell von der Depression zu erholen, hat er in Wirklichkeit die Depression um mehrere Jahre verlängert. Wir wissen jetzt, daß dieses Ergebnis vorsätzlich herbeigeführt wurde; unter anderem wünschte sich Rockefeller einen gedrückten Aktienmarkt, damit er billig Aktien aufkaufen konnte. Es verdient festgehalten zu werden, daß der New Deal mit den Rockefeller-Interessen sehr sanft umging. Mehr Informationen darüber im Kapitel III in den Büchern »DIE INSIDER« vom gleichen Autor und in »Wall Street And F. D. R.« von Antony Sutton.

licherweise seinen New-Deal-Posten erhielt, erklärt vielleicht, weshalb der junge Rockefeller so bereitwillig eine gut ausgestattete Position innerhalb der Familie aufgab, um sich der Washingtoner Bürokratie anzuschließen.

Die »New York Times« vom 20. Mai 1960 enthüllte, daß Rockefeller damals nach seiner Ernennung ein Vertrauter Roosevelts geworden sei, der im geheimen mit dem Präsidenten in Shangri-la (dem jetzigen Camp David) Urlaub machte. Zwanzig Jahre später erinnerte sich Nelson in einem Beitrag in der »Newsweek«, daß das Land seit Roosevelt keinen Sinn für Ziele und Richtungen mehr habe. In diesem Interview im Jahre 1962 sagte sich der künftige Vizepräsident von den konservativen Republikanern los und meinte, sie seien »wie eine Viehherde, die ziellos herumzieht«.

Unter der Regierung von Dwight D. Eisenhower (CFR) half Nelson mit, daß Ministerium für Gesundheit, Erziehung und Soziales aufzubauen und war als stellvertretender Minister in diesem Amt tätig, das jetzt einen größeren Anteil am Bundeshaushalt hat als die Verteidigung. Aber die Aufgabe, eine Regierung zu führen, ist so gewaltig, daß die Rockefellers die meiste Arbeit an Freunde, Mitarbeiter, Mietlinge und Agenten delegieren müssen.

Eisenhowers erster Außenminister, John Foster Dulles (CFR), war ein Vetter der Rockefellers. Der Nachfolger von Dulles war Christian Herter (CFR), der die gute Nase gehabt hatte, in das Standard-Oil-Vermögen hineinzuheiraten. Herbert Brownell (CFR) war Angestellter bei Rockefeller, als ihn Eisenhower zum Generalstaatsanwalt (Justizminister) ernannte. Brownell suchte in der Folgezeit Hunderte von Bundesrichtern, Bezirksanwälten, Polizeichefs und Bediensteten des Weißen Hauses aus. Weitere 17 Spitzenpositionen in der Regierung Eisenhower wurden aus den Reihen des Rockefellerschen CFR besetzt.

Schon kurze Zeit nach seiner Wahl folgte Präsident John F. Kennedy (CFR) dem Rat Rockys und ernannte Dean Rusk aus dem CFR zu seinem Außenminister. Rusk, dem

Kennedy niemals zuvor begegnet war, nahm Urlaub von seinem Posten als Chef der Rockefeller-Stiftung, um das Amt zu übernehmen. Kennedys Wahl für den Posten des stellvertretenden Außenministers fiel auf Chester Bowles, ein weiteres CFR-Mitglied, das auch dem Beirat für den Rockefeller Brothers Fund angehörte und Direktor der Rockefeller-Stiftung war. Der Demokrat Kennedy ernannte dann den Standard-Oil-Direktor Alexander Trowbridge (CFR) zum stellvertretenden Handelsminister, der später von Präsident Johnson zum Handelsminister befördert wurde. Außerdem ernannte Präsident Kennedy Roswell Gilpatrick (CFR), Beiratsmitglied im Rockefeller Brothers Fund, zum stellvertretenden Verteidigungsminister. Praktisch jede führende Position in den Regierungen Kennedys und Johnsons wurde von Mitgliedern des CFR eingenommen.

Richard Nixon berief Nelson Rockefellers Rechtsanwalt John Mitchell zum Generalstaatsanwalt, und Mitchell führte den Wahlkampf für die Wiederwahl des Präsidenten und wurde sein Chefberater für die Innenpolitik. Nixons erster Vizepräsident war der vom Pech verfolgte Spiro Agnew, der 1968 nationaler Vorsitzender des Komitees für die Wahl Rockefellers zum Präsidenten gewesen war und als ausgesprochener Gegner Nixons galt, bis Rocky seinen Einzug in das Weiße Haus billigte.

Chefberater für die Außenpolitik bei Nixon und Ford ist natürlich Außenminister Henry Kissinger, der eine Position im Stab des CFR aufgegeben hat, um Mitglied der Regierung Nixon zu werden. Zehn Jahre lang ist Kissinger der persönliche außenpolitische Berater Nelson Rockefellers gewesen. Insgesamt hat Richard Nixon seine Regierung mit mehr als 115 CFR-Mitgliedern ausgestattet. (Die vollständige Liste ist in dem Buch des gleichen Autors »Richard Nixon: The Man Behind The Mask« enthalten.) Die große Mehrheit von ihnen blieb auch unter dem Ford-Rockefeller-Regime (oder sollte man sagen Rockefeller-Ford-Regime?) im Amt.

Vor Jahren hat, wie berichtet wird, Nelson Rockefeller das Recht verlangt und auch erhalten, seine Leute in führende Verwaltungsposten aller wichtigen republikanischen Ausschüsse schicken zu können — dazu gehören der Nationalausschuß, die Ausschüsse für den Senat und den Kongreß sowie der Politische Ausschuß der Partei. Welche Auswirkungen das für die Partei hat, ist klar. Nach verläßlichen Schätzungen haben die Rockefellers im Laufe der Jahre mindestens fünftausend Personen in wichtige Positionen auf höchster Ebene in der Bundesregierung untergberacht. Einfluß und Autorität der Rockefellers sind jetzt in den obersten Etagen der Beamtenbürokratie wirksam und durchdringen von dort aus die Regierungen der Republikaner und Demokraten*).

Wegen ihres großen Einsatzes in der Außenpolitik stellen die Rockefellers immer sicher, daß der Außenminister und der Direktor der Central Intelligence Agency (CIA) von »ihren Jungen« gestellt werden. Marshall, Acheson, Dulles, Herter, Rusk und Kissinger haben sich alle bemüht, die rückständige Sowjetunion in eine kreditwürdige Macht zu verwandeln, mit der sich die Große Fusion bewerkstelligen läßt, während sie gleichzeitig Kriege ausfochten, um die Welt für Standard Oil zu sichern. Der CIA diente dabei als ausführendes Organ für das Außenministerium und Standard Oil, wobei er in aller Welt wirklich antikommunistische Bewegungen vernichtet hat. (Chile scheint die einzige Ausnahme zu sein. Anscheinend hatten die Rockefellers nichts dagegen, ihren Besitz dort zu verlieren.)**) Der CIA wurde von dem

*) Der erste wichtige Mann, den Ford ernannte, war Generalstaatsanwalt Edward Levi. Levi war der erste Generalstaatsanwalt in der neueren Geschichte, der dem Präsidenten, der ihn ernannt hat, bis dahin niemals begegnet war. In Washington ist allgemein bekannt, daß Levi, der von der mit Rockefeller-Geld versehenen Universität Chicago kommt und kein Republikaner ist, von Nelson ausgesucht worden war. Dem neuen Generalstaatsanwalt geht der Ruf voraus, äußerst „fortschrittlich" zu sein.

Rockefeller-Verwandten Allen Dulles geschaffen und mit Personal ausgestattet.

Amerikanische Außenpolitik, das heißt Milliarden von Dollars für die Rockefellers. In vielen Fällen sind sie mit dem Blut unserer Soldaten, auf jeden Fall aber mit dem Schweiß der amerikanischen Steuerzahler aufgebracht worden. In seinen »Reminiscences« (Erinnerungen) schreibt John D. Rockefeller: »Eine unserer größten Hilfen ist das Außenministerium in Washington gewesen. Unsere Botschafter und Gesandten und Konsuln haben dabei mitgeholfen, uns den Weg in neue Märkte in den entlegensten Ecken der Welt zu erzwingen.«

Und der Journalist Jack Anderson schilderte das 1967 so: ». . . das Außenministerium hat seine Politik oft aus den Direktorenetagen der Ölgesellschaften bezogen. Wenn das Große Öl nicht bekommt, was es in anderen Ländern haben will, dann versucht es das Außenministerium. In vielen Ländern sind die amerikanischen Botschaften praktisch als Vertretungen des Ölkombinats tätig . . . Das Außenministerium ist fast stets auf der Seite der sieben Schwestern zu finden, wie die großen Ölgesellschaften in Industriekreisen genannt werden . . .«

Und ebenso wie die Rockefellers sicherstellen, daß ihre Unterführer ihre katastrophale Außenpolitik fortsetzen, kann man seinen letzten abgewerteten Dollar darauf ver-

**) Die Rockefellers büßen gelegentlich — wenigstens vorübergehend — Besitz durch Verstaatlichung oder durch Staatsstreiche ein, aber solche Zwischenfälle ereignen sich relativ selten. Hier bewährt sich ihr Einfluß in der Weltbank. In »The Political Economics of International Oil« räumt Michael Tanzer ein, daß die Weltbank zwar eine aktive Beteiligung des Staates auf allen anderen Gebieten fördert, Öl dabei eine Ausnahme zu machen scheint: » . . . . Die Weltbank hat es abgelehnt, Geld für staatliche Ölunternehmungen in unterentwickelten Ländern auszuleihen. Außerdem hat die Bank, wenn auch hinter den Kulissen, eine aktive Rolle dabei gespielt, unterentwickelte Länder davon abzubringen, eigenes Kapital für die Erschließung von Ölvorkommen einzusetzen.“

wetten, daß die Rockefeller-Mafia auch den nationalen und internationalen Geldmarkt kontrolliert.

Die Rockefellers haben das Schatzamt praktisch zu einer Filiale der Chase Manhattan Bank gemacht. Eisenhowers Finanzminister war Robert Anderson (CFR). Kennedy wechselte zu Douglas Dillon (CFR und Beiratsmitglied im Rockefeller Brothers Fund) über. Henry Fowler (CFR) war der Repräsentant des Hauses Rockefeller an der Spitze des Schatzamtes unter Johnson. Und im Jahre Fords ist William Simon (CFR) der Chef der Geldwechsler im Tempel.

Secretary of the Treasury, Sekretär des Schatzamtes, ist die genaue Amtsbezeichnung für den amerikanischen Finanzminister, und es ist ein wichtiges Amt, das er zu versehen hat. Dennoch ist die Position des Vorsitzenden im Bundesreserveamt ungleich wichtiger. Das Bundesreserveamt ist für die meisten Amerikaner eine merkwürdige, geheimnisvolle Einrichtung. Für die Rockefellerschen Manipulationen mit der amerikanischen Wirtschaft ist es aber äußerst wichtig.

An der Schaffung des Bundesreservesystems waren die Rockefellers führend beteiligt. Sie wurde bei einer Geheimsitzung 1910 auf Jekyl Island vor der Küste von Georgia beschlossen. Rockefellers Agent Frank Vanderlip gab viele Jahre später in seinen Memoiren zu:

> Trotz meiner Ansichten über den Wert großer Offenheit in Firmenangelegenheiten gegenüber der Öffentlichkeit hat es gegen Ende des Jahres 1910 eine Gelegenheit gegeben, bei der ich mich so geheimnisvoll — ja verstohlen — wie ein Verschwörer verhalten habe ... Ich glaube, es ist nicht übertrieben, wenn ich von unserer geheimen Expedition auf Jekyl Island als von der Gelegenheit spreche, bei der das entworfen wurde, woraus später das Bundesreservesystem wurde.

Bei dem Treffen auf Jekyl Island kam der Bericht der Währungskommission und später die sogenannte Aldrich-Vorlage heraus. Warburg hatte gefordert, daß bei dem vorgeschlagenen Gesetz gleich einfach die Bezeichnung »Federal Reserve System« erscheinen solle, aber Aldrich hatte darauf bestanden, daß sein Name als Urheber des Gesetzes genannt werden müsse. Das erwies sich dann als schwerer Fehler; das Gesetz war so offensichtlich ein Vorhaben der internationalen Bankiers, daß es sich im Kongreß nicht durchbringen ließ.

Deshalb mußte anders vorgegangen werden. Die republikanische Partei war zu eng mit der Wall Street verknüpft. Die Verschwörer erkannten, daß der einzige Weg, auf dem sich eine Zentralbank einrichten ließ, darin bestand, den Vorschlag zu tarnen und ihn von den Demokraten als Mittel zur Entmachtung der Wall Street einbringen zu lassen.

Die Gelegenheit ergab sich 1912, als die Verschwörer von Jekly Island Teddy Roosevelt dazu brachten, als Kandidat einer dritten Partei aufzutreten und damit die Stimmen für die Republikaner aufzuspalten. Das Ergebnis war, daß der aussichtslose Kandidat der Demokraten, Woodrow Wilson, die Wahl gewann. Wilson zahlte aus wie ein Spielautomat, auf dem gerade der Haupttreffer herausgekommen ist*).

Um die Vorstellung aufrechtzuerhalten, daß es sich um eine Gesetzesvorlage zugunsten des Volkes handele, erzeugten die Finanzleute unter den Insidern einen Nebelschleier, damit es aussehen sollte, als ob sie dagegen wären. Aldrich und Vanderlip verurteilten das, was in Wirklichkeit ihre eigene Vorlage war. Fast 25 Jahre später gab Franz Vanderlip zu: »Obwohl der Bundesreserveplan Aldrichs abgelehnt wurde, weil er den Namen Aldrich trug, waren seine wesentlichen Punkte in dem schließlich angenommenen Plan doch enthalten.«

Man machte es sich zunutze, daß sich der Kongreß über Weihnachten vertagen wollte und ließ das Gesetz über die Bundesreserve am 22. Dezember 1913 im Repräsentanten-

*) Umfassender wird die Gründung und die Arbeit des Bundesreserveamtes in dem Buch »DIE INSIDER« vom gleichen Autor dargestellt.

haus mit 298 gegen 60 und im Senat mit 43 gegen 25 Stimmen über die Bühne gehen.

Nach der Abstimmung sagte der Abgeordnete Charles A. Lindberg, Senior, der Vater des berühmten Fliegers, vor dem Plenum:

> Mit diesem Gesetz wird der gigantischste Trust auf Erden errichtet ... Wenn der Präsident dieses Gesetz unterzeichnet, wird die unsichtbare Regierung durch die Macht des Geldes, deren Existenz durch die Money-Trust-Untersuchung nachgewiesen worden ist, legalisiert werden ... Dies ist die Aldrich-Vorlage in Verkleidung ... Das neue Gesetz wird Inflation erzeugen, wenn die Trusts Inflation wünschen ...

Das Gesetz über die Bundesreserve wurde und wird immer noch als Sieg der »Demokratie« über den »Geldtrust« gefeiert. Nichts könnte aber weniger der Wahrheit entsprechen. Das ganze Zentralbankkonzept ist genau von der Gruppe entworfen worden, die angeblich damit entmachtet werden sollte.

Wie mächtig ist nun die amerikanische Zentralbank? Die Bundesreserve kontrolliert den Geldumlauf und die Zinssätze und manipuliert dabei die ganze Wirtschaft — sie verursacht Inflation oder Deflation, Rezession oder Boom und läßt die Aktienkurse nach Belieben steigen oder fallen. Die Bundesreserve ist so mächtig, daß der Abgeordnete Wright Patman, Vorsitzender des Bankenausschusses des Repräsentantenhauses, darüber äußert:

> In den Vereinigten Staaten haben wir heute praktisch zwei Regierungen ... Wir haben die verfassungsmäßig zustandegekommene Regierung ... Und dann haben wir eine unabhängige, unkontrollierte und unkoordinierte Regierung im Bundesreservesystem, die die Macht über das Geld ausübt, das nach der Verfassung dem Kongreß zukommt.

Weder die Präsidenten noch die Abgeordneten noch die Finanzminister führen die Bundesreserve. In Geldangelegenheiten werden sie von der Bundesreserve geführt.

Wie erfolgreich ist das Bundesreservesystem? Das hängt von Ihrem Blickwinkel ab. Seit Woodrow Wilson seinen Amtseid leistete, hat sich die Nationalschuld der Vereinigten Staaten von einer Milliarde Dollar auf über 500 Milliarden Dollar erhöht. Die Zinsen, die den internationalen Bankiers dafür gezahlt werden müssen, sind ungeheuer; mit 27 Milliarden Dollar jährlich machen sie im Bundeshaushalt den drittgrößten Posten aus. Und sie nehmen noch kräftig zu, weil die Inflation die Zinssätze für Staatsschatzanweisungen in die Höhe treibt, während der Staat jedes Jahr groteske Defizite aufhäuft.

Unter der fachmännischen Leitung dieser Geld-Manager der Rockefeller-CFR-Vereinigung hat der Dollar seit 1940 drei Viertel seiner Kaufkraft eingebüßt. Und das Tempo der Entwertung wird schneller. Bald wird der Papierdollar, der von den Rockefellerschen Agenten völlig von Gold und Silber gelöst worden ist, nicht einmal mehr das Metall in einem Nickel (5-Cent-Stück) wert sein. Die Rockefellers schert das wenig, denn sie müssen nicht von einem festen Einkommen oder einer Pension leben.

Amerika wird heute für ein neues Debakel nach Art des Börsenkrachs von 1929 fertiggemacht. Zu glauben, daß der große Krach von 1929 ein Unfall war oder durch Dummheit verursacht worden ist, widerspricht jeder Logik. Die internationalen Bankiers, die die Inflationspolitik gefördert und die Propaganda betrieben hatten, mit der der Aktienmarkt aufgepumpt worden war, verfügten über zu viel generationenlange Erfahrung, um in die große Depression einfach hineinzustolpern. Der Abgeordnete Louis McFadden, Vorsitzender des Banken- und Währungsausschusses des Repräsentantenhauses, merkte dazu an:

> Sie (die Depression) kam nicht zufällig. Sie war ein sorgfältig vorbereitetes Ereignis . . . Die inter-

nationalen Bankiers wollten hier eine Stimmung der Verzweiflung erzeugen, damit sie sich zu Herrschern über uns alle aufwerfen konnten.

Es war das Spiel mit Konjunktur und Depression, bei dem die wirtschaftliche Krise dazu dient, die politische Macht an der Spitze, wo sie am leichtesten kontrolliert werden kann, zu stärken.

Die Hauptursache für den wirtschaftlichen Zusammenbruch war die vorsätzlich von der Bundesreserve betriebene Kreditinflation. Innerhalb von sechs Jahren war der Geldumlauf um 62 Prozent aufgebläht worden, was Marktspekulationen auslöste und viele Amerikaner der Mittelklassen, die dabei geschoren werden wollten, zu unklugen Investitionen veranlaßte. Als es so weit war, sahen die zu scherenden Schafe plötzlich ihre wirtschaftliche Lage realistisch und bekamen es mit der Angst zu tun. An die Stelle der Zuversicht trat wirtschaftliche Verzweiflung; diese Verzweiflung erzeugte die Bereitschaft, eine wesentliche Erweiterung der Staatskontrollen über die Wirtschaft hinzunehmen.

Zur Zeit schleifen die Rockefellers ihre Scheren, um die Schafe der Welt erneut zu scheren. Dieses Mal kann es aber schon das letzte Mal sein. 1929 war Amerika noch einen weiten Weg von der totalen Regierung entfernt. Die nächste Depression wird den Vorwand dafür liefern, in den Vereinigten Staaten vollständige sozialistisch-faschistische Kontrollen einzuführen und international den Welt-Superstaat zu schaffen.

Ebenso wie die Rockefellers die Export-Import-Bank als Werkzeug benutzen, um die von Kapital und Krediten entblößte amerikanische Wirtschaft und die von Steuern geplagten amerikanischen Bürger auszuplündern, so gebrauchen sie auch die Weltbank der Vereinten Nationen als weiteres Saugrohr, das in die Brieftaschen der amerikanischen Steuerzahler eingeführt wird.

Eine Schlüsselfigur beim Ausrauben des amerikanischen Arbeiters ist Eugene Black (CFR), einer der Direktoren von

Rockefellers Chase Manhattan Bank. In fünfzehn Jahren war Black nacheinander Geschäftsführender Direktor, Präsident und dann Vorsitzender des Direktoriums der Weltbank. Es ist ein erstaunlicher Zufall, wie führende Leute von Rockefellers Chase Manhattan Bank regelmäßig als führende Persönlichkeiten bei der Weltbank auftauchen.

Der gegenwärtige Chef der Weltbank ist der schon als Verteidigungsminister hinlänglich bekannt gewordene Robert Strange McNamara. Es ist sicher nicht überraschend, daß sich McNamara bemüht, die Kredite der Weltbank zur Finanzierung des Sozialismus zu vermehren. Er drückt das so aus: »Die reichen Nationen können leichterdings mehr für die armen Nationen aufbringen als sie bisher getan haben.« Und fährt fort:

> Wir in den USA können weit mehr tun, um unsere nationalen Probleme zu bewältigen. Und ebenso wie wir mehr tun können, um diese Verhältnisse zu verbessern, so können wir auch mehr tun, um zur wirtschaftlichen Entwicklung der Entwicklungsländer beizutragen. Es ist einfach eine Frage, wie man die Dinge in die richtige Reihenfolge bringt.

Und im Einklang mit der CFR-Politik ist McNamara bereits dabei, die Weltbank dahin zu bringen, daß sie ihr Geld in den kommunistischen Block pumpt. Der Vorsitzende McNamara dazu: »Wir sind bereit, Anträge von allen osteuropäischen oder anderen kommunistischen Ländern anzunehmen, die zur Zeit nicht Mitglieder der Bank sind.«

Über ihren Rat für Auswärtige Beziehungen kontrolliert die Familie Rockefeller die Exekutive, insbesondere das Außenministerium und das Schatzamt. Die öffentliche Meinung wird von den Verdrehern des CFR in den Massenmedien gemacht. Aber der Kongreß spielt immer noch eine Schlüsselrolle bei der Regierung der Vereinigten Staaten. Das Haus Rockefeller hat eigens zwei Organisationen gegründet, die den Kongreß beeinflussen sollen. Sie nennen sich Common Cause (Gemeinsame Sache) und National Committee for an Effective Congress (Nationalkomitee für einen erfolgreichen Kongreß).

Das National Committee for an Effective Congress wurde 1948 von Eleanor Roosevelt gebildet, um für die Wahl von »fortschrittlichen« (lies: faschistisch-sozialistischen) Senatoren zu sorgen. Die Organisation versucht gar nicht, sich den Anschein zu geben, als ob sie aus einfachen Wählern zusammengesetzt sei. Die durchschnittlichen Spenden der Liberalen für den NCEC im Jahre 1972 beliefen sich auf 13 000 Dollar.

Die Mitglieder des NCEC sind der Auffassung, daß die Auswahl der Kongreßmitglieder eine zu wichtige Angelegenheit ist, um sie dem örtlichen Wähler zu überlassen. Seit 1948 haben sie mitgeholfen, die Zusammensetzung des Kongresses zu verändern, indem sie mit dem Hut in der Wall Street herumgegangen sind, um sicherzustellen, daß die ihnen genehmen Leute in Montana, Iowa, Tennessee und West Virginia gewählt werden. Zu diesen genehmen Leuten gehören solche ultraliberalen Senatoren wie Hubert Humphrey, Birch Bayh, Alan Cranston, Frank Church, Clifford Case, Adlai Stevenson, Thomas Eagleton und George McGovern. Alle sind von den Internationalisten der Wall Street im NCEC unterstützt worden; und bei ihnen allen kann man darauf vertrauen, daß sie für mehr und mehr faschistisch-sozialistische Regierungsmaßnahmen stimmen werden.

In der Vergangenheit hat sich das National Committee for an Effective Congress darauf konzentriert gehabt, kooperative Senatoren zu finanzieren. Aber 1974 haben die Liberalen mit den dicken Brieftaschen auch damit angefangen, die »richtigen Leute« für das Repräsentantenhaus auszusuchen. Bei den damaligen Wahlen war das NCEC tätig, um Gegner der Rockefellerschen Neuen Welt-Ordnung auszuschalten. Das Ergebnis war ein erheblicher Ruck nach links im neuen Repräsentantenhaus, da Dutzende von alten Konservativen geschlagen wurden.

Für den Wahlfeldzug 1974 hatte das NCEC professionelle Wahlmanager für 49 demokratische Kandidaten im ganzen Lande angestellt. Fünfunddreißig von ihnen gewannen ihre Wahlen und schlossen sich prompt zu der lauthals begrüßten »Jungen Demokratischen Fraktion« zusammen.

Nachdem viele der alten Republikaner für 1976 bereits ausgeschaltet sind, will sich der NCEC, wie David Broder in der »Washington Post« berichtet, darauf konzentrieren, daß liberale Republikaner gewählt werden, die mit Nelson Rockefeller arbeiten können. Kandidaten, die die schwerreichen Internationalisten vom National Committee for an Effective Congress davon überzeugen können, daß sie bereit sind, sie und nicht ihre Wähler zu vertreten, können in unbegrenzter Menge vierstellige Dollarbeträge bekommen. Diese werden in der Form von »Diensten« gewährt — Gratisreklame in den Medien, kostenfreie Forschung, Meinungsumfragen zur Ermittlung des Images, das der Kandidat haben muß, Übernahme von Portokosten und Lieferung von Literatur zu passenden Themen. Und vor allem kann der Kandidat auf Mitarbeiter rechnen, die kostenfrei nicht nur seine Wahlkampagne managen, sondern ihn selbst auch weiter managen werden, wenn er im Kongreß sitzt.

Die Rockefeller-Front, der die Aufgabe obliegt, die allgemeine Zustimmung der Öffentlichkeit für die Machtübernahme der Insider zu gewinnen, nennt sich Common Cause. Diese Organisation tritt in der Maske einer »Lobby des Volkes« auf, entfernt sich damit aber erheblich von der Wirklichkeit.

Common Cause wurde Anfang der siebziger Jahre mit großem Tamtam gegründet. In ganzseitigen Zeitungsanzeigen und dem Werbematerial, das direkt in die Briefkästen ging, hieß es, Common Cause sei weder republikanisch noch demokratisch, sondern sei die »Lobby des Volkes« gegen die »Reichen und Mächtigen«.

Vorsitzender von Common Cause ist ein Mann des Establishments, John Gardner. Als Minister für Gesundheit,

Erziehung und Soziales hat er in der Mitte der sechziger Jahre Bundesgeld hingesteckt, wo sich überhaupt etwas bewegte, und entsprechende Programme aufgestellt. Auf dem Gebiet der Gesundheitsfürsorge des Bundes allein gab es unter Gardner neue Programme für Medicare, Medicaid, für die Besetzung der gemeindlichen Zentren für die geistige Gesundheit mit Bundespersonal, Bundesplanung für den öffentlichen Gesundheitsdienst und Dutzende anderer sozialistisch-faschistischer Programme, die Milliarden von Dollar gekostet haben. Aber Gardner steht jetzt, wie gesagt, einer vom Establishment finanzierten »Lobby des Volkes« vor, die angeblich gegen die »Sonderinteressen« vorgehen soll, die in der Politik vorherrschen.

Natürlich soll nach Möglichkeit keiner etwas merken. Deshalb hat John Gardner einige der auffälligeren Eintragungen in seiner Biographie in dem amerikanischen Handbuch der Persönlichkeiten, »Who's Who In America«, entfernen lassen. Er ließ unter anderem streichen, daß er einen Sitz im Beirat des Rockefellers Brothers Fund hat. Es könnte ja auch unangenehm sein, wenn die Leute entdecken, daß man gleichzeitig öffentlich nach der Entmachtung der Großbanken und ihrer fetten Trusts ruft und der Chase Manhattan Bank zu Diensten ist. Einige mißtrauische Seelen könnten sich Dummes dabei denken. Auch die großen Ölfirmen sind eines der »Ziele«, gegen die sich die Tätigkeit von Gardners Common Cause richtet. Deshalb läßt er auch nicht mehr aufführen, daß er dem Direktorium von Shell Oil, der zweitgrößten Ölgesellschaft der Welt, angehört.

Tief in den Akten des Senats vergraben liegt eine von Gardner eingereichte Spendenliste, in der aufgeführt worden ist, was er im letzten Vierteljahr 1970 erhalten hat. An der Spitze der Spender steht John D. Rockefeller III. mit 25 000 Dollar; David Rockefeller gab 10 000 Dollar; Martha Rockefeller steuerte weitere zehntausend bei; die Chase Manhattan Bank ist mit fünftausend Dollar verzeichnet; Amory Houghton von der Rockefeller-Stiftung brachte 10 000 auf; Nelson

Rockefeller hielt sich mit 500 Dollar ziemlich zurück; auch J. Richardson Dilworth, der Finanzberater der Familie, gab fünfhundert; A. Meyer, Seniorpartner bei Lazard Freres and Company, der amerikanischen Rothschild-Bank, brachte zehntausend Dollar auf; A. E. Friedman, ein Partner in der mit Rockefeller liierten Kuhn, Loeb and Company, gab tausend; und so geht die Liste der Superreichen aus dem Establishment weiter und weiter und weiter.

Das war das Startkapital, daß große Geld, das Common Cause möglich machte. Die Rockefellers und ihre Verbündeten hatten Geld ausgesät, um die Anzeigen in den Zeitschriften und den Zeitungen zu bezahlen und die Versendung von Werbematerial an 2,5 Millionen Amerikaner zu ermöglichen, die aufgefordert wurden, für 15 Dollar im Jahr Mitglied von Common Cause zu werden. Ohne die Rockefellers hätte es diesen Anstoß nicht gegeben, hätte es auch keine Viertelmillion Mitglieder gegeben, deren Beiträge es heute den Sprechern der Organisation ermöglichen zu behaupten, daß die Rockefellers nur einen geringen Prozentsatz des Geldes für Common Cause beigesteuert hätten. Aber wie viele Leute würden dann noch darauf hereinfallen, wenn sie wüßten, daß Gardner nur den Strohmann für Rockefeller abgibt? Wahrscheinlich ebensoviele wie zu einem Boxkampf von Negern im Tunnel kommen würden.

Common Cause behauptet, 350 000 Mitglieder und ein Jahresbudget von 6,3 Millionen Dollar zu haben. In dem Jahresbericht, den alle Lobbyisten nach dem Gesetz abgeben müssen, findet sich Common Cause mit den höchsten Ausgaben an erster Stelle. Die Rockefeller-Antilobby ist zur größten geworden.

Die massive Berichterstattung, der sich Common Cause in den Blättern des Establishments erfreut, läßt sich aus der Tatsache ablesen, daß der New York Times News Service allein schon über einhundert Artikel über diese Organisation gebracht hat. Das heißt, alle dreieinhalb Tage ein größerer Artikel über Common Cause. Wenn man berücksichtigt, daß an den New York Times News Service Hunderte von größeren Zeitungen angeschlossen sind und daß die anderen Nachrichtendienste ebenfalls eine ähnliche große Zahl von Stories über Common Cause gebracht haben, dann läßt sich leicht ermessen, daß jeder Schritt dieser Organisation enorme Wirkungen haben muß.

Der andere große Triumph von Rockefellers Common Cause ist das Gesetz zur Reform des Wahlkampfes von 1974. In ihrer Werbebroschüre verkündet die Organisation, daß es Mitglieder von Common Cause gewesen seien, die die Bewegung der Bürger zur Änderung der Art und Weise, in der die Nation politische Kampagnen finanziert, angeführt hätten.

In dem Gesetz stecken viele gefährliche Fallstricke. In »Human Events« vom 2. November 1974 berichtet Howard Phillips, daß nach diesem Gesetz ein Kandidat, dessen Ansichten von denen des vorherrschenden politischen Establishments abweichen, in seinen eigenen Ausgaben oder bei den für ihn getätigten Ausgaben beschränkt werden kann. Gleichzeitig können, so fährt Phillips fort, die Probleme der Kandidaten, die gegen das liberale Establishment auftreten, in ernster Weise dadurch verschärft werden, daß liberale Organisationen (wie NCEC oder Common Cause) große Summen aufwenden, um ihre Standpunkte zu verkünden, ohne irgendwelchen Ausgabenbeschränkungen durch das Gesetz zu unterliegen.

Das ist, was Common Cause das »Öffnen des Systems« nennt. Es ist ein Trick, der es den Rockefellers und ihren Freunden im Common Cause erlaubt, riesige Summen locker zu machen und auszugeben, damit ihre Gegner geschlagen werden, während gleichzeitig diesen Gegnern die Möglichkeit genommen wird, das für ihren Wahlkampf nötige Geld aufzubringen.

Nachdem die Rockefellers jetzt den Kongreß haben, den sie sich wünschen, soll es für sie auch so bleiben. Sie wissen, daß ein liberales Establishment, das die Massenmedien kon-

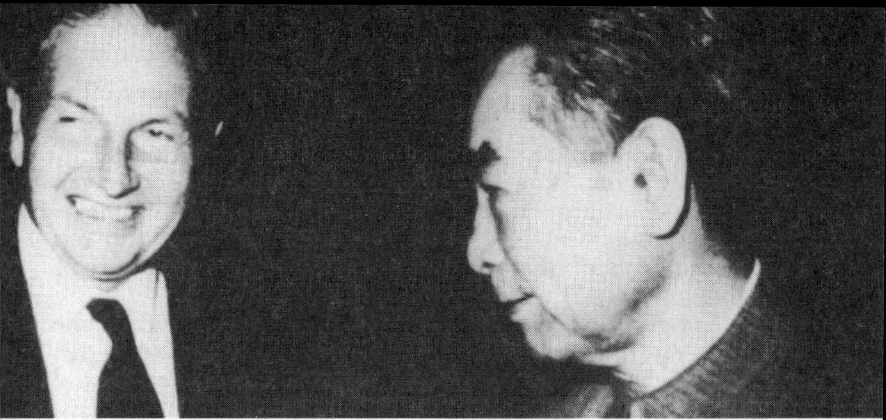

David Rockefeller, Vorstandsvorsitzer der Chase Manhattan Bank, ist die bedeutendste und erfolgreichste Persönlichkeit in den Vereinigten Staaten, die für Hilfe für die Kommunisten eintritt. Er strahlte über das ganze Gesicht (oben), nachdem er ein Abkommen mit Tschou En-lai in Rotchina getroffen hatte; ihm schloß sich Cyrus Eaton, Jr., an, um den Handel mit der Sowjetunion weiter zu fördern (siehe Zeitungsausschnitt links); seine Erfolge haben führende kommunistische Funktionäre, wie den sowjetischen Finanzminister W. F. Garbusow (unten) begeistert. Dank dem Hause Rockefeller, beläuft sich der Handel mit den Kommunisten (der natürlich stets vom amerikanischen Steuerzahler finanziert worden ist), jetzt jedes Jahr auf Millionen von Dollar.

trolliert, ihrem Kandidaten in großem Umfang Gratispublizität gewähren kann, gegen die die Kandidaten, die gegen das Establishment auftreten, bisher nur mit großen Geldsummen ankamen. Und sie glauben, dieses Loch, durch das die Opposition bisher immer noch hindurchkam, gestopft zu haben.

Common Cause verheißt in ihren Anzeigen, daß sie die »neue Kraft auf der amerikanischen politischen Szene« sei. Was sie aber wirklich ist, das ist eine Rockefeller-Front. Und sie ist gefährlich mächtig. Wie es der Abgeordnete F. Edward Hebert am 5. Februar 1975 in einem NBC-Interview sagte:

> Das amerikanische Volk sollte sich besser über diesen Verein klar werden, denn er kann unser Land zerstören. Die neuen Abgeordneten haben im Kongreß nichts mehr zu sagen. Common Cause gibt im Kongreß den Ton an. Wer hat die gewählt?

Das ist eine gute Frage, Herr Abgeordneter. Und die Antwort lautet: die gleichen Insider, die Nelson Rockefeller zum Vizepräsidenten der Vereinigten Staaten gewählt haben.

DREIZEHNTES KAPITEL

NIXON UND WATERGATE

Wenn Sie schließlich daran denken, was ich habe, was kann ich dann noch anderes (als die Präsidentschaft) anstreben?

Nelson Rockefeller

Nelson Rockefeller hat zugegeben, daß sein Lebensziel seit Kindeszeiten immer gewesen ist, einmal Präsident der Vereinigten Staaten zu werden. »Wenn Sie schließlich daran denken«, so sagt er, »was ich habe, was kann ich dann noch anderes anstreben?« Und damit hat er recht.

In der »Newsweek« vom 2. September 1974 heißt es: »Seitdem er als Junge mit Teddy Roosevelt zusammengetroffen ist, scheint Nelson Rockefeller selbst immer den Weg in das Oval Office (das Büro des Präsidenten) gesucht zu haben. Ein geringeres Amt hätte seinen Ehrgeiz nicht befriedigen können . . .«

Aber der Weg in das Weiße Haus ist für Nelson steinig gewesen. Er mußte sich schließlich mit dem Posten eines ungewählten und durch politische Machenschaften in sein Amt gelangten Vizepräsidenten zufrieden geben, einem Posten, den er schon mehrere Male ausgeschlagen hatte.

Nelsons erster Versuch, nach dem Präsidentenamt zu greifen, geht auf das Jahr 1960 zurück, kurz nach seiner Wahl zum Gouverneur von New York. Damals war Richard Nixon schon acht Jahre Vizepräsident und hatte einen großen Teil seiner Zeit damit verbracht, Reden für die republikanische Partei zu halten. 1960 trieb er seine politischen Schuldverschreibungen bei den Parteiaktivisten ein, und Rockefeller hatte keine Chance, als Bewerber um das Präsidentenamt nominiert zu werden. Als Rocky entdeckte, daß er die Kandidatenwahl nicht gewinnen konnte, beschränkte er sich darauf, die Politik aus den Kulissen zu beeinflussen. Deshalb wurde ein Treffen zwischen Rockefeller und Nixon am Samstag vor dem Beginn des republikanischen Parteikonvents in Chikago vereinbart.

Der republikanische Programmausschuß hatte schon eine ganze Woche getagt und eine Plattform ausgearbeitet, in der die Standpunkte der Parteimitglieder aus allen 50 Staaten zum Ausdruck kommen sollten. Aber bei dem Treffen zwischen Nixon und Nelson in Rockefellers Apartment auf der Fifth Avenue in New York akzeptierte Nixon alles, was Rockefeller diktierte. Das vom Programmausschuß mit viel Schweiß erarbeitete Dokument landete im Papierkorb und an seine Stelle trat Rockefellers liberale Plattform. Goldwater nannte Nixons Kapitulation vor Rockefeller »das München der Republikanischen Partei«.

Die Republikaner im ganzen Lande verstanden die Bedeutung des neuen Bündnisses zwischen Rockefeller und Nixon. Nixon hatte seine Unabhängigkeit gegen das Wohlwollen des Hauses Rockefeller eingetauscht.

Dabei stand schon vorher fest, daß Nixon die Nominierung sicher war. Für ihn hatte keine Notwendigkeit bestanden, sich vor Rockefeller niederzuwerfen, um die Wahl zu gewinnen. Nixon wußte das, aber er wußte auch, wer die eigentliche Macht hinter beiden politischen Parteien in seinen Händen hielt.

Gewiß haben sich Richard und Rocky nie geliebt. Sie hatten sich jahrelang gegenseitig verachtet. »Newsweek« schrieb am 2. September 1974: »Die Präsidentschaft Nixons war für den stolzen Gouverneur eine schmerzliche Zeit. Im geheimen, so berichteten Freunde, verachtete Rockefeller den Selfmademann aus Yorba Linda ...«

Rockefeller, der schon für seine Rolle als Wirtschaftszar geboren war, muß Widerwillen empfunden haben, wenn er es mit diesem Mann zu tun hatte, der aussah wie ein Gebrauchtwagenhändler, es aber dennoch geschafft hatte, sich den Weg in das Weiße Haus zu erkämpfen. Aber die beiden Männer brauchten einander. Nelson Rockefellers Einfluß auf die Republikanische Partei ist an der Spitze riesengroß, reicht aber nicht bis zu den Wählern hinunter.

Nachdem er Nixon zu seiner demütigenden Kapitulation gezwungen hatte, wartete Rockefeller den Wahlfeldzug von 1960 ab und ließ es sogar zu, daß New York für Kennedy stimmte. Nixon überraschte die meisten Beobachter dadurch, daß er die für ihn arrangierte Niederlage ruhig hinnahm und sich sogar weigerte, gegen die Wahlfälschungen in Texas und Illinois zu protestieren, die ihn die Wahl gekostet hatten*).

Richard Nixon ging nach Kalifornien zurück und arbeitete dort als Rechtsanwalt, blieb aber für seinen eifersüchtigen und feindseligen Boß in New York verfügbar. Einen Hinweis auf ihr wirkliches Verhältnis lieferte die sogenannte Joe-Shell-Affäre. Shell war lange Zeit Abgeordneter in der Staatsversammlung von Kalifornien gewesen und hatte vor, bei der Gouverneurswahl 1962 gegen den demokratischen Amtsinhaber Pat Brown anzutreten. Anfang des Jahres erhielt Brown einen Anruf von Rockefeller, der ihn fragte, für wen er 1964 auf dem Parteikonvent als Bewerber um die Präsidentenwahl eintreten werde, wenn er gewählt werden sollte. Der konservative Staatspolitiker erklärte Rockefeller, daß er ihn, den ultraliberalen New Yorker, bestimmt nicht unterstützen werde. Eine Woche später ging in Shells Büro die telefonische Mitteilung aus Rockefellers New Yorker Büro ein, daß Richard Nixon bei der Vorwahl in der republikanischen Partei gegen ihn antreten werde — obwohl

*) Dieser Vorgang wird ausführlich in dem Buch „Richard Nixon: The Man Behind The Mask“ vom Autor dieses Buches beschrieben.

Nixon Shell zuvor versichert hatte, daß er absolut kein Interesse daran habe, Gouverneur von Kalifornien zu werden.

Der entscheidende Punkt bei dieser Angelegenheit ist, daß Nixon kein Interesse an dem Amt gezeigt hatte, bis er den Befehl vom Boß in New York erhielt. Nixon konnte nur verlieren und absolut nichts dabei gewinnen, wenn er gegen einen amtierenden demokratischen Gouverneur in einem Staat antrat, in dem die Demokraten weit überwogen.

Nach einer unglaublich ungeschickten Wahlkampagne, in der er gegen Nelsons Lieblingsgegner, die »radikale Rechte«, gewettert hatte, nicht gegen die Amtsführung von Brown, verlor Nixon die Wahl. Seine politische Laufbahn schien zu Ende zu sein. Wie er resignierend sagte: »Sie werden nicht mehr auf Nixon herumtrampeln können.«

Offensichtlich sollte die Kandidatur Nixons mehr ein Test für seinen Gehorsam als ein Schritt zur Abwehr eines potentiellen Rockefeller-Gegners sein. Nachdem er sich auf Geheiß Rockefellers auf das Prokrustes-Bett geworfen hatte, wurde Nixon eine Rettungsleine zugeworfen, und er kam nach New York. Er zog in ein elegantes 125 000-Dollar-Apartment im gleichen Gebäude mit Nelson Rockefeller ein — in dem gleichen Haus, in dem der berühmte Pakt von der Fünften Avenue geschlossen worden war. Nixon wurde Partner in einer Anwaltsfirma, die viel mit Trust- und Sicherheitsgeschäften mit Leuten von der Chase Manhattan Bank zu tun hatte.

In den darauffolgenden fünf Jahren praktizierte Nixon zwar wenig als Rechtsanwalt, aber sein Nettoeinkommen erhöhte sich von praktisch nichts auf mehr als eine halbe Million Dollar. Den größten Teil seiner Zeit verbrachte er damit, im Lande und in der Welt herumzureisen und seinen politischen Ruf wieder aufzupolieren. Als die Rockefellers ihn 1968 brauchten, war er aus dem politischen Aschenkasten wieder auferstanden und hatte sich in einen vollwertigen Kandidaten verwandelt.

Nelson Rockefeller kam an die Präsidentschaft nicht heran. Er hätte es vielleicht 1964 schaffen können, wenn er sich nicht einen großen Teil des amerikanischen Mittelstandes durch seine Scheidung und Wiederheirat entfremdet hätte. Rockefeller mußte so erfahren, daß viele Frauen es einem Mann nicht vergeben, wenn er eine Ehefrau, mit der er lange verheiratet war, verläßt, um eine jüngere und hübschere Frau zu heiraten. Wenn diese Frau auch noch ihre eigenen Kinder verläßt, um den in Frage stehenden Mann zu ehelichen, dann verschlimmert das die Schande noch.

Im Jahre 1968 machte Nelson einen halbherzigen Versuch, Nixon die Nominierung streitig zu machen. Aber er sah die Zeichen an der Wand. »Der alte Ehrgeiz ist nicht mehr da«, stöhnte er. Wiederum mußte er sich damit zufriedengeben, daß ihm die Mannschaft gehörte, er aber nicht als Mittelstürmer spielen konnte.

Die Ernennungen, die Nixon dann zur Besetzung wichtiger politischer Posten aussprach, bestätigten, daß dem Haus Rockefeller wirklich die Mannschaft gehörte: dabei wurden fast ausschließlich Rockefeller-Leute bedacht. In seinem engeren Kreis allerdings versuchte Nixon, sich mit Leuten wie H. R. Haldeman und John Ehrlichman zu umgeben, die ihm persönlich gegenüber loyal und nicht Rockefeller verpflichtet waren. Die beiden bemerkenswertesten Ausnahmen waren Kissinger und General Alexander Haig. Diese beiden waren als Rockefeller-Agenten bekannt, und diese beiden Leute haben wahrscheinlich auch Nixons vorzeitigen Rücktritt arrangiert.

Wenn Nixon ein ergebener — wenn auch nicht notwendigerweise ein loyaler — Rockefeller-Mann war, warum hat dann das kontrollierte Medienorchester die Kampagne zu seiner Absetzung intoniert? Dafür sind bereits mehrere mögliche Erklärungen gegeben worden. Die eine ist, daß sich Nixon vielleicht an die Vorrechte der Macht gewöhnt hatte und geglaubt haben mag, daß er zu einem gleichwertigen Partner in dem Geschäft geworden sei. Es gibt einige Hinweise, die darauf hinzudeuten scheinen, daß Nixon einige der Auseinandersetzungen der beiden Fraktionen selbst initiiert haben könnte. Der erzwungene Rücktritt von Spiro Agnew, der durch eine Kombination von Druck und Anklage zuwegegebracht wurde, mag dazu zu rechnen sein.

Eine andere Vermutung geht dahin, daß Rockefeller selbst den Anstoß gab, mit dem Agnew aus dem Weißen Haus befördert wurde, weil er damit rechnete, daß Nixon ihn selbst zum neuen Vizepräsidenten ernennen werde. Als Nixon das ablehnte und stattdessen Ford ernannte, fielen die Medien geschlossen über ihn her.

Wir werden wahrscheinlich niemals erfahren, was nun wirklich der Auslöser für dieses Schlachtfest gewesen ist. Wir kennen aber den Namen der entscheidenden Schlacht in diesem Kriegsgetümmel: Watergate. Und während wir die Fäden dieser eigenartigen Legende entwirren, entdecken wir, daß jeder Schlag, der gegen Nixon geführt worden ist, um ihn vom Thron zu stürzen, auf Rockefeller zurückgeführt werden kann.

Der Einbruch in der Zentrale der Demokraten im Watergate-Hotel wurde nicht gerade mit der Präzision ausgeführt, die wir aus den James-Bond-Filmen gewohnt sind. Das sah mehr nach Dick und Doof aus. Das Unternehmen wurde so ungeschickt angefangen, daß man in der Tat glauben kann, daß hier ein Türke gebaut worden ist. Erstens: Einer der Einbrecher machte einen Wachmann aufmerksam, indem er einen Streifen über die Türschlösser klebte, nachdem der Wachmann den ersten Streifen entdeckt und entfernt hatte. Obwohl inzwischen etwas entdeckt worden war, schickte der Leiter des Unternehmens, Gordon Liddy, die Einbrecher in das Watergate-Hotel zurück. Dort blinkten sie mit Lichtern herum, nahmen alles auseinander und führten sich auf, als ob sie die ganze Nacht über Zeit hätten, um ihren Auftrag auszuführen. Der als Warnposten aufgestellte Mann sah, wie die Polizei in das Gebäude hineinging, alarmierte die anderen

Leute drinnen aber nicht — oder seine Warnung wurde nicht beachtet.

Es war so, als ob es die Einbrecher darauf angelegt hatten, dabei erwischt zu werden. Und als das geschehen war, stellte es sich heraus, daß tatsächlich einer von ihnen die Telefonnummer von E. Howard Hunt im Weißen Haus in der Tasche bei sich hatte.

Watergate begann mit der Erfindung der »Klempner«. Die Klempner gehen auf Kissinger zurück, der sie brauchte, um undichte Stellen in seinem Stab zu verschließen. Die beiden Nixon-Mitarbeiter John Dean und Charles Colson berichteten, daß Kissinger Nixon so mit den Undichtigkeiten aufgebracht habe, daß der Präsident auf Kissingers Vorschlag eine Sondereinheit im Weißen Haus aufstellen ließ, die später als die Klempner bekannt wurde. Nach der Aussage von Dean war es Rockefeller, der Kissinger veranlaßt haben soll, Nixon zur Aufstellung der Klempner-Gruppe zu bringen. Daß er dabei in eine Mausefalle geriet, wußte Nixon damals noch nicht.

Der Kommentator Paul Scott berichtete:

> Das Protokoll des Watergate-Untersuchungsausschusses des Senates deutet darauf hin, daß den Aussagen Deans in bezug auf Rockefeller von den Mitgliedern des Ausschusses niemals nachgegangen worden ist. Der Grund: Die Ausschußmitglieder waren gegen eine Vorladung Rockefellers.

Mit der Führung der Einheit beauftragte Kissinger ein Mitglied seines Stabes, David Young. Niemand hatte zuvor von David Young etwas gehört. Er war Rechtsanwalt der Wall Street gewesen, der für Rockefeller tätig gewesen war, bis er in Kissingers Stab berufen wurde. Nach Watergate wurde er mit einem bequemen Auftrag nach London geschickt, und die Medien ignorierten seine Schlüsselrolle in der Watergate-Affäre.

So endete der Einbruch im Watergate-Hotel mit einer sicheren Spur in das Weiße Haus. Aber niemals hat jemand behauptet, daß Nixon diesen Einbruch gebilligt habe; es war die Rolle, die er beim Decken der Verantwortlichen übernehmen mußte, die zu seinem Sturz führte.

Trotzdem ging Watergate vom Weißen Haus aus. Aber nicht von Nixon und seinen Leuten. Das ganze wurde von Rockefellers erstem Mann, Henry Kissinger, ausgelöst.

Es war auf die Arbeit der Klempner zurückzuführen, daß Richard Nixon fiel. Und Kissinger, Rockefeller und der CIA waren offensichtlich nachhaltig daran beteiligt. Charles Colson, ein früherer Mitarbeiter des Weißen Hauses, berichtet, Nixon habe den Verdacht geäußert, daß der CIA »bis über beide Ohren« mit in der Sache dringesteckt habe. Nixon habe den Direktor des CIA entlassen und selbst untersuchen wollen, was er für eine CIA-Verschwörung gegen seine Person hielt. Er wurde davon durch General Alexander Haig abgebracht, dem Rockefeller-Mann, der Bob Haldeman abgelöst hatte. Colson schildert Nixon in den letzten Monaten seiner Präsidentschaft als Gefangenen von Kissinger und Haig im Oval Office.

Richard Nixon hätte den Watergate-Skandal überstehen können, wenn es die Tonbänder nicht gegeben hätte. Am Anfang der Watergate-Untersuchung hatte nicht einmal jemand gewußt, daß sie vorhanden waren. Die Tatsache, daß alle Gespräche Nixons aufgezeichnet worden waren, hatte Alexander Butterfiel, ein Verbindungsmann zwischen dem Weißen Haus und dem Secret Service, beinahe nebenbei erwähnt. Es fällt schwer zu glauben, daß jemand eine solche Bombe, die einen Präsidenten vernichten sollte, so unschuldig loslassen könnte. War das also geplant?

Wir wissen mittlerweile, daß Butterfiel ein Zuträger für den CIA war. Er ist beschuldigt worden, mit (wenn nicht sogar für) den CIA gearbeitet zu haben, während er für die Bandaufnahmen im Weißen Haus verantwortlich war. Hätte Plappermäulchen Butterfield, der über andere Dinge aussagen sollte, seinen Mund gehalten und die Tonbänder nicht erwähnt, dann wäre Nixon nicht zum Rücktritt gezwungen worden. Selbst einer direkten Frage nach solchen Aufnahmen hätte Butterfield mit der Erklärung ausweichen können, daß es sich um Angelegenheiten handele, die in den Bereich der nationalen Sicherheit fielen und vertraulich bleiben müßten.

Nixon hat erklärt, das Bandaufnahmesystem sei auf Anregung von Johnson im Oval Room installiert worden, um seine Gespräche für die Nachwelt festzuhalten. Schon kurz darauf waren das ganze Weiße Haus und selbst Camp David mit Wanzen übersät. Im Weißen Haus wurde besser auf jeden Schritt jedes einzelnen aufgepaßt als in den meisten Gefängnissen. Der Präsident konnte nicht von einem Zimmer in das andere gehen, ohne daß die Tatsache aufgezeichnet wurde und auf einer von Butterfield überwachten Anzeigetafel ein Summer ertönte und ein Licht blinkte. Die Bandaufnahmegeräte liefen beim Ertönen von Stimmen automatisch an. Es war also nicht Nixon selbst, der die Geräte ein- und ausschaltete. Es war, als ob der Präsident unter ständiger Überwachung durch andere Leute stand, die über jedes seiner Worte und jede seiner Bewegungen Bescheid wissen wollten.

Warum ließ Nixon die Bandaufnahmegeräte nicht am Tag nach den Verhaftungen im Watergate-Hotel abschalten? Oder, nachdem das verpaßt war, warum vernichtete er nicht die Bänder, nachdem Butterfield über ihr Vorhandensein berichtet hatte? Dafür sind verschiedene Begründungen gegeben worden, von denen aber keine die richtige zu sein scheint. Die eine ist, daß Nixon im Machtrausch nicht geglaubt habe, daß der Oberste Gerichtshof die Herausgabe der Bänder unter Strafandrohung erzwingen könnte oder würde. Warum sollte er aber das Risiko eingegangen sein, zumal es noch keinen Präzedenzfall gegeben hatte? Nixon muß gewußt haben, daß sein Überleben als Präsident auf dem Spiele stand.

Eine andere Erklärung ist die, daß Nixon von einer zwanghaften Geldgier beherrscht wird und die Bänder behalten wollte, um sie bei der Abfassung seiner Memoiren zu benutzen oder daß er sie dem Nationalarchiv schenken und dafür eine Steuervergünstigung in Höhe von mehreren Millionen Dollar in Anspruch nehmen wollte. So sehr Nixon das Geld leiden mag, es ist kaum anzunehmen, daß er seine Präsidentschaft dafür auf das Spiel setzen oder eine Gefängnisstrafe riskieren würde, um die Bänder zu behalten. Und außerdem ist er jetzt dabei, seine Memoiren für ein Honorar in Millionenhöhe zu schreiben, ohne daß er auf die Bänder zurückgreifen kann.

Vor allem muß man daran denken, daß die Herausgabe der Tonbänder Nixon nicht entlasten konnte, sondern daß mit ihnen seine Schuld in jedem der Punkte bewiesen wurde, in denen ihm vorgeworfen wurde, die Watergate-Einbrecher gedeckt zu haben. Warum hat dieser durchtriebene Politiker, dieser skrupellose Mißbraucher der Macht, dieser Mann, von dem niemand ein gebrauchtes Auto kaufen würde, nicht einfach selbst die Bänder vernichtet?

Nixon hätte eine große Fernsehrede halten und ungefähr so etwas sagen können:

> Meine lieben Mitbürger. Als Präsident ist es meine heilige Pflicht, Ihre Rechte und unsere nationale Sicherheit zu schützen. Und, lassen Sie mich das ganz klar sagen — ich werde mich dieser Pflicht nicht entziehen, gleichgültig, wie unangenehm die Folgen sein können.
>
> Die Tonbänder enthalten vertrauliche und streng geheime Informationen, deren Veröffentlichung viele ehrenhafte öffentliche Persönlichkeiten in Schwierigkeiten bringen und unsere schwierigen Beziehungen mit fremden Mächten gefährden würden. Es ist deshalb erforderlich, daß ich das tue, was das beste für das Land ist und nicht, was das beste für mich ist.
>
> Eine Veröffentlichung des Inhalts der Bänder würde mich freisprechen, aber das Schicksal der Nation gefährden. Ich habe mich dieser Verant-

> wortung gestellt und die Bänder vernichtet, wobei ich mir voll dessen bewußt bin, daß ich von einer zynischen und feindseligen Presse dafür fürchterlich kritisiert werden würde. Ich weiß, daß Sie, das amerikanische Volk — das großartigste Volk der Welt — in dieser Krise hinter mir stehen werden. Ich danke Ihnen und wünsche Ihnen eine gute Nacht.

Wenn Nixon die Sache auf diese Weise erledigt hätte, wäre das Geschrei selbstverständlich laut und giftig gewesen. Senator Kennedy, der Held von Chappaquiddick, würde eine Rede über den Mißbrauch der Macht zur Vertuschung von Verbrechen gehalten haben. Aber es hätte kein Beweisstück mehr gegeben. Und es gibt keinen Weg, um einen Präsidenten der Vereinigten Staaten ohne ein solches Beweisstück aus dem Amt zu entfernen. Die Wellen der Meinungsverschiedenheiten wären hoch gegangen und Nixon würde seine zweite Amtszeit in einer Wolke des Zweifels beendet haben. Aber es hätte kein Zweifel daran bestanden, daß er sie zu Ende gebracht haben würde. Besser der häßliche Verdacht als die vernichtende Wahrheit. Watergate-Ankläger Leon Jaworski hat zugegeben, daß Nixon, wenn er die Bänder zu der Zeit, als ihre Existenz im Juli 1973 bekannt wurde, vernichtet hätte, immer noch Präsident geblieben wäre.

Kann jemand wirklich glauben, daß Nixon dagesessen und zugesehen hat, wie der Lynchmob aus den Tonbändern die Schlinge geknüpft hat, die ihm um den Hals gelegt werden sollte, ohne wenigstens zu versuchen, sie zu zerreißen? Das ist nicht der Nixon, der auf den Bändern erscheint — und noch weniger der, den man aus dem öffentlichen Leben kannte.

Warum hat dann aber Nixon, dieser Ausbund von politsschem Opportunisten, nicht die Bänder verbrannt? Wir glauben, die logische Antwort lautet, daß die Bänder der Kontrolle Nixons entzogen waren, oder er wußte, daß es noch einen zweiten Satz gab. Mit einem Wort, er vernichtete sie nicht, weil er es nicht konnte.

Wer hat sich aber darüber gewundert, daß jedermann zu wissen schien, was auf den Bändern zu hören war, und wo es zu hören war, bevor sie an die Mitglieder des Untersuchungsausschusses, die Sonderankläger oder Richter Sirica übergeben worden waren? Die Medien wunderten sich nicht. So weit wir das übersehen können, ist der einzige Mensch, der diese Frage gestellt hat, Dr. Susan Hack in der Nummer des Magazins »American Opinion« vom Februar 1975.

Dabei muß man berücksichtigen, welche Detailkenntnis vorhanden war, wenn Bandstellen angefordert wurden. Zum Beispiel forderte Richter Sirica an: »den ganzen Bandabschnitt auf der Spule 'White House telephone start 5/25/72 (2:00 p. m.) (8 Zeilen ausgelassen) 6/23/72 (2:50 p. m.) (832) complete'.« Was diese Zahlen alle bedeuten, ist für den Uneingeweihten nicht klar — er weiß nur, daß man mit dem Inhalt sehr vertraut sein muß, um mit ihnen zurechtzukommen. Die Jungen wußten genau, wo sie ihre Sachen suchen mußten. Hier ist ein weiteres Beispiel dafür, wie eine derartige Anforderung aussah:

8. Januar 1973 von 4:05 bis 5:34 p. m. (E.O.B.)

a) nach ungefähr 10 Minuten und 15 Sekunden Unterhaltung ein Teil, das 6 Minuten und 31 Sekunden dauert;
b) nach ungefähr 67 Minuten Unterhaltung ein Teil, das 11 Minuten dauert;
c) nach etwa 82 Minuten und 15 Sekunden Unterhaltung ein Teil, das 5 Minuten und 31 Sekunden dauert.

Frau Dr. Huck meinte dazu: »Das hört sich an, als ob sich jemand — offensichtlich war es nicht der Präsident — für sehr viele Stunden mit diesen Bändern in eine gemütliche Ecke zurückgezogen habe. Jemand weiß ganz genau, wo die saftigen Stellen sind, auf die Sekunde genau.«

Man muß dabei daran denken, daß alle Unterhaltungen im Weißen Haus — persönliche und telefonisch geführte — seit mindestens einem Jahr von den »Wanzen« registriert worden sind. Es gab buchstäblich Meilen von Tonbändern, die irgendwo eingelagert waren. Aber es ist offenbar, daß die Untersucher die Beweisstücke bereits in den Händen hielten, als die Verfügungen zur Herausgabe ergingen.

Wer kontrollierte nun die Bänder, oder wer hatte Zugang zu einem zweiten Satz? Über diese entscheidende Frage gibt es (verständlicherweise) nur wenige Informationen. Es verdient aber trotzdem angemerkt zu werden, daß das Aufnahmesystem bei Präsident Johnson von der Nachrichtentruppe des Heeres eingerichtet worden war, während die Nixon-Monitore vom Geheimdienst installiert wurden. Deshalb ist nicht ganz unwichtig, was »Newsweek« am 23. September 1974 zu berichten wußte:

> Während der frühere Stabschef im Weißen Haus, H. R. Haldeman, auf seinen Prozeß wegen seiner Beteiligung an Watergate wartet, hat der Geheimdienstchef, den er im vergangenen Jahr aus dem Weißen Haus entfernte, einen einträglichen Job gefunden. Robert H. Taylor, 49, der mit Haldeman über Nixon betreffende Sicherheitsfragen aneinander geraten war, ist jetzt Chef der privaten Sicherheitskräfte auf allen Besitzungen der Familie Rockefeller.

Aha! Nachdem Nixon abgesetzt ist, bekommt der Chef des Geheimdienstes — der Mann, dem die für die Bänder verantwortliche Dienststelle unterstand — einen einträglichen Job im Rockefeller-Reich. Und was ist mit Rockefellers Nummer Eins im Weißen Haus?

Wir wissen, daß Henry Kissinger in Abhöraffären tief verwickelt gewesen ist, bei denen Mitglieder seines eigenen Stabes und einige Journalisten betroffen waren. Aber das eine Mitglied des Stabes im Weißen Haus, dessen Aussprüche offensichtlich auch im Oval Office niemals auf Band genommen worden sind, ist Herr Kissinger — der auch, wie es sich so ergibt, Chef aller amerikanischen Operationen zur Sammlung von Erkenntnissen war. Und der auch, wie wir jetzt wissen, in erster Linie für die Einsetzung der Klempner in ihr Amt verantwortlich war.

Aber während dieser ganzen Zeit hat die Loyalität Kissingers nicht dem Präsidenten gehört, sondern den Rockefellers. Kissinger hatte schon drei verlorene Kampagnen mit Nelson Rockefeller hinter sich und sprach offen von seiner Abneigung gegenüber Nixon. Der Biograph David Hanna zitiert Kissinger mit einer Bemerkung nach der Nominierung Nixons im Jahre 1968: »Der Mann ist nicht geeignet, Präsident zu werden. Ich würde für diesen Mann niemals arbeiten. Er ist eine Katastrophe.« Dennoch war Kissinger der erste, der von Nixon ernannt wurde.

Nixon kannte Kissinger nicht gut; er hatte ihn vorher nur einmal in seinem Leben getroffen, und das war bei einer Cocktail-Party. Und von Kissinger wurde berichtet, daß er 180 Grad links von allen Wahlerklärungen Nixons stand. Es war klar, Kissinger wurde von Rockefeller in die Regierung Nixon entsandt. Sein Protegé bekam ein kleines Geschenk von 50 000 Dollar nach Washington mit. Bei den Vernehmungen vor seiner Ernennung zum Vizepräsident hat Rockefeller sogar eingeräumt, daß Kissinger das Amt übernommen habe, weil er von ihm — Rockefeller — darum ersucht worden sei*).

Es war Henry Kissinger, der Nixons Haupt auf das Schaffott legte, aber ein anderer Rockefeller-Agent, General Alexander Haig, schwang die Axt. Haig war — auf Kissingers Vorschlag — als vorläufiger Nachfolger für den abgesetzten Bob Haldeman berufen worden.

*) Die Ernennung wurde als so wichtig angesehen, daß Nixon auf die übliche Sicherheitsüberprüfung seines ernannten Außenministers durch das FBI verzichtete. Die Gründe, weshalb Kissinger bei einer genauen Sicherheitsüberprüfung niemals durchgekommen wäre, werden in dem im Herbst erscheinenden Buch »The Kissinger File« dargestellt werden.

Ebenso wie bei Dwight Eisenhower und George Marshall, zwei Generälen, die auf ihrer Laufbahn nicht recht vorangekommen waren, bis sie vom Hause Rockefeller gesalbt wurden, ging es auch bei Haig erst mit Raketengeschwindigkeit aufwärts, nachdem er sich über den Rat für Auswärtige Beziehungen der Rockefeller-Mannschaft angeschlossen hatte. 1969 war er noch Oberst gewesen. Vier Jahre später war er auf wunderbare Weise ein Vier-Sterne-General geworden, wobei er den Drei-Sterne-Rang vollständig übersprungen hatte. Was hatte diesen bemerkenswerten Aufstieg zustandegebracht? 1969 war Haig Mitarbeiter von Kissinger geworden; als Folge übersprang er dann 240 Offiziere im Generalsrang vor ihm, als ihn Nixon zum Vier-Sterne-General beförderte. Eine solche Beförderung müßte Haig als einen der großen militärischen Führer der Geschichte ausweisen. Aber die Beförderungen erfolgten nicht auf Grund militärischer Leistungen — die gar nicht erbracht wurden. Es waren politische Taten. Haig war jetzt ein General in der Rockefeller-Armee, einer Armee, die anderen die Marschbefehle gibt.

Der Journalist Jerald TerHorst, der eine kurze Zeit lang Pressesekretär bei Präsident Ford war, berichtet:

> Im letzten Jahr Nixons war Haig, wie er selbst zugeben wird, den größten Teil der Zeit der amtierende Präsident der Vereinigten Staaten. Während sich der angeschlagene Präsident immer mehr in ein Schneckenhaus zurückzog, war jedermann in der Regierung, mit der möglichen Ausnahme von Kissinger, für Al Haig tätig.

William Safire, Redenschreiber für Nixon, schreibt in der Ausgabe des Magazins der »New York Times« vom 11. November 1973: »Haig ist weit mächtiger als Haldeman jemals war; aber er gebraucht seine Macht vorsichtiger . . . Haig lernte seine Technik von seinem früheren Herrn, Henry Kissinger . . .« In seinem neuen Buch »Before The Fall«, nennt Safire Haig »Kissingers zweites Ich«. Bezeichnenderweise nennt Barry Sussman von der »Washington Post« Haig »Butterfields früheren Kollegen«.

Alexander Haig war also Herr der Schatzkammer, in der die Watergate-Tonbänder verwahrt wurden. Zwei Monate nachdem Haig Beschließer geworden war, gab sein früherer Kollege Butterfiel dem Watergate-Ausschuß den Tip. Da es völlig klar ist, daß die Verfügungen zur Herausgabe der Tonbänder von Personen verfaßt wurden, die bereits Detailkenntnisse besaßen, ist es auch schmerzlich offenbar, daß Haig sie bereits mit Niederschriften der betreffenden Stellen versorgt haben mußte.

Damit war es Zeit für das Fallbeil. Im »Parade«-Magazin vom 8. Juni 1975 berichtet Lloyd Shearer: »Vom Mai 1973 bis August 1974 war Haig Nixons Stabschef. Er war es, der Nixons Rücktritt vom Präsidentenamt mit Geschick in Szene setzte, orchestrierte und choreographierte.«

Nach Shearer war Nixon entschlossen, nicht zurückzutreten. »Aber Haig wußte, daß er mußte.« Der Grund für Haigs Beharrlichkeit war nach »Parade«, daß der Präsident, wenn er auf einem Prozeß bestand und verlor, damit auch seine Pension und andere staatliche Vergünstigungen eingebüßt hätte.

Wie bewerkstelligte er es? Haig »orchestrierte den Rücktrittsmarsch«, meint Shearer, indem er die Beweisstücke gegen Nixon zu republikanischen Abgeordneten, Redenschreibern des Präsidenten und anderen engen Mitarbeitern Nixons schleppte.

»Haig sorgte dafür, daß Senator Barry Goldwater, das konservative Bollwerk der republikanischen Partei, mit der Niederschrift des vernichtenden Tonbands vom 23. Juni versorgt wurde«, berichtet Shearer. Verstanden? Der erste Assistent des Chefs stellt fest, daß der Boß nicht weichen will, und deshalb nimmt er Niederschriften der am meisten belastenden Tonbänder und bringt sie den wenigen Freunden, die Nixon noch geblieben sind. Warum hat Nixon Haig nicht hinausgeworfen und die Bänder verbrannt? Wiederum ist die offensichtlichste und logischste Antwort die, daß er es nicht tat, weil er es nicht tun konnte.

Shearer fährt fort:

> Und auf der nächsten und letzten Kabinettssitzung, bei der mindestens die Hälfte der Mitglieder den Rücktritt erwartete, erging sich Nixon in Reden über die Inflation, erklärte seine Entschlossenheit, auf dem Posten zu bleiben und wies die anderen Anwesenden an, die Parole weiterzugeben.
>
> Haig und Kissinger tauschten Blicke aus. Als die Kabinettssitzung vorbei war, blieb Kissinger zurück. In sanftem Ton legte er dem Präsidenten nahe, zurückzutreten.

Später an diesem Nachmittag »spielte Haig seine letzte Karte aus«. Die beiden führenden republikanischen Senatoren Hugh Scott und Barry Goldwater suchten zusammen mit dem Fraktionsführer im Repräsentantenhaus, John Rhodes, den Präsidenten auf und erklärten ihm, daß er über keinen Rückhalt im Senat mehr verfüge. »An diesem Abend«, berichtet Shearer, »entschloß sich Richard Nixon, nachdem er erneut mit Kissinger und Haig gesprochen hatte, zurückzutreten.«

Und das ist die Geschichte, wie die drei Musketiere aus dem Hause Rockefeller den Staatsstreich veranstalteten, mit dem Nixon aus dem Weißen Haus verjagt wurde und Nelson Rockefeller in das Weiße Haus hineinkam. In Pocantico Hills ist an jenem Abend sicherlich schön gefeiert worden.

Bitte mißverstehen Sie diese Schilderung nicht. Wir behaupten nicht, daß Richard Nixon ein unschuldiges Lamm gewesen sei, das vom großen bösen Wolf aufgefressen wurde. Es geht darum, daß der ganze Ablauf — von der Aufstellung der Klempner über den unglaublich ungeschickten Einbruch im Watergate-Gebäude bis zur Enthüllung des Vorhandenseins der Tonbänder bis zur Aufbewahrung dieser Bänder und ihrem Einsatz als Druckmittel zum Rücktritt

Nixons — von Rockefeller-Leuten geplant und gelenkt worden ist.

Es ist dabei nicht ohne Bedeutung, daß nur die mit dem Rockefeller-Imperium Liierten Watergate überstanden haben, während fast alle anderen in Ungnade fielen.

Alexander Haig, der »Instand General«, wie ihn Frau Dr. Huck in Anlehnung an die amerikanische Bezeichnung für Pulverkaffee genannt hat, bekam seine Belohnung schnell. Haig ist derzeit Oberster Alliierter Befehlshaber in Europa, der General, dem das militärische Kommando der NATO untersteht. Um Haldeman ablösen zu können, mußte Haig seinerzeit aus den Streitkräften ausscheiden. Es kann kaum einen Zweifel daran geben, daß ihm damals die sofortige Wiedereinstellung nach dem Abschuß Nixons zugesagt worden ist.

Ein anderer großer Watergate-Gewinner ist Henry Kissinger. Trotz der Tatsache, daß er nicht nur seine eigenen Mitarbeiter abhörte, sondern auch Zeitungsjournalisten, ist kaum ein Wort der Kritik gegen ihn in der Presse erschienen. Dann kam die Enthüllung, daß Kissinger für die Aufstellung der Klempner verantwortlich gewesen sei. Aber im Verlauf des Watergate-Skandals stieg Kissinger in das hohe Amt des Außenministers auf und behielt gleichzeitig seine Position als Berater für die Nationale Sicherheit. Er hatte Macht wie nie jemand vor ihm über die Außenpolitik und den Geheimdienst. Die Quelle dieser Macht war sein Schirmherr, Nelson Rockefeller.

Kissinger bewies dabei, daß niemand zwei Herren dienen kann. Ebenso wie Haig gesagt hatte, daß er »nie ein Nixon-Mann gewesen« sei, hatte Kissinger über Nixon getönt: »Ich würde niemals für diesen Mann arbeiten.« Er tat es auch nicht. Er arbeitete für die Rockefellers.

Ein anderer Gewinner bei Watergate war jener »standfeste Konservative aus dem Mittelwesten«, Gerald Ford. Wie gewöhnlich sind das von den Medienherren erzeugte Bild und die Wahrheit Lichtjahre voneinander entfernt. Ford hatte früher der Warren-Kommission angehört, die den Mord an John F. Kennedy untersuchte, und hatte bereits bei dieser Gelegenheit bewiesen, daß er den Mund halten kann, wenn es darauf ankommt. Zu der Zeit seiner Ernennung zum Vizepräsidenten hatte Ford an Bilderberg-Konferenzen teilgenommen und war von Rockefeller in die Nationale Kommission für die Berufung wichtiger Persönlichkeiten entsandt worden*).

Arrangiert hatte die Ernennung Fords Mel Laird, ein Abgeordneter aus Wisconsin. Laird war unter Nixon Verteidigungsminister und später einer der Berater des Präsidenten gewesen. Als Mitglied des CFR wußte Laird, wo die Macht lag.

Als »Mr. Inside« auftretend, wie Paul Scott es nannte, konnte Laird Nixon den Gedanken ausreden, den früheren Finanzminister John Connally zum Nachfolger von Agnew zu ernennen. Er überzeugte den Präsidenten davon, daß Connally niemals vom Kongreß bestätigt werden würde und schlug als Kompromiß die Ernennung von Gerald Ford zum Vizepräsidenten vor.

Der Hauptgewinner im Watergate-Roulette war aber natürlich Nelson Rockefeller. Er ist jetzt wirklich nur noch, wie es so schön heißt, einen Herzschlag von der Erfüllung seines Lebenstraumes entfernt, Präsident der Vereinigten Staaten zu werden. Und erst kürzlich haben zwei Frauen

*) Die Bilderberger sind eine Art internationaler CFR. Sie treffen sich einmal im Jahr an einem luxuriösen geheimen Ort, um die Demokratie lächerlich zu machen. An den Treffen nehmen Angehörige der Weltelite aus Politik, Wirtschaft, Banken und Gewerkschaften teil. Die Medien nehmen von diesen Konferenzen kaum ernsthafte Notiz. Siehe auch Kapitel 5 in dem Buch „Die Insider". Zu den deutschen Mitgliedern zählen: Walther Leisler Kiep, Schatzmeister der CDU; Helmut Schmidt, Bundeskanzler, SPD; Gerhard Schröder, Vorsitzender des Außenpolitischen Bundestagsausschusses, CDU; Theo Sommer, Chefredakteur der Wochenzeitung „Die Zeit"; Hans-Jürgen Wischnewski, Staatsminister im Auswärtigen Amt, SPD; Otto Wolff von Amerongen, Präsident des Deutschen Industrie- und Handelstages und Vorsitzender des Ostausschusses der Deutschen Wirtschaft.

mit Pistolen auf Jerry gezielt, und er war in einen Autounfall verwickelt.

Als Bobo Sears Rockefeller sich von dem inzwischen verstorbenen Winthrop Rockefeller scheiden ließ, sorgte sie für zwei Sensationen im Prozeß. Die erste war die Mitteilung, daß Winthrop eine der größten und wertvollsten Pornographie-Sammlungen der Welt besaß. Die Bilder zeigten übrigens keine Mädchen.

Die Enthüllung Nummer zwei in dem bizarren Scheidungsprozeß war die Mitteilung, daß sich die Gebrüder Rockefeller von Zeit zu Zeit trafen, um über Mittel und Wege zu beraten, wie Nelson Präsident werden könnte, ohne sich vorher einer Wahl stellen zu müssen. (Sie hatten also erkannt, daß er über die Wahlurne niemals den Weg in das Oval Office finden würde.)

So wurde Rockefeller also ein ernannter Vizepräsident. Und er wurde von einem Mann ernannt, der auch nicht gewählt worden war, den vielmehr ein Mann ernannt hatte, der zurücktrat, weil ihm eine Anklage wegen Amtspflichtverletzung drohte. Ob sich das die Gebrüder Rockefeller jemals erträumt haben?

Ford ersuchte, wie es sich gehört, die führenden republikanischen Kongreßmitglieder um ihre Empfehlungen, wen er zum Vizepräsidenten ernennen sollte. Die Wahl verlief ungefähr so aufregend wie die Wahlen zum Obersten Sowjet. So war die Entscheidung für Rockefeller für niemanden eine Überraschung.

Wollen wir damit sagen, daß mit Nixon eine Abmachung getroffen worden ist, Ford zu ernennen, vom neuen Präsidenten straffrei gestellt zu werden und dann Ford Nelson Rockefeller als neuen Vizepräsidenten aussuchen zu lassen? Ja, das ist genau das, was wir sagen wollen. Wer daran zweifelt, daß eine solche Verabredung getroffen worden ist, glaubt vielleicht auch, daß es bei den Cachtern mit rechten Dingen zugeht. Vielleicht war es nur ein Zufall, aber am 7. Dezember 1973 erschien die »New York Times« mit der

Überschrift: FORD ALS VIZEPRÄSIDENT NACH BESTÄTIGUNG DURCH HAUS VEREIDIGT auf dem rechten Teil ihrer Seite eins. Links daneben stand: GOUVERNEUR TRITT ZURÜCK UND STREBT PRÄSIDENTSCHAFT AN, SAGEN MITARBEITER.

Während die Nation auf den Zirkus der Watergate-Hearings starrte, spielte sich das Hauptprogramm in einem anderen Zelt ab. Paul Scott schrieb damals: »Die dramatischen Watergate-Hearings im Senat sind nur ein farbenfrohes Nebenprogramm zu einem der kühnsten und schmierigsten Unternehmen in der amerikanischen Geschichte.« Und er fuhr fort:

> Während sich jedermann auf die Nebenakteure vor den Fernsehkameras konzentrierte, die die Untersuchung des Senats aufnahmen, achteten nur wenige privilegierte Insider auf die wirklich große Schau, die am anderen Ende der Pennsylvania Avenue abrollte.
>
> Als Teil des Planes für die Schaffung einer neuen Weltordnung (Weltregierung) gehört dazu der sorgfältig geplante Machtübergang von Präsident Nixon auf den New Yorker Gouverneur Rockefeller, der sich jetzt in die strategisch richtige Position begibt, um der automatische Erbe des Präsidentenamtes 1976 zu werden.
>
> Ob es Rockefeller mit dem großen wirtschaftlichen Reichtum seiner Familie und seiner gesellschaftlichen und politischen Macht gelingen wird, diese sorgfältig vorbereitete Machtübernahme auch zu vollziehen, ist eine der gruseligsten und erregendsten politischen Geschichten, die sich in unserer Zeit abspielen.

Zur Hälfte ist der Rockefellersche Staatsstreich schon geschafft. Die Frage des Jahrzehnts ist: Was macht Rocky jetzt? 1968, nach seinem dritten Versagen in den Vorwahlen, hatte er erklärt: ». . . der alte Ehrgeiz ist weg.« Ist der

»alte Ehrgeiz« jetzt wiedergekehrt? Es dürfte klar sein, daß die Rockefellers sich nicht die Mühe gemacht haben, das ganze Watergate-Theater abzuspulen, ohne daß sie etwas damit beabsichtigt hätten.

Politischer Prophet zu sein ist nur geringfügig weniger gefährlich, als auf einem Tiger zu reiten. Tatsachen zu sammeln ist ein Ding, ihre Wirkung richtig in die Zukunft zu projizieren ein anderes. Die Umstände verändern sich, und wir glauben nicht, daß es nur einen einzigen Plan gibt, der unabänderlich in Stein gemeißelt worden ist. Die Rockefellers legen jedenfalls niemals alle ihre finanziellen oder politischen Eisen in ein einziges Feuer. Zweifellos wird in der Familie eine ganze Flotte von Möglichkeiten erwogen.

Rocky erklärt jetzt, daß er 1976 nicht zusammen mit Ford antreten werde. Er hat nicht gesagt, daß er ohne Ford nicht kandidieren würde. Unsere Washingtoner Quellen melden, daß es Nelsons Idee gewesen sei, bekanntzugeben, daß er nicht zusammen mit Ford kandidieren werde und daß Jerry ihn unfroh gebeten habe, das nicht öffentlich bekanntzumachen. Der Grund, weshalb Nelson die SS Jerry Ford verläßt, ist der, daß das Schiff im Sinken ist. Die privaten Meinungsumfragen Rockefellers sollen zeigen, daß Ford sehr wohl in den ersten Vorwahlen des Jahres 1976 unterliegen könnte, womit das Rennen um die Nominierung des republikanischen Präsidentschaftskandidaten völlig offen sein würde. Dann würde die Musik zu spielen beginnen, zusammen mit der größten Medienkampagne der Geschichte, und das Thema würde sein, daß nur Rocky die USA retten könnte. Und wirklich hat Rockefeller, wie der in Washington gut informierte Paul Scott zu berichten weiß, seine eigene Feldzugsorganisation aufzubauen begonnen, zwei Wochen vor der Mitteilung, daß er nicht zusammen mit Ford antreten werde.

Viele Leser werden unserer nächsten Voraussage nicht glauben wollen, aber wir sind bereit, unseren letzten Heller für ihre Richtigkeit zu verwetten. Wenn Nelson die Spitzenposition erhält, wird der zweite Mann auf dem Stimmzettel Ronald Reagan sein. Und das ganze wird den Anhängern der republikanischen Partei in der ganzen Nation als »der Wahlzettel zur Rettung der Partei« verkauft werden. Wird Reagan bereit sein, sich so zu prostituieren, die zweite Position auf Rockys Wahlzettel anzunehmen? Leider ist die Antwort: ja. Reagan wird alles tun, was ihm das Küchenkabinett des großen Geldes sagt. Als er 1966 zum erstenmal als Kandidat für das Gouverneursamt in Kalifornien aufgestellt wurde, trennte er sich flugs von den harten Konservativen und setzte Rockefeller-Leute als seine Hauptratgeber ein.

Ob Rocky die erste oder die zweite Position auf dem Wahlzettel einnimmt, wird davon abhängen, ob seine privaten Ermittlungen ihm anzeigen, daß er die Präsidentenwahl gewinnen könnte. Die letzten Meinungsumfragen lassen erkennen, daß er nicht so sehr beliebt ist. Obwohl die Familie Rockefeller nach den vorliegenden Berichten bereit sein soll, 100 Millionen Dollar dafür aufzuwenden, daß Nelson in das Weiße Haus kommt, wird die ganze Geschichte vielleicht nicht funktionieren. Das amerikanische Volk scheint ihm gefühlsmäßig Mißtrauen entgegenzubringen. Rockys Entscheidung kann auch von der Verbreitung dieses Buches abhängen.

Das Haus Rockefeller wird aber nicht nur eine großzügige direkte und indirekte Kampagne für eine Rockefeller-Reagan-Kandidatur finanzieren, sondern wird auch Geld in Tausende von verschiedenen und verschlungenen Wegen pumpen, auf denen die Wählerstimmen der Demokraten aufgespalten werden können. Der sich langsam herausschälende Favorit der Demokraten ist Hubert Humphrey. Die Vereinigten Staaten haben sich schon so sehr in Richtung auf den Faschismus-Sozialismus hinbewegt, daß Hubert Humphrey, einer der Gründer der radikalen Bewegung Americans for Democratic Action, schon als gemäßigter Kandidat der Mitte erscheint. Ebenso wie Nixon 1968 ist jetzt Humphrey der Mann, dessen Zeit gekommen ist. Niemand ist über ihn begeistert, aber den meisten erscheint er annehmbar.

Ein linksaußen angesiedelter Wahlzettel mit Eugene McCarthy oder Senator Frank Church aus Idaho würde so viele traditionelle Demokraten verscheuchen, daß die Republikaner die Wahl mit einem Stimmenanteil von vierzig

Prozent gewinnen könnten. Teile und herrsche, das ist die Maxime des Wahlspiels.

Von Wallace kann man erwarten, daß er als vaterländischer Kandidat einer dritten Partei antreten und Humphrey einige Arbeiterstimmen abnehmen wird. Wallace ist kein Rockefeller-Mann, und die Familie hofft sicherlich, daß es ihm nicht gelingen wird, ein so großes Feuer gegen das Establishment zu schüren, daß er schließlich sogar gewählt wird.

Unterdessen kann Nelson fortfahren, als de-facto-Präsident aufzutreten. Nachdem Ford Rockefeller zum Chef des Inlandsrates gemacht hat, der die nationale Politik beherrscht, und weil Kissinger die Außenpolitik betreibt, kontrolliert das Haus Rockefeller bereits die Regierung, wenn auch noch nicht dem Namen nach. Nelson als Vizepräsident ist eine Pistole, die ständig auf Ford Schläfe gerichtet ist. Wenn Jerry aus irgendeinem Grunde einmal anderer Ansicht sein sollte, könnte ein Geheimdienstmann zufällig mal gerade in die andere Richtung schauen, während jemand auf den Präsidenten zielt.

Nehmen wir einmal an, daß der Widerwille des Volkes groß genug ist, um Rocky vom Wahlzettel der Republikaner fernzuhalten. Und nehmen wir auch einmal an, daß Humphrey oder ein anderer Demokrat die Präsidentenwahl gewinnt. Würde das bedeuten, daß die Rockefellers ihre Macht einbüßten? Nein, zumindest nicht so lange, wie nicht die ganze CFR-Strategie für eine sozialistisch-faschistische Weltregierung abgeschafft wird. Wenn Rocky ausfällt, wird das wahrscheinlich ein harter Schlag für sein Selbstbewußtsein werden und den Fahrplan für die große Fusion etwas verzögern. Das Haus Rockefeller würde aber dann einfach wieder über den CFR wirken. Die Verwirklichung des Planes für die Erringung der Weltherrschaft würde weiterlaufen.

Denn zwischen den Rockepubs und den Rockedems gibt es nicht für einen roten Heller Unterschied. Beide Parteien gehören dem Haus Rockefeller.

PERSONEN- UND SACHREGISTER

Bundesreservesystem — Das Federal Reserve System versieht die gleichen Aufgaben wie die Zentralbanken anderer Länder, etwa die Deutsche Bundesbank. Das FRS hat das Recht zur Ausgabe von Banknoten. Der Rat der Gouverneure trifft alle Entscheidungen über die Geld- und Kreditversorgung, setzt die Höhe der Mindestreserven fest, die die Mitgliedsbanken bei den 12 Bundesreservebanken unterhalten müssen, und bestimmt den Diskontsatz. Er hat damit die Möglichkeit, sowohl die dem Markt zur Verfügung stehende Geldmenge zu vermehren oder zu vermindern als auch die Entwicklung der Kreditzinsen zu beeinflussen, also direkt in den Wirtschaftsablauf einzugreifen.

Carnegie, Andrew — Stahlindustrieller. Gründete 1900 die Carnegie Steel Company of New Jersey. Sein Anteil wurde später vom Bankhaus Morgan erworben. Carnegie legte sein Vermögen in verschiedenen Stiftungen an.

Chamberlain, Neville — Britischer Premierminister von 1937 bis 1940. Glaubte, die von Adolf Hitler ausgehende Kriegsgefahr durch die Politik des »Appeasement« (Befriedung) eindämmen zu können. Im Münchner Abkommen vom 29. September 1938 gestand er zusammen mit dem französischen Premierminister Daladier und dem italienischen Diktator Mussolini den Anschluß des bis dahin zur Tschechoslowakei gehörenden Sudetenlandes an das Deutsche Reich zu. Bei der Rückkehr nach London hatte er einen von Hitler mit der Hand beschriebenen Zettel bei sich, den er als Dokument für den ewigen Frieden zwischen Deutschland und Großbritannien bezeichnete. Elf Monate später brach der Zweite Weltkrieg aus.

Chappaquiddick — Halbinsel im Nordosten der USA. Hier stürzte Edward Kennedy unter niemals ganz geklärten Umständen im Sommer 1969 mit seinem Wagen von einer kleinen Brücke in das Meer. Eine Sekretärin, die in dem Wagen gesessen hatte, fand dabei den Tod.

Dewey, John — Philosoph und Pädagoge. Nach seiner Lehre entsteht die Philosophie aus sozialen Konflikten und dient zu deren Bewältigung. Befürwortete die Sozialisierung.

Großer Bruder — siehe Orwell.

Illuminatenorden — 1776 von Adam Weishaupt in Ingolstadt gegründeter Geheimbund. Mitglieder waren u. a. Goethe, Herder und der Freiherr von Knigge.

Machiavelli, Nicolo (1469—1527) — Florentinischer Politiker. In seinem Hauptwerk »Il Principe« (Der Fürst) spricht M. von der Möglichkeit, daß politisches Handeln im Widerspruch zur hergebrachten Ethik stehen kann. Zu den Anhängern M.'s zählten Richelieu, Marx und Mussolini. Als Machiavellismus bezeichnet man heute überwiegend eine skrupellose Machtpolitik.

Nader, Ralph — Amerikanischer Jurist, der durch Kritik an einzelnen Industrieerzeugnissen (z. B. Kraftwagen) bekannt geworden ist. Wurde von einem Teil der Öffentlichkeit als »Verbraucheranwalt« gefeiert.

New Deal — Name zweier Reformprogramme Präsident Roosevelts in den dreißiger Jahren, mit denen die politischen und wirtschaftlichen Schwierigkeiten nach dem Zusammenbruch von 1929 überwunden werden sollten. Umfaßten große Arbeitsbeschaffungsprogramme sowie Hilfen für Landwirtschaft und Hausbesitzer. Der Dollar wurde vom Goldstandard gelöst, die defizitäre Haushaltspolitik im Sinne des Wirtschaftstheoretikers Keynes zur Steigerung der Kaufkraft eingeführt. Trotzdem stellte sich der erwartete wirtschaftliche Aufschwung nicht ein, und 1938 lag die Arbeitslosenzahl wiederum über 10 Millionen.

Orwell, George — Britischer Schriftsteller. In seinem Roman »1984« zeichnete er das Bild einer Welt, die von drei einander unablässig bekriegenden totalitären Staaten beherrscht wird. Das Privatleben ist völlig erloschen und der allgegenwärtige »Große Bruder« bestimmt das gesamte Leben in dem Staat, in dem der Bürger keinen einzigen selbständigen Schritt mehr tun darf.

Pearl Harbor — Amerikanischer Kriegshafen auf Hawaii. Mit dem Angriff auf die in P. H. versammelte amerikanische Pazifikflotte eröffnete Japan am 7. Dezember 1941 den Krieg gegen die Vereinigten Staaten.

Reagan, Ronald — Früherer Film- und Fernsehschauspieler, der seit 1967 republikanischer Gouverneur von Kalifornien ist. Ist 1911 in Tampico (Illinois) geboren.

Rhodes, Cecil — Britisch-südafrikanischer Staatsmann und Diamantenmillionär. Die Stipendien aus dem Rhodes Trust stehen jährlich 70 Bewerbern für ein Studium an der Universität Oxford zur Verfügung, darunter auch zwei Stipendien für Deutsche.

Rockefeller-Center — Gebäudekomplex in der New Yorker Innenstadt, auf der Halbinsel Manhattan, unweit des Central Park. Umfaßt mehrere Hotels, die Radio City Music Hall, die Gebäude der Rundfunkgesellschaften RCA, CBS, NBC sowie das Gebäude des Time Life-Verlages.

Rothschild — Internationale Bankiersfamilie. Meyer Amschel R. gründete 1766 in Frankfurt sein erstes Bankhaus, das von einem seiner fünf Söhne fortgeführt wurde. Die anderen vier gründeten selbständige Banken in London, Paris, Wien und Neapel. Meyer Amschel R. war an den Fürstenhöfen tätig, finanzierte die Operationen der Engländer gegen Napoleon und wurde nach dem Wiener Kongreß von 1815 mit seinem Bankhaus führend im Anleihegeschäft in Europa, wobei er zunehmend politische Bedingungen stellte.

Warburg — Bankiersfamilie aus Hamburg. Max W. war im väterlichen Bankhaus M. M. Warburg & Co. in Hamburg tätig und nahm 1919 als Mitglied der deutschen Delegation an der Friedenskonferenz in Versailles teil. Sein Bruder Paul Moritz W. war 1902 nach USA ausgewandert, wurde Teilhaber bei Kuhn, Loeb & Co. und gehörte zu den Mitbegründern des Bundesreservesystems. 1917/18 war er dessen Vizepräsident.

Quellen: Brockhaus Enzyklopädie, Meyers Enzyklopädisches Lexikon.

Neue Welt-Ordnung

„In der Politik geschieht nichts zufällig. Wenn etwas geschieht, kann man sicher sein, daß es auf diese Weise geplant war.“ *F. D. Roosevelt*

)as Bild der Welt im Jahre 1987, wie es in mei-er Vorstellung erscheint: Der kalte Krieg wird er Vergangenheit angehören. Der Druck von nen durch die ständig zunehmende Intelligen-a in Rußland nach mehr Freiheit und der ruck der Massen nach Anhebung ihres Le-ensstandards könnte zu einer allmählichen emokratisierung der Sowjetunion führen. An-ererseits könnte der wachsende Einfluß die Ar-eiter und Bauern, der zunehmen wird, der po-tische Bedeutung von Männern der Wissen-haften die Vereinigten Staaten in einen Wohl-hrtstaat mit einer Planwirtschaft umwandeln. est- und Osteuropa werden eine Föderation tonomer Staaten bilden mit sozialistischer id demokratischer Ordnung; mit Ausnahme r UdSSR als einem föderierten eurasiati-hem Staat werden alle Kontinente in einem eltbündnis vereinigt, das über eine internatio-le Polizeimacht verfügt. Sämtliche Streit-äfte werden abgeschafft, und es wird keine riege mehr geben. In Jerusalem werden die reinten Nationen – wirkliche Vereinte Na-onen – einen Schrein des Propheten erbauen, r der föderierten Union aller Kontinente die-n wird; dies wird der Sitz des oberen Gerichts-ofes der Menschheit sein, um alle Kontrover-n unter den föderierten Kontinenten beizu-gen, wie von Jessaia prophezeit ist. Jede Per-n der Welt wird das Recht auf höhere Schulbil-ing haben. Eine Pille zur Verhütung von hwangerschaft wird das Explodieren des na-rlichen Wachstums der Bevölkerung Chinas d Indiens bremsen. Im Jahre 1987 wird das rchschnittliche Lebensalter des Menschen 0 Jahre erreichen.“

Staatspräsident Ben Gurion,
Look-Magazin, 6. Januar 1962

ir werden eine Weltregierung bekommen, ob das mögen oder nicht, durch Eroberung er durch Übereinkunft.“

James Warburg
am 17. Februar 1959 vor dem
US-Senatsausschuß

„Die Sicherheit der Welt ist durch Überbe-völkerung, Hunger und Not, überwande-rungsähnliche Flüchtlingswelle und Zerstö-rung der Natur in akuter Gefahr. Das Nord-Süd-Gefälle ist nicht nur eine flagrante soziale Ungerechtigkeit, sondern immer mehr eine reale Gefährdung für den Süden und dann auch für den Norden. Es sind neue Probleme der Sicherheit, der sich die Gründer der Ver-einten Nationen im Jahre 1945 gar nicht be-wußt sein konnten. Daneben bleibt es natür-lich eine Aufgabe, die Einhaltung des Völker-rechts zum Schutz der Mitglieder vor Über-griffen sicherzustellen. Die Vereinten Natio-nen mußten sich der Herausforderung durch den Gewaltakt von Saddam stellen. Der Si-cherheitsrat hat erstmals in der Geschichte klar, stark und unter seinen ständigen Mitglie-dern einmütig gehandelt. Nun muß er seine bewiesene Handlungsfähigkeit gegenüber den neuen großen Problemen einsetzen. Dafür sind neue Ansichten und Mittel nötig. Eine Wiederholung des Golfkrieges in anderen Tei-len der Welt ist weder wahrscheinlich noch wünschenswert. Dadurch wird ganz Europa zugleich in die Lage versetzt, die Probleme un-serer Zeit, die ja samt und sonders an Grenzen nicht haltmachen, besser in den Griff zu be-kommen: die Umwelt, die Wirtschaft, den Verkehr, die Energie, die Telekommunikation – alle diese Fragen lassen sich nicht mehr lösen.“

Bundespräsident
Richard v. Weizsäcker,
„Der Spiegel“ Nr. 23 vom 3. Juni 1991

„Es ist keine Frage mehr, ob es eine Weltregie-rung geben wird oder nicht. Die Frage ist, wie sie zustandekommen wird . . . und ob sie eine totalitäre, gutartige oder mitbestimmende sein wird (und zwar in dieser Reihenfolge der Möglichkeiten).“

Prof. Saul H. Mendlovitz,
Rutgers Universität

DIE WELTREGIERUNG

(nach Gary Allen)*

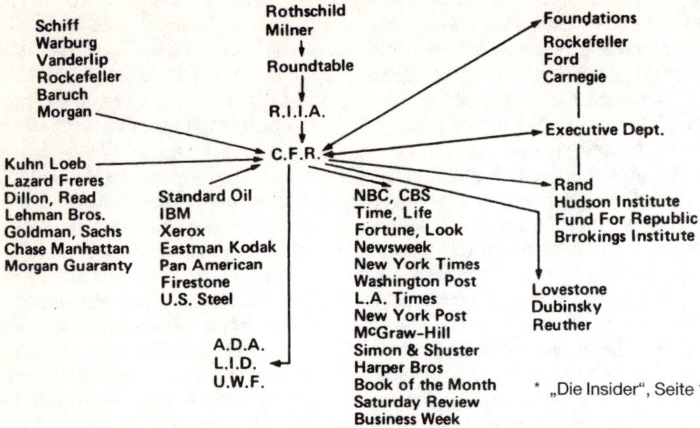

* „Die Insider", Seite 121.

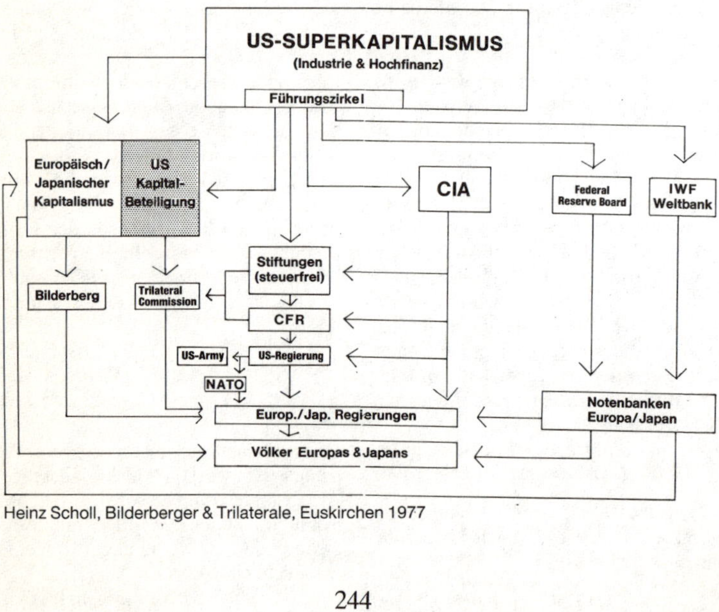

Heinz Scholl, Bilderberger & Trilaterale, Euskirchen 1977

Der Council on Foreign Relations:

Das Politbüro für die Superreichen?

„Die Ursprünge des Council on Foreign Relations lagen in der Enttäuschung der Gründer über die Führung der Versailler Vertragsverhandlungen (an denen die meisten von ihnen teilgenommen hatten) und in der Sorge über die von ihnen als kurzsichtig erachtete Ablehnung einer Mitgliedschaft der Vereinigten Staaten im Völkerbund. Nachdem sie zuerst das American Institute of International Affairs gegründet hatten, fusionierten sie diese Organisation 1921 mit einer älteren Diskussionsvereinigung in New York City, wodurch der Council on Foreign Relations, Inc., entstand, und zwar als eine privat finanzierte, nicht auf Gewinn zielende und überparteiliche Organisation von Mitgliedern, die sich dafür einsetzten, durch den freien Austausch von Ideen ein besseres und umfassenderes Verständnis internationaler Angelegenheiten zu fördern. Das Wirken des Council ist bis heute unverändert geblieben."

Quelle: CFR-Jahresbericht 1974/75

„Der Geschäftsmann der Zukunft wird nach meiner Überzeugung eine der Schlüsselfiguren in einer weltumspannenden Verwaltung sein, und zwar unabhängig von irgendwelcher offiziellen Titulierung. Die meisten von ihnen werden in der nächsten Generation damit befaßt sein, die neue Weltordnung zu errichten und zu bewahren, die unsere einzige Alternative zum Völkermord zu sein scheint."

Quelle: Arnold Toynbee

„Es ist fünf Jahre her, daß mir der Council on Foreign Relations die erste Gelegenheit verschaffte, mich systematisch mit Problemen der Außenpolitik zu befassen. Meine Beziehungen zu ihm sind eng geblieben, und meine Bewunderung für ihn hat sich, wenn überhaupt, nur verstärkt. Die Kombination von praktischer Erfahrung und wissenschaftlichem Niveau, die man in ihren Studienkreisen vorfindet, ist meiner Meinung nach einzigartig."

Quelle: Henry A. Kissinger, The Necessity of Choice: Prospects of American Foreign Policy, Harper and Row, New York 1960.

„Die freie Presse dieses Landes nimmt sich die Freiheit, ein Gremium, in welchem die mächtigsten Männer dieses Landes sich mit Weltpolitik befassen, als eine Art privaten Bridge-Club zu betrachten, der niemand tangiert und niemand etwas angeht."

Quelle: Prof. William Domhoff, amerik. Politikwissenschaftler

DIE KONTROLLE DER POLITISCHEN PARTEIEN

(aus „Die Insider“, Seite 124)

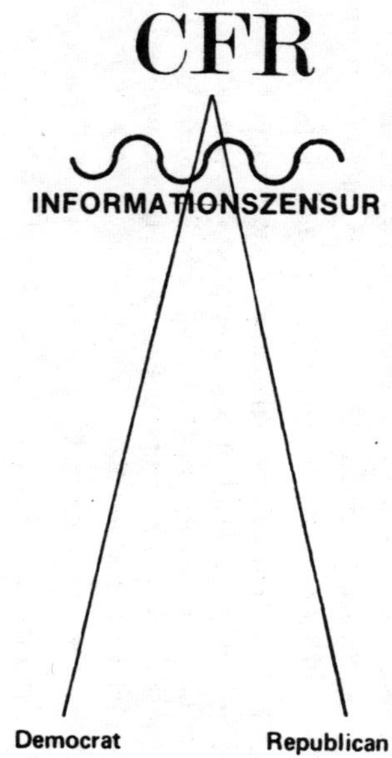

DEMOCRATS	REPUBLICANS
DEAN ACHESON	DWIGHT EISENHOWER
ALGER HISS	JOHN FOSTER DULLES
ADLAI STEVENSON	THOMAS E. DEWEY
JOHN KENNEDY	JACOB JAVITS
ROBERT KENNEDY	PAUL HOFFMAN
AVERILL HARRIMAN	ROBERT MacNAMARA
GEORGE BALL	JOHN GARDNER
HENRY FOWLER	HENRY CABOT LODGE
DEAN RUSK	ROCKEFELLERS
ADAM YARMOLINSKY	ELIOT RICHARDSON
JOHN K. GALBRAITH	ARTHUR BURNS
ARTHUR SCHLESINGER, Jr.	HENRY KISSINGER
JOHN LINDSAY	RICHARD NIXON
HUBERT HUMPHREY	

Die Schwester-Organisationen des Council on Foreign Relations:

Australien	Australian Institute of International Affairs, Melbourne (mit 7 lokalen Untergliederungen im Jahre 1955).
Brasilien	Brazilian Institute of International Affairs, Rio de Janeiro.
Belgien	Institut des Relations Internationales, Brüssel (organisiert nach dem Vorbild des Chatham House), gegründet 1947.
Kanada	Canadian Institute of International Affairs, Toronto, „eng verbunden sowohl mit dem Institute of Pacific Relations wie auch mit dem Royal Institute". 1928 gegründet (mit 30 lokalen Untergliederungen im Jahre 1955).
China, Republik	China Institute for International Affairs, Taiwan.
China, Volksrepublik	Chinese People's Institute of Foreign Affairs.
Dänemark	Institutet for Historie og Samfundsokonmi, Kopenhagen.
Frankreich	Centre d'Etudes de Politique Etrangère (mit seinem Comité d'Etudes des Problèmes Pacifiques, das im Jahre 1933 den National Council of the Institute of Pacific Relations einrichtete), Paris. Nach dem Vorbild von Chatham House organisiert.
Deutschland (West)	**Deutsche Gesellschaft für Auswärtige Politik (früher Europa-Archiv, mit Untergliederungen in Frankfurt und München), Bonn.**
Deutschland (Ost)	Institut für Internationale Beziehungen, Potsdam-Babelsberg.
Griechenland	Société d'Etudes Internationales, Athen.
Indien	Indian Council on World Affairs, Neu-Dehli. „Der Council dient sowohl für das Institute of Pacific Relations wie für die Asian Relations Organization als National Council in Indien."
Italien	Societa Italiana per la Organizzazione Internazionale, Rom. Gegründet 1944. Instituto per gli Studi di Politica Internazionale, Mailand (organisiert nach dem Vorbild des Chatham House), gegründet 1933.
Japan	Japan Institute of Pacific Relations (gehört zum Institute of Pacific Relations). Japan Institute of International Affairs, Tokio.
Indonesien	Indonesian Institute of World Affairs, Djakarta (ein Ableger des Institute of Pacific Relations).
Niederlande	Nederlandsch Genootschap voor Internationale Zaken, Den Haag. Organisiert nach dem Vorbild des Chatham House, gegründet 1945.
Nigeria	Nigerian Institute of International Affairs.
Norwegen	Christan Michelsens Institutt for Videnskap og Andsfrihet, Bergen.
Neuseeland	New Zealand Institute of International Affairs, Wellington (mit drei lokalen Untergliederungen im Jahre 1955). Entstanden 1939 als Ergebnis des Zusammenschlusses von Mitgliedern des Chatham House und des Institute of Pacific Relations, „ein in Commonwealth-Ländern oft anzutreffendes Verfahren".
Pakistan	Pakistan Institute of International Affairs, Karatschi. Dies ist ein nationaler Council des Institute of Pacific Relations. Gegründet 1947.
Philippinen	Philippine Council, Institute of Pacific Relations, Manila. Gehört zum Institute of Pacific Relations.
Polen	Polish Institute of International Affairs, Warschau. Gegründet 1947.
Schweden	Institute of International Affairs, Stockholm.
Schweiz	Schweizerisches Institut für Auslandsforschung, Zürich.
Südafrika	South African Institute of International Affairs. Von Mitgliedern des Chatham House in Kapstadt gegründet. 1955 gab es in Südafrika fünf lokale Untergliederungen.
Türkei	Institute of International Affairs, Ankara.

Quelle: Institutes of International Affairs, New York, 1953. Carnegie Endowment for International Peace.

DEUTSCHE GESELLSCHAFT FÜR AUSWÄRTIGE POLITIK E.V., BONN

(Die Deutsche Gesellschaft für Auswärtige Politik e.V. [DGAP] wurde am 29. März 1955, kurz bevor die Bundesrepublik Deutschland durch die Pariser Verträge die außenpolitische Souveränität erlangte, als unabhängige und überparteiliche Vereinigung gegründet.)

Die Deutsche Gesellschaft für Auswärtige Politik hat nach ihrer Satzung die Aufgabe, die Probleme der internationalen, besonders der europäischen Politik und Wirtschaft zu erörtern, ihre wissenschaftliche Untersuchung zu fördern, die Dokumentation zu diesen Forschungsfragen zu sammeln und das Verständnis für internationale Probleme durch Vorträge, Studiengruppen und Veröffentlichungen anzuregen und zu vertiefen. Sie unterhält zu diesem Zweck ein Forschungsinstitut und eine Dokumentationsstelle. Die Zeitschrift der Gesellschaft und ihrer Einrichtungen ist das „Europa-Archiv, Zeitschrift für internationale Politik". Die Deutsche Gesellschaft für Auswärtige Politik bezieht als solche auf Grund ihrer Satzung keine eigene Stellung zu internationalen Problemen. Die in den Veröffentlichungen der Gesellschaft geäußerten Meinungen sind die der Autoren.

Gesamtherstellung: Hans Richarz Publikationsservice, Sankt Augustin.

DEUTSCHE GESELLSCHAFT FÜR AUSWÄRTIGE POLITIK E.V.

PRÄSIDIUM

GESCHÄFTSFÜHRENDES PRÄSIDIUM

C. PETER HENLE
Präsident

HELMUT SCHMIDT
Stellvertr. Präsident

HANS L. MERKLE
Stellvertr. Präsident

GÜNTHER VAN WELL
Geschäftsführ. stellv. Präsident

DR. F. WILHELM CHRISTIANS
Schatzmeister

PROF. DR. HANS-PETER SCHWARZ
Vorsitzender des
Wissenschaftl. Direktoriums

DR. WOLFGANG WAGNER
Herausgeber des
EUROPA-ARCHIV

PROF. DR. KARL KAISER
OTTO WOLF
Direktor des Forschungsinstituts

DR. KLAUS von DOHNANYI – DR. KLAUS GÖTTE – WALTHER LEISLER KIEP
DR. OTTO GRAF LAMBSDORFF – DR. GERHARD LIENER
PROF. DR. RITA SÜSSMUTH – DR. THEODOR WAIGEL – OTTO WOLFF VON AMERONGEN

DEM GESAMTPRÄSIDIUM GEHÖREN FERNER AN

PROF. BERTHOLD BEITZ – DR. WOLFGANG BÖTSCH – PROF. DR. HORST EHMKE
BJÖRN ENGHOLM – ULRICH IRMER – PROF. DR. WILHELM KEWENIG
DR. KLAUS LIESEN – HEINZ-WERNER MEYER – ALFRED FREIHERR VON OPPENHEIM
KLAUS PILTZ – DR. WOLFGANG RÖLLER – VOLKER RÜHE
PETER M. SCHMIDHUBER – DR. HANS STERCKEN – DR. MANFRED STOLPE
DR. GERHARD STOLTENBERG – HEINRICH WEISS – DR. PAUL WIEANDT
DR. MARK WÖSSNER – DR. MONIKA WULF-MATHIES – ERNST WUNDERLICH

WISSENSCHAFTLICHES DIREKTORIUM DES FORSCHUNGSINSTITUTS

PROF. DR. HANS-PETER SCHWARZ (VORS.)
PROF. DR. HANS-ADOLF JACOBSEN (STELLVERTR. VORS.)
PROF. DR. GERHARD FELS – PROF. DR. JOCHEN ABR. FROWEIN
PROF. DR. WOLF HÄFELE – PROF. DR. HELGA HAFTENDORN
PROF. DR. THEODOR HANF – PROF. DR. KARL KAISER
PROF. DR. WILHELM KEWENIG – PROF. DR. NORBERT KLOTEN
PROF. DR. HANNS W. MAULL – PROF. DR. KARL JOSEF PARTSCH
PROF. DR. CHRISTIAN TOMUSCHAT

(Publikationsverzeichnis 1992)

Rockefellers Trilaterale Kommission

Quelle: Politisches Lexikon von C.O.D.E.

Mitglieder des Bilderberger Treffens*

Evian-les-Bains, France – May 21-24, 1992

Chairman – Lord Peter Carrington, chairman of the board, Christie's International plc; **former secretary-general, NATO**

Honorary Secretary-General for Europe and Canada, Victor Halberstadt, professor of public economics, Leiden University.

Honorary Secretary-General for U.S.A., Theodore L. Eliot Jr., dean emeritus, the Fletcher School of Law & Diplomacy; former U.S. ambassador.

<u>Listed alphabetically by country (abbr.) name and title or position. – Ed.</u>

I **Giovanni Agnelli,** chairman, Fiat SpA.
USA **Paul A. Allaire,** chairman, Xerox Corporation.
USA **Dwayne O. Andreas,** chairman, Archer-Daniels-Midland Co., Inc.
F **Bernard Arnault,** chairman of the management board, LVMH.
S **Anders Aslund,** professor and director, Institute of East European Economics, Stockholm School of Economics.
USA **George W. Ball,** former under secretary of state.
P **Francisco Pinto Balsemao,** chairman, Sojornal sarl; **former prime minister.**
S **Percy Barnevik,** president and CEO, ABB Asea Brown Boveri Ltd.
P **Antonio Barreto,** professor of sociology, University of Lisbon; former minister of agriculture.
USA **Lloyd M. Bentsen,** U.S. senator (D-Texas).
F **Pierre Beregovoy,** prime minister.
D **Christoph Bertram, diplomatic correspondent, *Die Zeit*.**
NL **Ernst H. van der Beugel,** emeritus professor of international relations, Leiden University; former honorary secretary general of Bilderberg meetings for Europe and Canada.
TR **Selahattin Beyazit,** director of companies.
D **Kurt Biedenkopf, prime minister of Saxony.**
S **Carl Bildt,** prime minister, **neu!**
USA **James H. Billington,** Librarian of Congress.
CDN **Conrad M. Black,** chairman, the *Daily Telegraph* plc.
NL **Maarten C. Brands,** professor of modern and theoretical history, University of Amsterdam.
D **Birgit Breuel, chairman of the board, Treuhandanstalt.**
GB **Leon Brittan,** vice president of the European Commission.
P **Roberto Carneiro,** former minister of education; consultant to the World Bank.
GR **Costa Carras,** director of companies.
E **Jaime Carvajal Urquijo,** chairman and general manager, Iberfomento.
USA **John H. Chafee,** U.S. senator (R-R.I.).
F **Bertrand Collomb,** chairman and executive officer, Lafarge Coppee.
USA **Kenneth W. Dam,** vice president, Law and External Relations, IBM Corp.; former deputy secretary of state.
B **Etienne Davignon,** chairman, Société Generale de Belgique; former vice chairman of the Commission of European Communities.
USA **Robert A. Day,** chairman, Trust Company of the West.
DK **Aage Deleuran,** editor-in-chief, *Berlingske Tidende*.
CDN **Marie-Josee Drouin,** executive director, Hudson Institute of Canada.
INT **Arthur Dunkel,** director general, General Agreement on Tariffs and Trade.
USA **William T. Esrey,** chairman and CEO, Sprint.
Loik Le Floch-Prigent, chairman, Société Nationale Elf, Aquitaine.
USA **Richard M. Furlaud,** director, Bristol-Myers Squibb Co.
INT **John R. Galvin,** Supreme Allied Commander Europe, SHAPE.
USA **David R. Gergen,** editor-at-large, *U.S. News and World Report*.
TR **Emre Gonensay,** chief adviser to the prime minister.
John J. Boossens, managing director, Alcatel Bell.
GB **Ronald H. Grierson,** former vice chairman, General Electric Co.

**Die Namen von einigen Dutzend prominenten Teilnehmern aus dem auseinandergebrochenen Ostblock sind aus Gründen hoher politischer Brisanz wie gewöhnlich nicht in der vorliegenden Liste aufgeführt.*

GB **Lord Griffiths of Florestfach,** adviser, Goldman Sachs International, former head of Prime Minister's Policy Unit.
S **Sten Gustafsson,** chairman of the board of directors, AB Astra.
USA **Philip C. Habib †,** senior research fellow, Hoover Institution; former under secretary of state.
GB **Denis W. Healey,** former defense secretary and finance minister.
N **Westye Hoegh,** former defense secretary and finance minister.
USA **Karen Elliott House,** vice president/international, Dow Jones & Co., Inc.
SF **Jaakko Iloniemi,** managing director, Centre for Finnish Business and Policy Studies; former ambassador to the United States.
F **Phillippe Jaffre,** chief executive officer, Credit Agricole.
A **Peter Jankowitsch, member of Parliament; former foreign minister.**
USA **Vernon E. Jordan Jr.,** partner, Akin, Gump, Strauss, Hauer & Feld (attorneys at law), former president, National Urban League.
B **Paul de Keersmaeker,** former minister of European affairs.
F **Claude de Kemoularia,** senior adviser, Groupe Paribzas; former chief representative to the UN.
USA **Henry A. Kissinger, former secretary of state; chairman, Kissinger Associates, Inc.**
GB **Andrew Knight,** executive chairman, News International Plc.
SF **Jarl Kohler,** president, Central Association of Finnish Forest Industries.
INT **Max Kohnstamm, former secretary general, Action Committee for Europe; former president, European University Institute.**
D **Hilmar Kopper,** spokesman of the board of managing directors, Deutsche Bank AG.
NL **Pieter Korteweg,** president and CEO of the Robeco Group; honorary treasurer of Bilderberg meetings.
CH **Alex Kraur, chairman and managing director, Ciba-Geigy Ltd.**
USA **Henry R. Kravis,** founding partner, Kohlberg Kravis Roberts & Co.
F **Marc Ladreit de Lacharriere,** chairman, FIMILAC.
F **Philippe Lafayette,** first deputy governor, Banque de France.
INT **Alexandre Lamfalussy, general manager, Bank for International Settlements.**
F **Andre Levy-Lang,** chairman of the board of managers, Paribas.
NL **Ruud F. M. Lubbers, prime minister, neu!**
CDN **Roy MacLaren,** president, CB Media Ltd.; publisher, *Canadian Business;* member of Parliament; former minister of state (finance).
I **Claudio Martelli, deputy prime minister and minister of justice.**
USA **Philip L. Martin,** professor of agricultural economics, University of California at Davis.
USA **Charles Mathias,** partner, Jones, Day, Reavis & Pogue; former U.S. senator (R-Md.)
CH **Helmut O. Maucher,** chairman and CEO, Nestle S.A.
IRL **Michael Mc Dowell,** chairman of the Progressive Democrat Party.
F **Thierry de Montbrial,** director, French Institute of International Relations; professor of economics, Ecole Polytechnique.
I **Mario Monti,** rector and professor of economics, Bocconi University, Milan.
F **Pierre Morel,** diplomatic adviser, presidency of the republic.
A **Heinrich Neisser,** chairman, Parliamentary Group of the Austrian People's Party (ÖVP) in the Austrian National Assembly.
NL **H.M. the queen of the Netherlands (Beatrix).**
ICE **David Oddsson, prime minister, neu!**
CDN **James Pattison,** chairman, president and CEO, Jim Pattison Group Inc.
USA **Claiborne Pell,** U.S. senator (D-R. I.)
CH **David de Pury, chairman of the board of BBC Brown Boveri Ltd. and co-chairman of ABB Asea Brown Boveri Group.**
E **Rodrigo de Rato Figaredo,** parliamentary leader of the Minority Group (Partido Popular).
D **Wolfgang Reitzle,** member of the board, BMWAG.
F **Antoine Riboud,** chairman, Société BSN, Gervais Danone.
USA **Rozanne L. Ridgway,** president, the Atlantic Council of the U.S.
USA **David Rockefeller, chairman, Chase Manhattan Bank International Advisory Committee.**

GB **Lord Roll of Ipsden, president, S.G. Warburg Group Plc.**

I **Sergio Romano,** columnist in *La Stampa;* former ambassador of Italy to the USSR.

I **Renato Ruggiero,** member of the board, Fiat SpA.

D **Volker Rühe, minister of defense.**

GR **Andonis Samaras,** former minister of foreign affairs.

F **Michael Sapin,** minister of economy and finance.

A **Rudolf Scholten,** federal minister for education and culture.

F **Ernest-Antoine Seilliere,** chairman, Compagnie General d'Industrie et de Participation.

E **Narcis Serra i Serra, deputy prime minister of the Spanish government.**

USA **Jack Sheinkman,** president, Amalgamated clothing and Textile Workers Union AFL-CIO-CLC.

USA **Sally A. Shelton,** senior fellow, Georgetown University; former U.S. ambassador to Grenada and the Eastern Caribbean.

CDN **Jeffrey Simpson,** national affaires columnist, the *Globe and Mail.*

D **Theo Sommer, editor-in-chief, *Die Zeit.***

E **H.M. the queen of Spain (Sophia).**

CDN **Norman Spector,** former chief of staff, office of the prime minister.

INT **Helga Steeg,** executive director, International Energy Agency.

USA **Robert S. Strauss,** U.S. ambassador to the Russian Federation.

SF **Ulf L. Sundquist,** chairman, Social Democratic Party.

IRL **Peter D. Sutherland,** former member, Commission of the European Communities; chairman, Allied Irish Banks Plc.

F **Jacques Toubon,** member of Parliament; former general secretary of the RPR.

GR **Loukas Tsoukalis,** Jean Monnet professor, University of Athens; president, Hellenic Centre for European Studies (EKEM).

F **Hubert Vedrine,** secretary general and spokesman, presidency of the republic.

F **Philippe Villin,** vice president, *Figaro.*

USA **Paul A. Volcker,** chairman, James D. Wolfensohn, Inc.; former chairman, Board of Governors of the **Federal Reserve System.**

GB **Lord Weidenfeld,** publisher.

N **Niels Werring Jr.,** chairman of the board, Wilh. Wilhelmsen Ltd. A/S.

USA **John C. Whitehead,** chairman, AEA Investors, Inc.; former deputy secretary of state.

DK **Nils Wilhjelm,**managing director, the Industrial Mortgage Fund; former minister of industry.

USA **Lynn R. Williams,** international president, United Steelworkers of America.

D **Otto Wolff von Amerongen, chairman and CEO, Otto Wolff Industrieberatung und Beteiligungen GmbH.**

INT **Manfred Wörner, secretary-general of NATO.**

I **Paolo Zannoni,** vice president for international activities; representative for Fiat SpA in the Russian Federation.

Observer

B **HRH Prince Philippe.**

Rapporteur

USA **Grant F. Winthrop,** partner, Milbank Wilson Winthrop, Inc.

USA **Alice Victor.**

In attendance

NL **Maja Banck,** executive secretary, Bilderberg meetings.

F **Felicia Cavasse,** LPF Communication; local organizer, 1992.

GR **Stephen Farrant,** managing director, Newsfront Naftiliaki; local organizer, 1993.

USA **Charles Muller,** president, Murden and Co.; adviser, American Friends of Bilderberg, Inc.

List of abbreviations

A = Austria; B = Belgium; CDN = Canada; CH = Switzerland; D = Germany; DK = Denmark; E = Spain; F = France; GB = Great Britain; GR = Greece; I = Italy; ICE = Iceland; INT = International; IRL = Ireland; N = Norway; NL = Netherlands; P = Portugal; S = Sweden; SF = Finland; TR = Turkey; and USA = United States of America.

Forschung in Fesseln

Rho Sigma

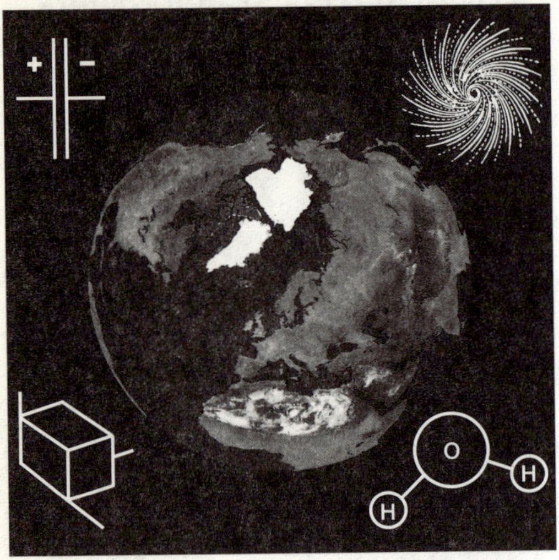

Die vier Symbole auf der Titelseite weisen auf die neuen, freien Energiequellen hin, deren Erschließung zum Nutzen der gesamten Menschheit endlich in erreichbare Nähe rückt. Besondere Erwähnung dabei verdient das Wasser, nach seiner Aufspaltung in Wasserstoff und Sauerstoff durch elektrische/akustische Resonanz der optimale Energieträger auf der Erde.
Der vorliegende erste Band der EDITION FREIE ENERGIE brandmarkt in seinem ersten Teil die unerfreulichen Verhältnisse in Forschung und Wissenschaft am Beispiel der Elektrogravitation. Im zweiten Teil beweisen verschiedene Aufsätze, daß sich Europa, sonst weltweit anerkannt durch seine Pionierleistungen, diesmal nicht durch Innovationseifer auf dem Sektor Freie Energie hervortat. Die oft gegen den Willen der Bevölkerung durchgesetzte Kernenergie mit all ihren Risiken dürfte mit hoher Wahrscheinlichkeit auf Machtspiele zurückzuführen sein, die der Bevölkerung aus gutem Grund verborgen bleiben sollen. Es bleibt dem Leser anheimgestellt, nach Lektüre dieses Buches seine eigenen Betrachtungen dazu anzustellen.

ISBN 3-922367-90-9 · Verk.-Nr. 16645 · DM/SFR 36,– · öS 281,–